从零开始学
江恩理论

短线操盘、盘口分析与A股买卖点实战

杨金◎著

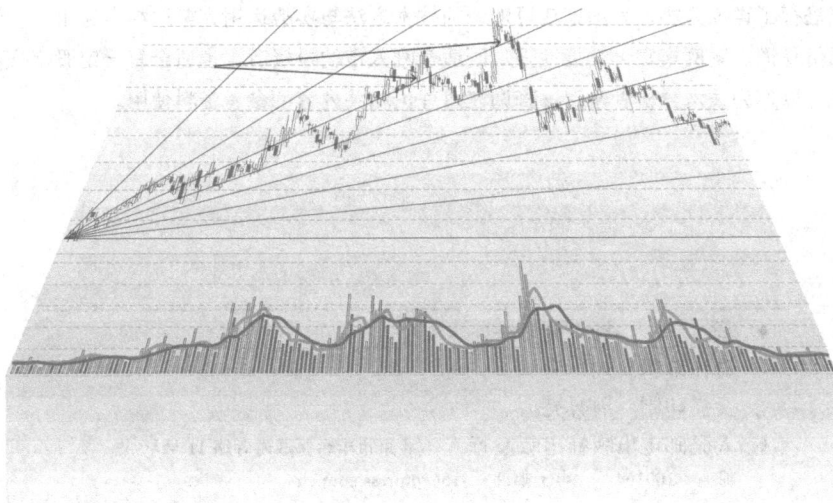

人民邮电出版社

北京

图书在版编目（CIP）数据

从零开始学江恩理论：短线操盘、盘口分析与A股买卖点实战 / 杨金著. -- 北京：人民邮电出版社，2020.9
ISBN 978-7-115-54315-8

Ⅰ．①从… Ⅱ．①杨… Ⅲ．①股票投资—基本知识
Ⅳ．①F830.91

中国版本图书馆CIP数据核字(2020)第111274号

内 容 提 要

本书详细地讲解了江恩理论的核心—测市理论与操作系统，既系统地讲解了基础理论内容，又融合多种技术分析方法，以提高江恩理论的实战运用性为目标，力图帮助读者构建一个以江恩理论为基础、符合自己风格的交易体系。

本书内容主要包括江恩交易理论概述、江恩趋势理论基础、江恩角度线基础与进阶、江恩波动法则在量价与指标中的运用、江恩回调法则、江恩理论在分时图中的运用等。它们是复杂的江恩理论系统中实战指导性最强的，涵盖江恩理论的核心内容。对于每一种江恩测市技术，本书都结合个股走势特点进行了详细分类，力图把江恩理论的技术方法与实战运用完美地结合起来。

本书通俗易懂、案例丰富、实战性强，既适合刚入市的投资者，也适合有一定股市交易经验的投资者；还可以作为技术分析者学习、查询江恩理论相关内容的参考资料使用。

◆ 著　　　　杨　金

责任编辑　刘　姿

责任印制　周昇亮

◆ 人民邮电出版社出版发行　　北京市丰台区成寿寺路 11 号
邮编　100164　电子邮件　315@ptpress.com.cn
网址　https://www.ptpress.com.cn

涿州市殷润文化传播有限公司印刷

◆ 开本：700×1000　1/16
印张：14.5　　　　　　　2020 年 9 月第 1 版
字数：229 千字　　　　　2025 年 9 月河北第 20 次印刷

定价：59.80 元

读者服务热线：(010)81055296　印装质量热线：(010)81055316
反盗版热线：(010)81055315

股票市场既充满着财富裂变的神话，同时也蕴藏着巨大的风险。在股市的茫茫大海中，投资者掌舵前行，但对前进的方向往往不那么确定。如果方向错误，偏离航道，那么即使再努力，也无法成功；如果方向正确，逐浪前行，那么前景将一片光明。寻找市场中正确的预测方法是每一个投资者学习相关知识的初衷，但是相关的理论、方法、技术分析也如同大海一样深广，投资者只能有选择地学习那些占据核心地位且又具有实用性的理论，而经典理论无疑是打开预测之门的一把钥匙。

股票市场的预测方法虽然种类繁多，但是万变不离其宗，因为经典的技术理论是整个技术分析大厦的根基，也是核心要素，而每一种技术理论都是思想的结晶。其中，最具开创性的当属道氏理论，它系统性地阐述了趋势运行规律，打开了技术分析之门；波浪理论则进一步阐述了趋势运行的细节。这两种理论虽然十分重要，但它们主要阐述了理论与方法，对于实战的指导则相对薄弱。江恩理论紧随其后，但与道氏理论、波浪理论等却有着本质的区别——它克服了传统技术理论枯燥、单调的缺点，是一种更贴合于实战操作的技术理论。

相较于道氏理论与波浪理论，江恩理论另辟蹊径，不再局限于对某一个技术理论的阐述，而是以研究测市为主。江恩是一位有名的技术分析师，同样也是一个创造了交易奇迹的投资者。他通过对数学、几何学、天文学等多门学科的综合运用，建立起了自己独特的分析方法和测市理论。江恩将精确的几何学与变幻莫测的金融市场相结合，这本身就是一种值得称奇的方式，但新奇并不等于实用，如果只是华而不实的理论或方法，江恩理论或许早已沉入遥远的历史长河之中。江恩依据其独创的技术理论与过人的交易技巧，在其一生的投资中从股票及期货市场中赚取了惊人的财富，他的交易成功率在80%以上，这种战绩无论在当时还是在当今的市场中，都是一个近乎传奇的存在。可以说，江恩理论备受推崇是江恩传奇的投资生涯与其深奥的技术理论相互助推的结果。

江恩的投资生涯充满着神秘与传奇，神秘之处在于他能够准确地给出交易的价位与时间，而不像大多数投资者那样泛泛而谈。江恩的分析预测方法往往有着极高的准确性，但有时会令人不解。由于江恩理论的特性以及这一理论所披着的谜一样的面纱，很多技术分析者十分注重对于江恩理论的研究。对于江恩理论来说，其预测并不存在模糊的、模棱两可的推断，只要依据其测市理论进行测市，就可以得到一个较为精确的结果。这个结果往往包含一个既定的时间范围和一个既定的价格空间。这类带有"精确"特性的预测方法其实很容易被淘汰掉，因为只要出现几次严重的错误，或者正确率较低，就可以否定其存在的意义了。但江恩理论在经历了如此之久的市场检验后，仍能够屹立不倒，足以见其准确性，这也是后来众多投资者推崇江恩理论的重要原因之一。

测市系统固然重要，但既然是预测，总有出错的时候，所以江恩理论也不可能保证百分之百准确，这一点是投资者需要了解的。江恩不但建立了测市理论，为了纠正测市结果可能出现的偏差，江恩还建立了一套操作系统，也可以称之为操作守则、交易策略，这样，在测市出现错误时就可以及时补救。这也是江恩理论的独特之处，既有用于预测价格走向的测市系统，又有用于修正错误的调度策略——操作系统。测市系统犹如寻宝图，而操作系统则可以使投资者避开前进道路中的陷阱，两者构成了江恩理论的核心框架，缺一不可。本书对这些内容都会进行较为详细的讲解。

由于江恩本人从未详细公开其测市方法，而且即使其本人的著作在讲解相关内容时，也往往含糊不清、歧义丛生，所以后人对江恩理论的研究都是从他的书稿中一点点揣摩出来的。这个过程中，仅波动率的正确算法和江恩线的起点就难住了大多数专业投资者，后人对其的解读也不尽相同，更别说那些更深奥的六角形、轮中之轮等内容。江恩本人是数学博士，这使得江恩理论的内容往往晦涩难懂，他的理论对于大多数人来说难以理解。

由于江恩理论的内容过于广泛，且很多涉及高深的数学知识的内容也难以运用于实战之中，所以花费大量的时间去深挖这些内容实在没有必要。因此，本书在论述江恩理论的过程中将有所取舍，主要讲解那些能够指导实战操作的内容，并结合 A 股市场的实例进行解读，力图帮助读者快速掌握江恩理论中最核心的测市理论与操作系统，并能成功将其运用于实战之中。虽然笔者研究江恩理论已有多年，但由于江恩理论的复杂性，书中内容难免存在不妥之处，还望读者批评指正。

第 3 章

江恩角度线基础用法 / 52

第 4 章　江恩角度线进阶用法 / 74

第 5 章 **江恩波动法则——量价共振** / 93

第7章 江恩回调法则 / 175

第8章 江恩理论的分时运用 / 194

第 1 章

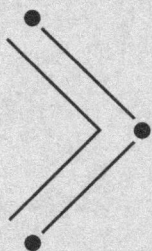

江恩交易理论概述

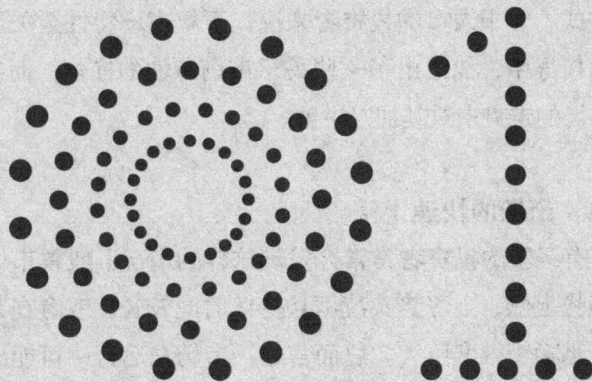

1.1　市场的特性

　　股票市场的运行并非四平八稳，财富的创造过程也并非是缓慢的增值过程。活跃的市场以及具有独立走势的个股都体现出在股票市场中能够快速获得利润的方式。对于入市的投资者来说，了解市场特性至关重要。在江恩理论的交易规则指导中，他给出了一些关于市场特性的描述，而在本节中，我们将结合 A 股市场的走势来对其加以讲解。

1.1.1　市场的快速上涨

　　有经验的投资者常常会发现这样的情况：股票市场可能在某个阶段开启一波强势上涨，上涨势头凌厉且持续时间较长；或者在某个阶段出现一轮下跌，跌势迅猛、幅度巨大。总而言之，市场在运行中可能出现向上或向下的快速运行特征，这就是市场快速特征，了解市场的这个特性对于投资者来说至关重要。在很多时候，看似风平浪静、波澜不惊的市场很有可能瞬间开启一波快速运行趋势。

　　江恩理论将市场的快速上涨特征列入了投资者应最先了解的市场知识体系。一方面强调了股票市场的机会性，另一方面也提醒投资者要打破思维的连续性，对于市场运行要有一个跳跃性的思维，不能因为市场的运行暂时平稳而忽视它的快速上涨特征，这无疑将使投资者失去机会。

图 1-1 为上证指数 2018 年 6 月至 2019 年 5 月的走势图。股市在整个 2018 年呈现震荡下跌的格局，随后在低位区企稳。2019 年 2 月 11 日，在春节过后的首个交易日，股市收于长阳线，随后开始快速上涨，幅度巨大、势头凌厉，一改之前的弱势格局。如果我们不了解股市具有这种快速上涨的特征，将思维局限于 2018 年的弱势格局中，就很难提前预判可能出现的快速上涨行情。

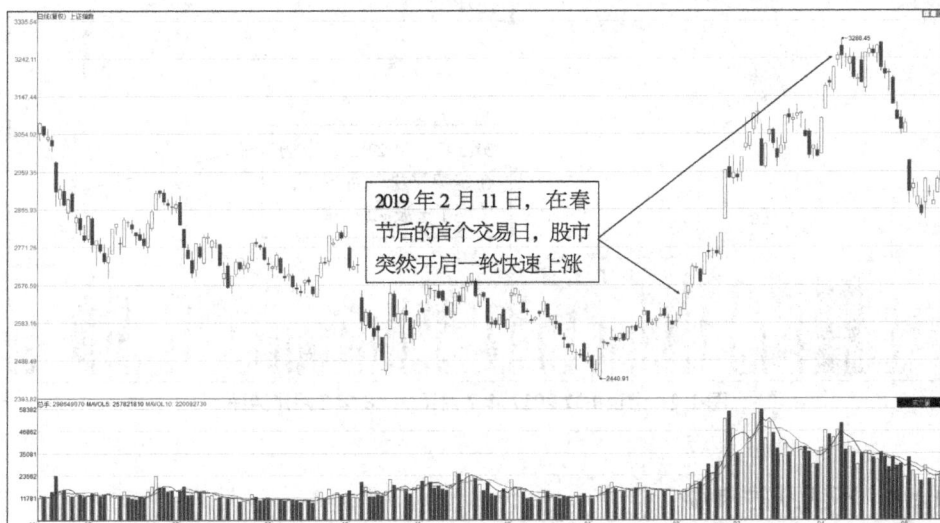

图 1-1　上证指数 2018 年 6 月至 2019 年 5 月走势图

1.1.2　市场的快速下跌

有快速上涨就有快速下跌，快速上涨与快速下跌是股票市场运行的基本特征。仍以图 1-1 为例，可以看到，在 2019 年 4 月之后，指数在高位滞涨不前，随后先是出现了小阴线，然后再以向下跳空缺口开启一波快速、深幅的下跌。

快速上涨预示着机会，快速下跌则意味着风险。股票市场的快速上涨、快速下跌特征十分明显，特别是市场在短期内有一定的涨幅或跌势的背景下，该特征将更为明显。这就向投资者提出了挑战，需要投资者充分运用已有的投资知识，并尽可能正确地预判市场随后的运行方向，否则，投资者将失去获利的机会甚至亏损本金。

图 1-2 为上证指数 2017 年 7 月至 2018 年 3 月的走势图。市场以连续的看似十分稳健的小阳线向上突破了长期的整理区。在走势看似十分平稳，指数日内

波动幅度也较小的背景下，股市却于 2018 年 1 月 29 日突然调头、急转直下，出现了一波快速、深幅的下跌，这一波快速下跌幅度接近 20%。如果考虑到很多个股的下跌幅度会大于指数的下跌幅度，那么市场的风险不可谓不大。

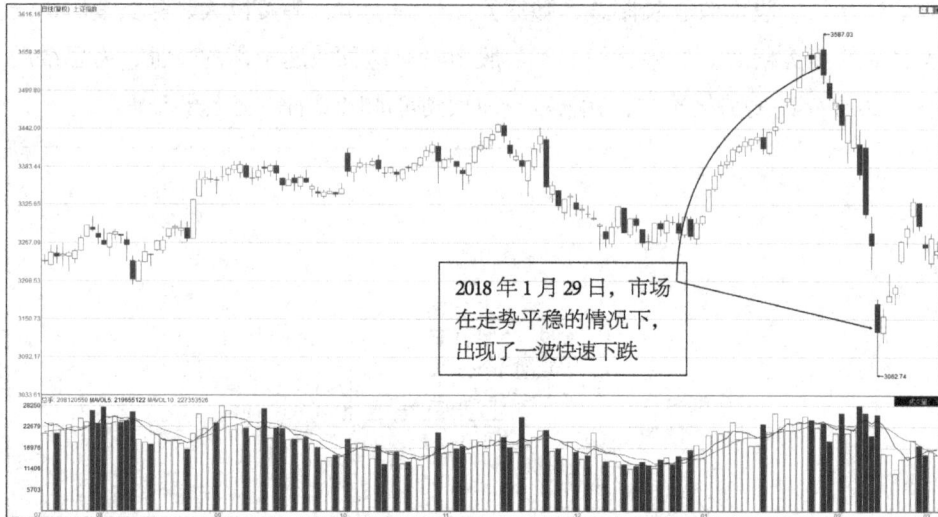

图 1-2　上证指数 2017 年 7 月至 2018 年 3 月走势图

1.1.3　不活跃的市场

　　股市有快速上涨、快速下跌的特征，这是机会与风险的两个表现形式。除此之外，股市的另一个重要特征就是活跃度，多呈现出阶段性的活跃或不活跃。江恩也很重视股市的这个特征。

　　江恩指出："你应该置身于不活跃的交易市场之外，或保持观望，直至得到一个明确的趋势变化的信号"。这个交易规则很容易理解：由于不活跃的市场的波动幅度过窄，投资者很难找到低吸高抛的时机，而股市又是一个风险相对较大的交易场所，如果在价格的窄幅波动中购买股票，那么投资者所承担的潜在风险与预期收益并不成正比。频繁地实施这种交易，投资者就很可能陷入这种不利境地：虽然多次交易产生了利润，但不及一次亏损得多。

1.1.4　打破不活跃的信号

　　在实盘操作中，对于不活跃的市场，从其日 K 线的波动方式即可确定其不活跃的状态，同时指数整体走势没有明确的方向，日内的波动幅度也很小，而且低迷的成交量表明市场的观望情绪浓厚。在这样的市场环境中，若没有明显的触发因素，那么大多数个股都将处于易跌难涨的状态下，贸然进场买入那些处于"低位"、看似"便宜"的个股，风险并不小。

在不活跃的市场中，投资者更需要耐心等待并对自己的资金负责，只有看到明确的趋势变化信号之后才进行操作，这也是江恩理论强调的一点。

图 1-3 为上证指数 2018 年 8 月至 2019 年 4 月的走势图。走势图中划出了两个典型的时间段，在第 1 个时间段内，市场处于从高位跌落后的低位震荡区间中，但此时的低位并不是买入的信号。可以看到，这个时间段的成交量小、日内波动幅度小，随着市场这种不活跃状态的持续，由于缺乏买盘入场推动，指数最终会因场内缺乏耐心的持股者抛售而再度向下破位。

依据江恩理论的交易规则，投资者应尽量不参与不活跃的市场。因此，在第 1 个时间段内，观望是较好的交易策略。随着市场的回暖，在图中标注的第 2 个时间段内，指数以连续多根小阳线向上突破低位区的长期阻力位，且量能也开始温和放出，这就是趋势开始发生变化的信号。此时，参与是更为理想、也不失稳健的一种交易策略，往往可以使投资者获得最佳的"时间 - 收益"比。

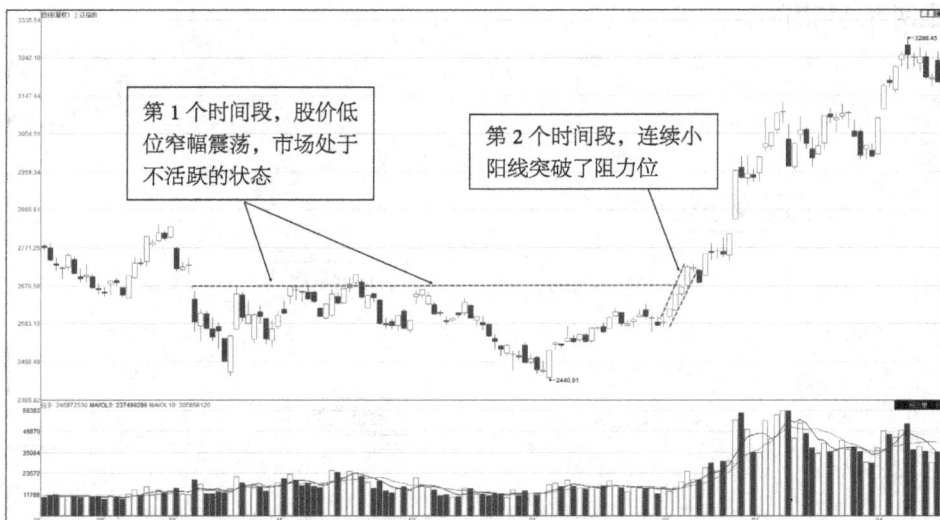

图 1-3　上证指数 2018 年 8 月至 2019 年 4 月走势图

1.1.5　个股的独立性

"你必须了解这样的事实，一些股票在下跌的同时，另一些股票却在上涨，还有一些股票在盘整。"江恩指出了个股走势的独立性。其实这是很好理解的，指数只是市场整体运行的结果，在相同的市场环境中，必然会出现这样的情况：大多数个股的走势与指数相近，因为指数的出现就是为了能更好地反映市场全体个股的整体运行情况，它代表的也是大多数个股的走势；但市场指数不是万能的，我们在股市所交易的是一只只具体的股票，并不是大盘指数，而因所处行业不同、题材不同、股本不同、前景不同、市场策略不同、场内外资金参与力度不同等各种各样的因素，在相同的时间里，每只股票的走势出现差异也在情理之中。

理解了个股走势的独立性这一点后，我们就要在参与市场时精选个股，尽量不选那些随波逐流，甚至有可能弱于同期市场的股票，而应该挑选那些更具上涨潜力的个股。

图 1-4 为贵州茅台 2018 年 11 月至 2019 年 8 月的走势图。图中以收盘价曲线的形式叠加了迎驾贡酒及上证指数的走势。在近一年的时间里，虽然两只股票同处于白酒行业，但一只为基金重仓的大盘股，其业绩更好，且被视作价值投资的标杆；另一只则为小盘白酒股。可以说两只股票的属性差别极大，而这也导致了它们走势上的差距。但这种差距仅仅体现在涨幅上，至少在运行方向上两者是相同的。

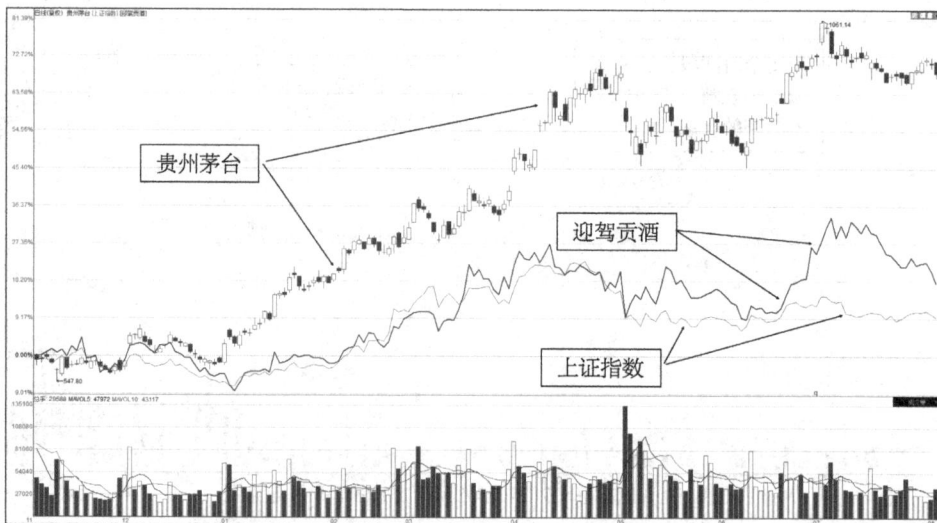

图 1-4 贵州茅台 2018 年 11 月至 2019 年 8 月走势图（叠加迎驾贡酒）

下面我们再来看另一个更明显的例子。图 1-5 为贵州茅台 2018 年 11 月至 2019 年 8 月的走势图，图中叠加了同期的安阳钢铁走势。图中划分了两个时间段，在第 1 个时间段内两者的运行方向相同，这是因为同期的市场处于明显的上行走势中，只要无明显利空，个股都会或多或少地跟随市场上涨，只是强弱程度不同。但随着市场进入方向不明的盘整走势，两者在运行方向上出现了明显分歧：利润增速更好的贵州茅台在指数盘整期间依旧震荡上扬，涨势喜人；而利润大幅下滑的安阳钢铁则调头向下，跌幅巨大。

这就是个股走势独立性的最好体现，江恩理论除了强调对于市场整体的研判，还认为对于个股的把握也十分重要，选错个股意味着风险、亏损，选对个股则意味着机会、增值。

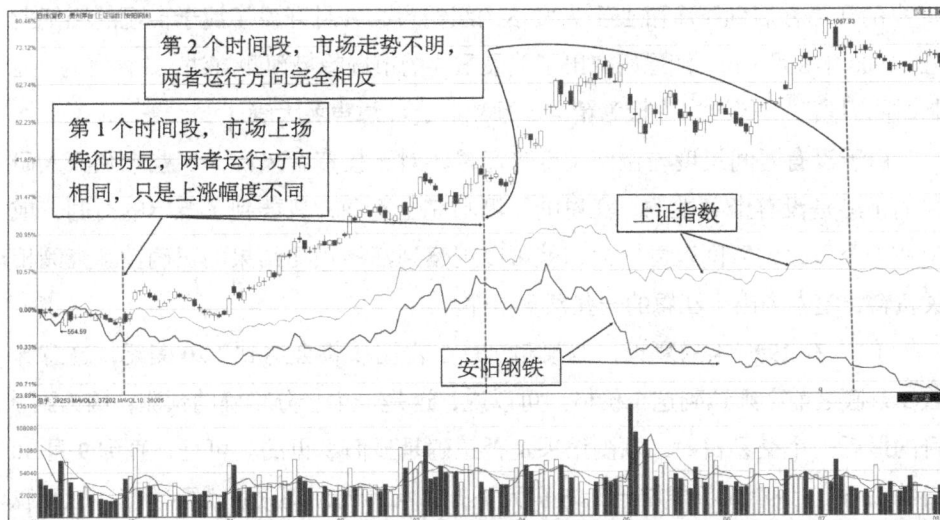

图 1-5　贵州茅台 2018 年 11 月至 2019 年 8 月走势图（叠加安阳钢铁）

1.2　江恩理论的诞生

江恩认为，投资者在市场亏钱是因为希望、贪婪以及恐惧。江恩发现自然定律是所有市场波动的基础，于是他用了 10 年的时间确定了自然定律和市场波动之间的关系。

1.2.1　江恩的准确预测

威廉·江恩（William D.Gann），20 世纪著名的金融理论家、投资家，他在期货及股票市场中取得的骄人战绩至今无人可比。虽然有一些投资家（例如巴菲特、索罗斯等）在市场中赚取了更为惊人的利润，但江恩仍保持了其辉煌的战绩。江恩的投资方法之所以被人津津乐道，主要原因并非江恩从市场中获取了多少利润，而是其超高的成功率。据相关数据显示，江恩在其投资生涯中，成功率高达 80%~90%。

1902 年，在江恩二十多岁时，他第一次入市参与期货交易，买卖的品种为棉花期货，并从获利中尝到了交易的甜头。1906 年，江恩移居到了俄克拉荷马城，并在当地的一家证券经纪公司做经纪人，既为自己炒股，亦管理客户。1908 年，30 岁的江恩移居到了金融业更为发达的纽约市，并且开设了属于自己的经纪业务。1908 年 8 月 8 日，江恩研究出了他最重要的市场趋势预测方法，并称之为"控制时间因素"。经过多次极为精准的预测后，江恩声名大噪。

由于没有时间尺度与空间尺度来衡量，对于投资者来说，那些未经深入研究的预测是没有指导性的。江恩的预测则完全不同，只要到了既定的时间，或者在一个很短的时间范围之内，就可以观察到江恩预测结果的正确性。查阅相关资料，笔者列出了江恩的一些预测事件。

（1）在 1909 年的夏天，他预测 9 月小麦期权将会达到 1.20 美元，这意味着 9 月底之前必须达到这个价格。可以说，这是一个十分精确的预测，因为到 9 月的最后一个交易日时，预测结果是否正确是显而易见的。可是，直到 9 月 30 日的 12 时，该期权仍然位于 1.08 美元下方，江恩的预测眼看就要落空。但江恩却说："如果今日收市的时候还未达到 1.20 美元，那就表示我的整套分析方法都有错误。不管现在是什么价格，小麦期权在收市之前一定会达到 1.20 美元。"结果是，在当日最后的交易时刻，小麦期权达到了 1.20 美元，该期权正好在 1.20 美元收市。这个走势验证了江恩给出的预测，震动了当时的整个市场。

（2）一家地方杂志社曾经对江恩的交易进行过跟踪，在 1909 年 10 月的 25 个交易日里，江恩在其监督下，对多只股票、多空两个方向进行了 286 次操作，结果为 264 次操作盈利，另 22 次操作亏损，其所操作的本金翻了 10 倍。但是，江恩拒绝以任何价格透露他的交易方法，但很明显，江恩的操作体现了交易系统的无限可能性：预测，甚至是十分准确的预测是存在的。

（3）江恩在 1921 年又一次做出了惊人的预测。他于 1921 年，提前一年预测了 1922 年的股市运行方式，并指出：牛市波动的第 1 个顶部会在 1922 年 4 月形成，第 2 个顶部会在 8 月形成，最终的顶部则在 10 月中旬附近形成。结果显示，20 种工业股票的平均价格在 1922 年 10 月 14 日达到最高点，在之后的 30 天内下跌了 10%。江恩还判断 11 月股市将会有大幅度的下跌，结果是这段时间的股市在 4 天之内下跌超过 10%。

1.2.2　神秘的预测方法

除上述案例之外，江恩做出的准确预测的案例数不胜数。在众多的案例中，有这样一个较为知名的案例。威廉·吉尔雷，纽约市中心的一位知名人物，从事进口督察工作。虽然其主业并非证券投资，但此人热爱投资并且相当专注。对于股市，他有着 25 年的研究经验，并且十分热爱阅读那些华尔街专业人士发表的市场投资类文章。也正是吉尔雷鼓励江恩研究"科学与数学在股市运动中的可能性"这一课题。当被杂志社记者问到江恩的工作给他留下的最深印象时，他回答："虽然很难记住江恩每一次不同寻常的预测和操作，但有一些确实十分令人难忘，例如，在美国钢铁这只股票的价格是 50 美元左右的时候，江恩对我说美国钢铁将会涨到 58 美元，但不会超过 59 美元，然后会下跌 16.75 点。随后的走势是，股价的最高点是 58.75 美元，之后下跌到 41.25 美元，即下跌 17.5 点。"这仅是威廉·吉尔雷描述的一次预测与操作，还有很多类似的精确预测与操作。

江恩在其传奇的投资生涯中不是只投资某一只股票，或在某个时间点孤注一掷，江恩理论之所以能够与道氏理论、波浪理论这类代表着金融市场技术大厦基石的经典理论相提并论，是因为它的准确性与独立性。江恩投资生涯的成功是建立在一次次精确预测的基础之上的，虽然未完全公开使得其理论具有神秘色彩，但通过江恩发表的一系列文章及观点，投资者对于江恩理论也会有一个大体的感悟，这对于提升股票交易成功率有着很好的促进作用，而这恰好也是大多数投资者学习江恩理论的目的。

江恩理论开创性地将数学、天文学、几何学等自然科学的精确研究方法与知识运用于金融市场，并取得了巨大的成功。虽然江恩本人从未对其理论进行过系统的归纳、总结，而且江恩在讲述其理论时，也未用到精确的论述，但这并不影响投资者研究江恩理论的热情。江恩理论打开了一扇大门，他指出了精确预测的可行性，但江恩并没有把大门钥匙直接留给后人，而是给出了一条条线索。后来者对于江恩理论的分析、研究也往往仁者见仁，智者见智。对于热衷于金融分析的投资者来说，江恩理论的魅力是很难阻挡的。

1.2.3 独特的测市理论

江恩在多年的研究基础之上，形成了自己独特的测市理论。股票市场的运行看似混乱无序，只有碎片化的信息，但实际上却有着内在的自然法则。我们在把这些看似不相关的碎片化信息进行整理、拼接后，就会发现隐藏在股市中的"秩序"，江恩把这种秩序称为"周期"。"周期"也是江恩理论中出现频率较高的词之一。

投资者往往因为过多地考虑"人"的因素而忽略了以股票市场为代表的金融市场内在的运行驱动规则。

金融市场是人类社会的一部分，也是宇宙的一分子，那么它也必然符合宇宙总规律。我们之所以看到市场系统内的各元素是杂乱无章的，只是因为其中的各个元素在不同的时间和空间加入系统内部，由于循环的起点不同，所以各元素的运行看似混乱且无节奏。

江恩曾说："只要找到正确的起点，你就可以推算未来。"那么应该通过什么方法来推算未来呢？江恩所依据的主要是时间周期与空间几何。通过将市场运动的时间与空间相结合，再联系市场循环往复的特点，江恩往往能够给出准确的预测，这些预测既包括时间范围，也包括空间范围。

通过对数学、几何学、天文学等多种学科的综合运用，江恩经深入研究，建立起了自己独特的分析方法和测市理论，这也是江恩理论的核心内容。江恩的测市方法常常有着异乎寻常的准确性，因而备受投资者推崇。

江恩测市理论的出发点就是在看似无序的市场中建立严格的交易秩序，阐述这些交易秩序的技术方法主要包括江恩时间法则、江恩价格法则、江恩线等。这些技术方法可以用于发现何时、何价位将会发生回调，以及将回调到什么价位。

在江恩测市理论中，时间周期与角度线是两大主线。时间周期比较容易理解，内容也相对简单，下一节中我们将单独对其进行讲解；而角度线则可以说是几何学在股市中的成功运用，它以精确的角度向投资者呈现哪些价位有支撑、哪些价位有阻挡。角度线的内容相对复杂，且实战性更强，我们会在本书后面的章节中对其进行专题解读。

1.3 时间周期循环

时间周期循环可以说是江恩理论中较为重要的一个部分，但江恩给出的关于时间周期循环的例子过少，且最为重要的 10 年周期的时间又太长，因此对于实盘操作来说，其指导性不如我们随后将要介绍的角度线。但其作为江恩理论的核心内容之一，我们还是有必要了解的。

江恩通过研究，发现一系列的时间周期会在未来重演。基于历史数据，江恩找出了主要周期和次要周期并且确定了这些周期在未来何时重演。大利润来自主要周期，而次要周期则主要用于规避风险或选择入场时机，因此，对于时间周期，我们一定要明确主和次、大和小的区别。10 年、7 年、5 年、3 年或 2 年周期是时间跨度相对较长的周期，也是最应关注的时间周期，主要用于反映趋势。

1.3.1 10 年周期

江恩理论认为，股票市场的走势是以循环方式呈现出来的，10 年为一个循环周期。10 年，一般也可以理解为历史高点与低点之间的时间间隔，即一个新的历史低点出现后，经过 10 年，将出现一个历史高点；反之，一个新的历史高点出现后，经过 10 年，将出现一个历史低点。对于股票市场的运行来说，市场或个股一般会在 10 年周期中形成重要的顶部和底部，但是极端市场的底部或顶部有时会出现在 10.5 年或 11 年左右。

以 10 年周期为整体，可以像分割底部与顶部之间的阻力位那样分割这个周期。10 年是 120 个月，它的 1/2 为 5 年或 60 个月，2/3 为 80 个月，1/3 为 40 个月，1/4 为 30 个月，1/8 为 15 个月，1/16 为 7.5 个月，这些周期对于观察趋势的变化来说都是十分重要的。

1.3.2 2 年或 3 年周期

江恩指出，任何一个长期的升势或跌势都不可能毫无变化地持续 3 年以上，次要周期一般是 2 年或 3 年，最小的周期是 1 年。主要或次要顶部出现的时间再加上 3 年，将得到下一个顶部出现的时间。

当次要趋势出现时，往往会伴随 3 ～ 6 个月的调整期间。因此，对于 10 年周期来说，一般是每 2 年或 3 年出现一个顶部，最后的 3 年或 4 年会出现最后的顶部。

1.3.3　5 年周期

江恩认为，牛市通常持续 5 年，多以 2 年上涨、1 年下跌、2 年上涨的方式呈现；熊市也经常能够持续 5 年，多以 2 年下跌、1 年上涨、2 年下跌的方式呈现。

10 年周期是最重要的长期循环，5 年周期则是最重要的中期循环。任何时间周期顶部出现的时间再加上 5 年，将得到 5 年周期的下一个底部。

1.3.4　短期循环

中期、长期循环适用于分析趋势，把握历史高低点，短期循环则主要表现为短期波动。在短期循环中，以下的时间周期较为重要：1 小时、2 小时、4 小时、18 小时、24 小时、3 周、7 周、13 周、15 周、3 个月、7 个月。

1.4　江恩交易规则阐述

江恩认为，进行投资交易应有章可循，而不能随意地买卖，盲目地猜测市场的发展情况。随着时间的推移，市场的环境及影响价格变动的因素也会发生变化，投资者必须学会跟随市场的变化而转变，不能墨守成规。

江恩理论所阐述的一系列交易规则由于很好地揭示了市场内在的特性，且语言简单明了，相较于用只言片语论述不清的复杂的测市理论而言，更易被投资者接受，且实战性突出。

在进行交易前，江恩给出了重要提示："在开始应用任何规则之前，必须设置好止损价以保护本金，因为一次小亏损或数次小亏损很容易通过一次大盈利赚回来；但是，在遭受较大亏损后，再要回本则很难。"在本节中，我们就结合江恩著作中所阐述的一些交易规则来看看如何更好地把握市场时机。

1.4.1 在过去的顶部水平买入

当股票经历了低位震荡并开始逐步走高时，如果超过了前期的显著顶部，则表明上升动力较强，后期一般仍有一定的上升空间。在实盘操作中，在股价超过前期顶部后，由于将遇到短期获利盘与中期解套盘双重抛压，因此，在股价突破后再回踩顶部区位置点时买入，短线风险会相对更小。

图 1-6 为三七互娱 2018 年 11 月至 2019 年 12 月的走势图。个股在前期稳健的上升过程中，因先上涨后回落的运行格局形成了一个显著的中期顶部。随后，在经历了相对低位区的长期震荡后，个股再度步入稳健攀升通道，并一举突破前期出现的显著顶部。此时，由于中短期的涨幅较大，个股回调以释放获利抛压的需要。在实盘操作中，股价回落确认突破点时是较好的入场时机。

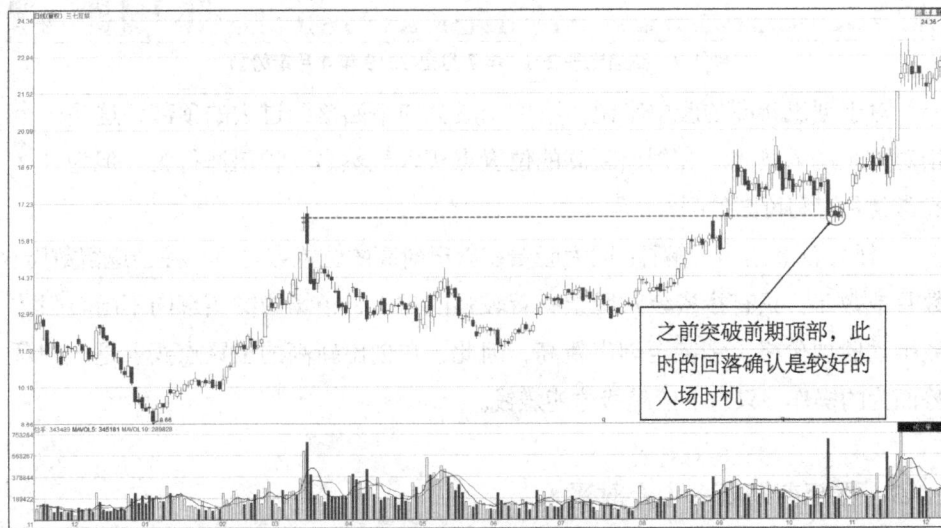

图 1-6 三七互娱 2018 年 11 月至 2019 年 12 月走势图

1.4.2 创出新高后买入

在累计涨幅不大且总体运行稳健的格局中，如果个股在一个位置区间长期停留后，在随后的一波上涨走势中创出了中长期新高，则表明其突破上攻动能较强，趋势选择向上，这是入场信号。

图 1-7 为弘信电子 2018 年 7 月至 2019 年 4 月的走势图。个股在低位区经历了多次震荡，但股价重心呈整体上移状。随后，个股在一波上涨走势中创出了中期新高，这预示着一轮上升行情的展开，是入场信号之一。

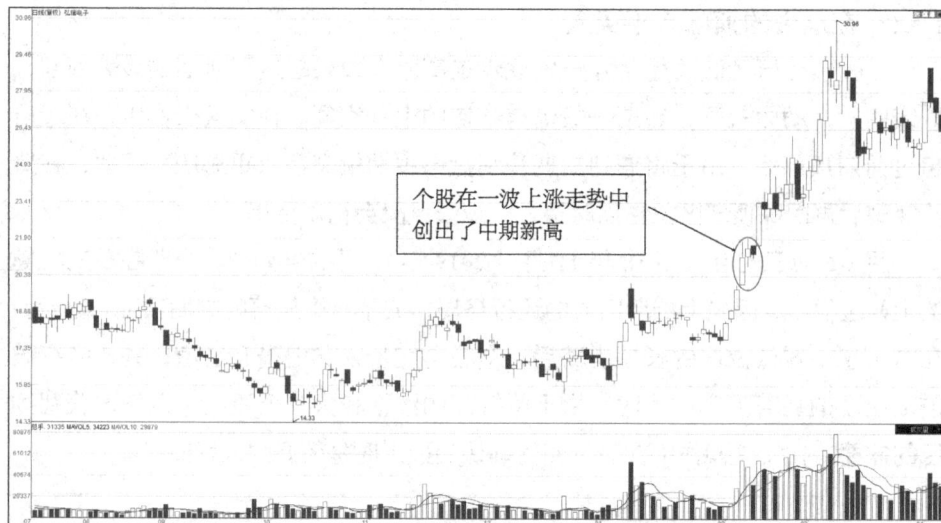

个股在一波上涨走势中创出了中期新高

图 1-7　弘信电子 2018 年 7 月至 2019 年 4 月走势图

对于创出新高的股票来说，股价一般会向下回落到过去的顶部，这是一个相对安全的入场点。在创出新高的位置点买入显然是一种追涨行为，但为什么又常常是有利可图的呢？

对此，江恩给出了解释：因为股票在创出新高的位置点之下往往会逗留数周、数月或数年，只有投资者对股票有着较强的需求、市场的购买意向不断转强才能推动股票价格上涨甚至创出新高，因此，在创出新高的位置点买入是一种顺势而为的操作，只有顺应趋势才能赚钱。

1.4.3　涨至前期底部上方时买入

前期底部被跌破的位置点是一个重要的阻力位，但如果股价随着后期的走势企稳回升，且向上突破了此位置点，则它将转变为支撑位。由于这是一个较低的位置点，所以其一旦转变为支撑位，则预示着随后的反弹上升空间较大，这是中短期入场的信号之一。

图 1-8 为劲嘉股份 2018 年 4 月至 2019 年 3 月的走势图。图中画出了前期底部位置点，这是前期低位震荡区的强支撑位；随着一波急速、深幅的下跌，这一位置点被跌破，但趋势的反转往往也发生在这种极端行情中。随后，股价开始企稳回升并突破了前期底部，这是趋势即将反转上行的信号，也是中期入场信号。

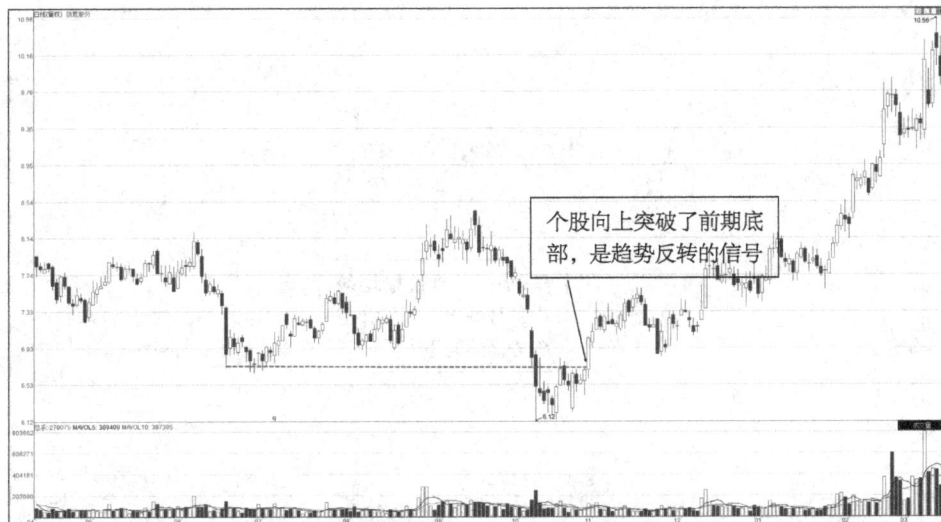

个股向上突破了前期底部，是趋势反转的信号

图 1-8　劲嘉股份 2018 年 4 月至 2019 年 3 月走势图

1.4.4　创出新低的趋势

创出新高意味着上升趋势并未减弱，持续推升动力较强，同理，创出新低则意味着下跌动能较强，后期或仍有一定的下跌空间。对于可以双向交易的市场或个股来说，下跌趋势中的顺势交易体现为先卖后买，简称为卖空，但这种交易方式在 A 股市场中实施较难。因此，对于 A 股来说，投资者更应把重点放在顶部反转的过程中，尽量提前预测下跌趋势的出现，因为当下跌趋势较为明朗时，此时的跌幅往往也是极大的。

这一交易规则给国内投资者的提示主要表现为：当股价创出新低时，不要急于抄底入场。

图 1-9 为华铁应急 2017 年 4 月至 2018 年 2 月的走势图。在图中标注的位置点，虽然当日的长阴线使得个股创出了新低，且中短期的跌幅均较小，但从趋势运行的角度来看，个股仍处于空方力量占据主导地位的跌势之中，此时不宜主观臆断底部区，也不应盲目抄底入场。

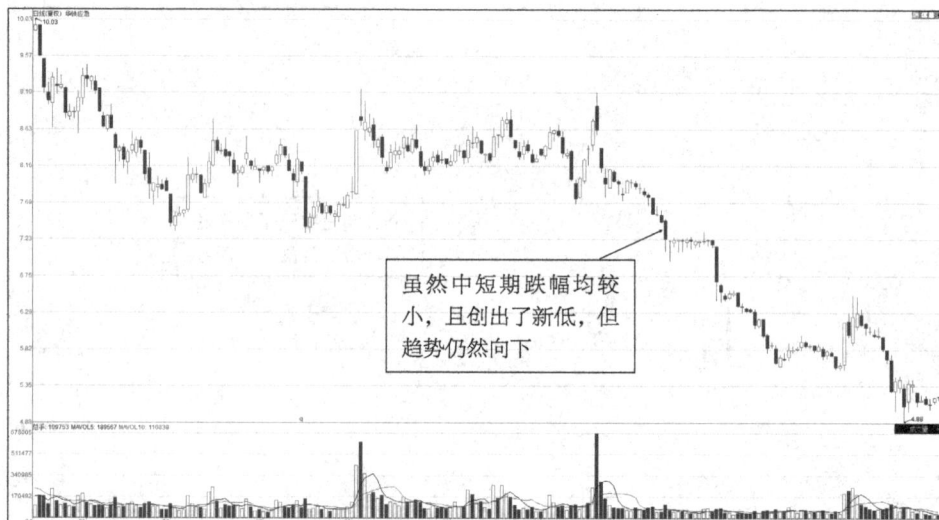

虽然中短期跌幅均较
小，且创出了新低，但
趋势仍然向下

图 1-9　华铁应急 2017 年 4 月至 2018 年 2 月走势图

对于创出新低的股票来说，股价一般会反弹至过去的底部附近，这多是一个适合逢反弹卖出的短期高点。

1.4.5　收盘价的重要性

当市场或个股交投活跃、价格波动幅度较大时，投资者应一直等到收盘且价位在日 K 线或周 K 线上方（或下方）时才买入（或卖出）。因为当天的价格虽然迅速上涨，但临近收盘时，也许就会迅速下跌，收盘价能够较好地反映多空平衡的情况。如果当前多方力量并不占有明显优势，那么盘中拉升多会无功而返；反之，如果当前空方力量并不占有明显优势，那么盘中跳水也很难将股价维持在低点，收盘前多有拉升。

对于趋势中的顶部或底部，运用周 K 线的收盘价来衡量要更为准确，这样可以避免日 K 线上因尾盘异动而导致的收盘价不足以反映多空交锋结果的情况。

图 1-10 为美利云 2017 年 2 月至 2018 年 6 月的周 K 线图。在个股累计涨幅已较大的位置点，虽然股价在当周创出新高，但周 K 线上的收盘价却无法保住胜果，这预示着在当前的这个位置点空方力量较强，多方难以保住胜果。周 K线可以稳定地反映趋势运行情况，因此，这种形态表明原有的上升趋势或将转为向下。

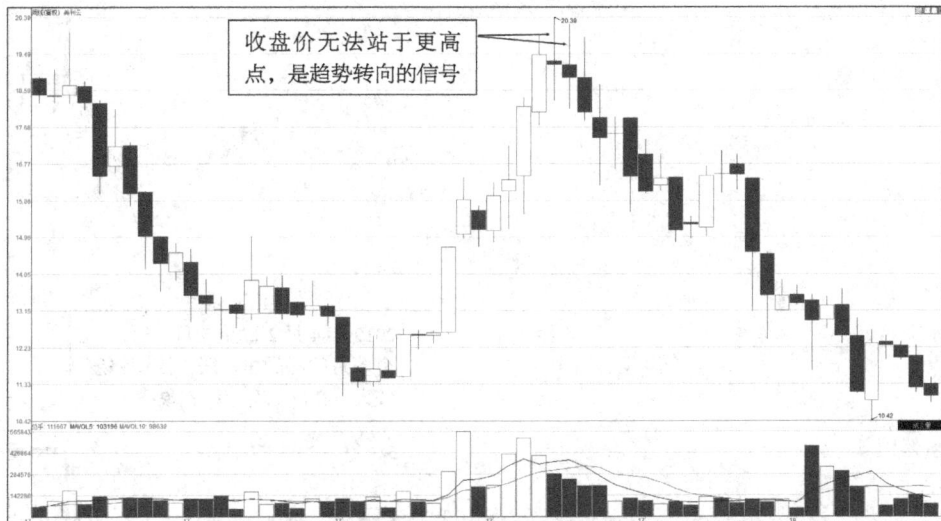

收盘价无法站于更高点，是趋势转向的信号

图 1-10　美利云 2017 年 2 月至 2018 年 6 月周 K 线图

1.4.6　牛熊市调整时间与时机

对于牛市来说，江恩理论认为：在股票正处于快速上涨阶段的牛市中，虽然调整的方式可能很剧烈，但调整的时间一般不会超过 3~4 周，所以，在牛市中调整时间在 1 个月左右的股票一般是可以买入的；在熊市里，股价反弹时间极少超过 1 个月，大多持续 3~4 周；但在某些极端的行情中，急速、深幅的下跌之后，反弹行情也有持续 2 个月的可能性。将上面关于牛市、熊市的次要趋势的持续时间与股票走势相结合，就能更好地把握次要趋势中的买入时机与卖出时机。

图 1-11 为苏州固锝 2018 年 10 月至 2019 年 6 月的走势图。个股前期的上升势头良好，在高点开始横向震荡。在图中标注的区域，个股回落调整幅度较大，持续时间超过 1 个月。此时，股价在回落后的低点企稳，是一个较好的升势回调后的买入时机。

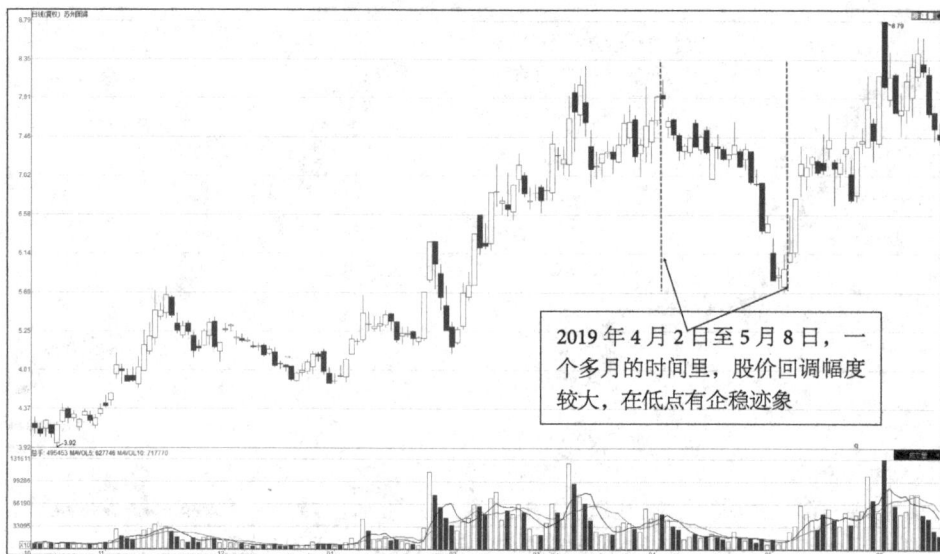

图 1-11 苏州固锝 2018 年 10 月至 2019 年 6 月走势图

1.4.7 牢记急速下跌的风险

在长期上涨，或短期快速、剧烈上涨之后，行情的结束往往是以急速下跌为标志的。在大多数情况下，价格下跌的速度往往更快。

这是一个容易被大多数投资者忽视的风险。对于长期上涨来说，长久的上涨降低了投资者的风险意识，投资者容易忽视趋势改变的信号；对于短期快速上涨来说，贪婪的情绪往往占据了投资者的头脑，投资者更担心跳空，从而忽视了风险。

图 1-12 为天龙股份 2018 年 12 月至 2019 年 5 月的走势图。个股在持久、强势上涨之后进入高位区，可以看到整个上升行情持续时间较长，前后上涨具有连贯性，上升形态也良好。这种稳健、强劲的上涨势头对于中长线投资者来说是不愿卖出的，从而也就忽视了高位区宽幅震荡所发出的筑顶提示信号。随后，一根长阴线突然打破震荡格局，股价急速下行，短短几个交易日内跌幅巨大，急速下跌的风险显而易见。

只要投资者理性地看待价格走势，不被盲目乐观的情绪左右，这种急速下跌的风险是完全可以通过控制仓位来规避的。

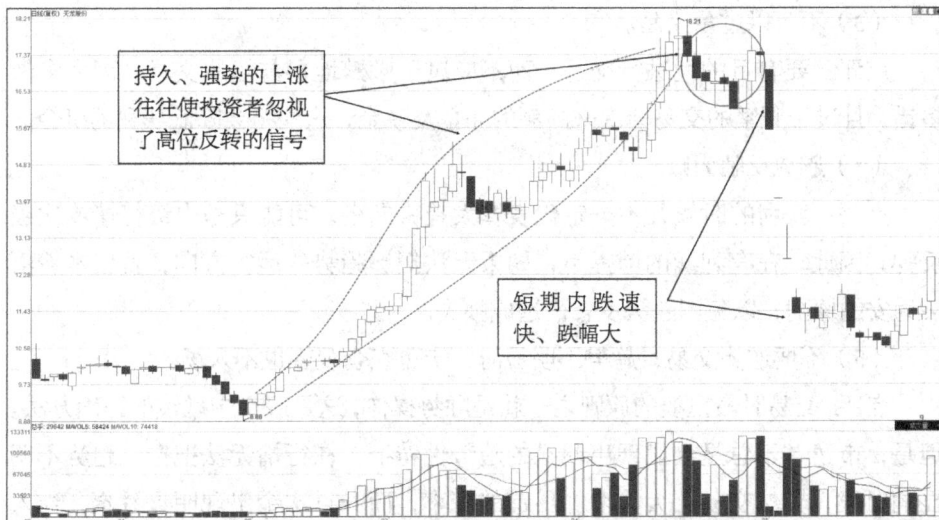

持久、强势的上涨往往使投资者忽视了高位反转的信号

短期内跌速快、跌幅大

图 1-12 天龙股份 2018 年 12 月至 2019 年 5 月走势图

1.4.8 江恩 21 条买卖守则

江恩告诫投资者："投资之前，一定要仔细地研究市场，因为你可能会做出与市场完全相反的错误决定，同时你也要学会如何去纠正这些错误。"

江恩出版的《华尔街 45 年》，这是他的最后一本重要著作，此时的江恩已到了 72 岁高龄。在书中，他坦诚地披露了纵横市场数十年的取胜之道。江恩指出，买卖之道的成功不仅取决于技术分析，买卖守则同样重要。因此，他制订了 21 条买卖守则，使其与江恩理论中阐述的交易方法相辅相成，共同构成了江恩交易系统。21 条买卖守则与相关点评如下。

（1）将本金分成 10 份，每次买卖数额不应超过本金的 1/10，这样，每次所承担的风险最多只有 1/10。

点评：股票交易没有固定的守则，十等分的方法是一种控制风险的固定仓位方法，更适用于入市资金较大的投资者。

（2）设定止损位，减少买卖出错时可能造成的损失。

点评：止损是十分重要的，但设定止损位却没有固定的规则，应结合行情及个股的特性来把握。例如，对于股性较活、波动较大的个股，止损位与入场位可相距大一些，以避免股价的偶然波动触发止损位。

（3）不可以过量交易。

点评：要有目的地进行交易，而不应过于频繁地参与短线交易，因为多做多错，且过于频繁的交易会带来高额的佣金及税金，这些将会降低获利的机会。

（4）避免反胜为败。

点评：获利的时候并不一定代表着大趋势向上，可能只是中级行情或次级反弹，因此，在有利润的前提下，如果无法把握趋势的运行方向，就应本着落袋为安的原则，以免因趋势反转而造成损失。

（5）不要逆势交易，趋势不明显时，宁可空仓观望也不入场。

点评：交易时最重要的原则之一就是顺势操作，这是股市中赚钱的正确方法。但是，市场并不总是会显现出明显的趋势性特征，在行情无法把握、趋势不明显的时候，贸然交易会大大增加出错的概率，而一旦本金出现明显亏损，当入场时机真正显现时，投资者也只能望洋兴叹了。

（6）犹豫不决，不宜入市。

点评：交易要果断，要有明确的目标，犹豫不决代表着投资者很难正确地判断行情发展，这可能是因为投资者的知识、经验不足，也可能是因为多次错误交易导致心态失衡。但无论是哪种情况，此时入场交易，获利的概率是较低的，因为即使行情在买入后向上发展，此类投资者也会过早离场，只能获得小利；而一旦买入后行情向下发展，此类投资者则很难实施止损，从而使得亏损不断扩大，造成巨额亏损。

（7）参与交易活跃的品种，避免参与冷门品种。

点评：股票市场的走势也许平淡无奇，但这并不代表缺少机会，因为在横向发展的行情里，个股走势的差别极大，活跃的品种可能大幅上涨，而冷门品种则难有表现。除此之外，由于股票市场是资金驱动型市场，交易活跃的品种意味着其得到了市场资金的关注，交易机会自然更好；冷门品种由于没有得到资金的关注，走势自然平淡无奇。

（8）要避免提前设定价格的买卖方法，交易价格应随行就市。

点评：限价买卖的方法忽视了市场快速转变的特性，设定好的价格与市场走势往往存在较大偏差，其结果就是买入或卖出时，可能会错失最佳的入市或离场时机。

（9）入市后不可随意平仓，可用止盈位保障利润。

点评：获利并不是平仓离场的理由，赚时多赚、亏时少亏才是交易的目标。当一笔交易向着预测的方向发展时，不要因小利而离场，此时应把重点放在趋势分析上，结合盘面信号展开操作。但由于技术分析的不确定性，投资者在已获利的基础上可以随着走势的发展而设定相应的止盈位，以保障到手的利润。

（10）交易顺手且获利丰厚时，可将部分资金调走，以备不时之需。

点评：市场的走势并不是投资者能一直准确预测的，当前的决策正确不代表以后的决策也一直正确，在利润可观时调走一部分资金作为储备，可以更好地抵挡市场风险。

（11）交易出现亏损时切忌加码，否则可能将小错变为大错。

点评：若第一笔交易出现亏损，则表示入市错误，如果再强行增加持仓数量，希望拉低成本以博取回调解套的机会，很可能积小错成大错。这一守则指出了投资者常用的操作方法——补仓，其实充满了危险。导致个股股价下跌的因素很多，如果是重大的利空，那么股票下跌是没有底的，补仓只会加大亏损，而隐藏于个股之下的风险又是投资者很难发现的。因此，最好的方法就是在错误交易发生后及时止损离场，而不是扛单或补仓。

（12）指望从股票的分红派息中获取投资利润并不是好方法。

点评：赚取市场差价才是股票获利的核心，股息高并不代表行业前景好，买股票是买预期，企业的成长潜力及合理的估值才是关键，而不是当前的股息高低。

（13）不要因为缺乏耐心而入市，也不要因为缺乏耐心而平仓。

点评：耐心是投资者的重要素质，意味着对自己交易能力的肯定，有耐心的投资者也能够更好地把握机会。有耐心的投资者的交易成功率要明显高于缺乏耐心的投资者，而且此类投资者能更好地看清大市、赚取大波段行情的利润。

（14）潜在风险大于预期利润的交易不要做。

点评：要评估一笔交易可能的盈利空间与亏损空间，即上涨的潜力与下跌的风险。如果下跌的风险较大，则表明这笔交易赔多赚少，是不宜展开操作的；当上涨的潜力较大，甚至远大于下跌的风险时，则此笔交易一旦成功，便能产生较多的利润，表明这笔交易是值得参与的。

（15）入市交易并设定止损位后，不要胡乱改变。

点评：入市交易时设定的止损位一般都有较强的合理性，但在交易发生后，由于股价的波动，投资者往往会因情绪波动而主观控制止损位，此时如果盲目地改变止损位，就很有可能出现错误。

（16）要等待机会，不宜频繁交易，盲目交易只会做多错多。

点评：这一守则也是对于"耐心"这一素质的阐述，可以说耐心是成功交易者的必备素质之一。

（17）做多或做空都应当运用自如，不应只做单边。

点评：这是一条适用于期货市场的交易守则。做空，即先卖出开仓，然后再买入平仓。只要在卖出开仓之后，价格下行，就可以通过买入平仓来赚取差额利润。可以说，做多是通过低买高卖获利，做空则是高卖低买获利。

（18）不可因低价或跌幅大而买入，亦不可因价高或涨幅大而卖出。

点评：股价的高与低是相对的，现在的高位会因后期的上涨而变成相对低位，现在的低位也会因后期的下跌而变成相对高位。交易时应以遵循趋势为原则，顺势交易才是获利之道。

（19）不要对冲。

点评：对冲主要用于期货交易，是指在买入一个品种的同时，卖出另一个品种，两个品种要有高度的正相关性，只有这样，一个品种的亏损才可以通过另一个品种的盈利来弥补。但是，这只是理论上的规避风险的方法，由于并不存在完全正相关的品种，两个品种在波动幅度甚至在波动方向上，都可能与投资者的判断出现偏差，对冲也就很难真正规避风险。换个角度来看，对冲交易也表明投资者失去了准确预测行情的能力。

（20）避免在不当时用金字塔加码。

点评：金字塔加码法也被称为累进式加码法，每一次的加仓数量都少于前一次，是一种在已获利的基础之上逐渐加仓的操作方式。这种加码方法只适宜在上升趋势刚刚展开时实施，由于上升行情仍有较大的空间，此时应用金字塔加码法可以获取更多的利润。但是，如果在震荡行情中或相对高位区实施，则更有可能导致利润缩水，甚至由盈转亏。

应用金字塔加码法时，我们应遵循以下几点建议。

一是，只有在个股或市场处于明显的低位区，随后上升空间较大且只有第一笔交易可以成功获利时，我们才可以顺势进行逐步加仓的操作。

二是，绝不应在亏损的时候逆市加仓。

三是，加码的分量只能是一次比一次少，这样才能保住前面的收益；如果加码分量一次比一次多，很可能会造成这样的结果，即一次加码错误就会失去以前所有的收益，甚至出现亏损。

四是，不要在相同的价位附近加仓，如果两次加仓的价位过于接近，就会使得在相对高位买入的仓位数量过多、持仓成本明显增加，进而增加风险。

（21）如果没有适当的理由，应避免随意更改所持股票的买卖策略。

点评：既定的股票交易策略由于是提前制订的，往往能更为理性地对待市场波动，从而能更好地平衡收益与风险之间的关系。

1.5 投资者必备的 5 种素质

固定的买卖规则看似简单，但在实践中往往又很难实施。这一方面是因为股票市场运行的复杂性，以及充斥于市场内外的各种噪声的干扰；另一方面则与投资者的交易素质有关。江恩认为，按照固定的买卖规则进行交易便可以从中获利，但能否遵循固定的买卖规则取决于投资者是否具有 5 种素质，即知识、耐心、胆识、健康和资金。

这几种素质可以说是成功投资者必备的素质，不具备这些素质的投资者也许能够从股票市场中获取利润，但往往会陷入"一朝盈、一朝亏"的不利境地，最终"竹篮子打水——一场空"；更多的则是屡战屡败，最后亏损出局。

1.5.1 知识是基础

金融市场是一个专业程度较高的市场，一买一卖的操作看似简单，但越是简单的东西，其背后的逻辑往往就越复杂。买卖股票与做出正确的决策并不是一回事。

在股票交易中，对股票价格走势的预测是核心。预测的方法多种多样：有的从基本面着手，有的从市场行为着手，有的仅仅依据技术指标或者消息，等等。要想提高股票交易的成功率，投资者就要有足够的知识储备。

一些投资者并不注重市场知识的学习，总觉得交易很简单，市场的走势理应如何，且不懂得辨识消息的真伪，结果接受错误指导，遭受巨大的损失。还有一些投资者盲目地用一些从书本上学来的知识来指导实践，从而遭受巨大的损失。

若没有足够的知识储备，我们就无法应对层出不穷的信息，无法更好地了解行业或企业的基本面，无法更好地解读市场行为，在这种情况下做出的买卖决策也许并不比抛硬币来决定的准确度高。可以说，投资者只有不断地完善自己的知识结构，才能更好地理解这个市场，只有理解了这个市场，我们才能进一步解读它、预测它。江恩强调的是市场的知识、实践的经验。

1.5.2　耐心是品质

耐心是投资者必备的最重要的交易品质之一。虽然股票市场中的机会天天都有，但由于有限的个人能力与知识储备，投资者并不可能捕捉到市场中的每一个机会。对价格的后期走势给出准确的判断也许并不是一件难事，但投资者却难以判断价格将在多久以后开始上涨或下跌。投资者只有在看到明显的买卖时机时才宜入市交易，这就需要有足够的耐心来等待这个时机，而这份耐心又要与可能错失机会的忧虑相抗衡，甚至承担踏空的风险。正因为如此，大多数投资者虽然都知道耐心的重要性，但在实践中往往又很难保持耐心，因为保持耐心就意味着要抵挡股票市场中每日出现的诱惑性的获利机会，这也导致大多数投资者在属于自己的机会真正来临时，却发现本金早已被占用，进而错失明显的获利机会。

1.5.3　胆识是关键

"一名优秀的战士即使能得到世上最好的枪，但若没有胆量去扣动扳机，也不能消灭任何一个敌人。"投资者可以通过不断学习来积累知识，也可以通过持续等待而发现机会，但股票市场的交易不像只要存款到银行就能获取固定利息那么确定无疑。股票的价格走势受到多种多样的因素影响，一个偶然的消息就足以对其走势产生重大影响，可以说没有人能够拥有100%的胜算率，只有具备足够的胆识，投资者才可以做到该出手时就出手。

如果投资者长期抱有买了怕跌、卖了怕涨的心态，则表示其不适宜在股票市场中生存。换个角度来看，其实胆识也是交易心态的体现，如果投资者没有一个好的交易心态,不能坦然面对盈利与亏损,在交易之前没有足够的心理准备与应对措施,或者没有充分了解价格波动的偶然性,那么其很难在股票市场里长期生存下去。但是,投资者也应了解胆识并不是鲁莽,胆识是建立在足够的知识储备之上的,是建立在理性、客观的分析之上的,是建立在等待机会出现的耐心之上的。

1.5.4 健康是根本

健康的重要性毋庸置疑,如果身体健康受到了损害,投资者将不会有足够的耐心或胆识。投资既考验投资者的心理承受能力,同样对其身体素质也有较高的要求。健康的体魄有助于我们更好地学习知识、积累经验、把握机会,是我们在市场中获胜的基础。

当交易使得投资者身心疲惫、健康受损时,投资者就应该暂时放下交易、好好休息,因为相对于健康来说,再成功的交易也显得不值一提。

江恩曾说:"我在那些年里进行了太多的交易,经历了太多的状况,我从中明白了一些道理,当我健康状况差时我倦于交易,总是导致失败;但是在我精力好的时候,我总是在正确的时候入市,取得了成功。如果你的健康状况不佳,那么此时最重要的事是使你恢复到健康的状态。健康才是致富的根本。"

1.5.5 资金是本钱

"巧妇难为无米之炊",本金是入市的筹码,没有本金,纵然有过人的本领,也不可能在股票市场中获得利润。对于本金,我们可以从交易的风险与仓位的控制两方面来把握。对交易风险的认识与防范可以让投资者在错误的交易中减少亏损,最大限度地保护本金的安全,并且避免过度交易。对仓位进行控制,则可以使得投资者避免承受股票市场整体性下跌带来的系统性风险与个股黑天鹅利空事件的单一风险所带来的重大损失。投资者应记住,永远不要背离趋势进行交易。当发现市场趋势时,投资者应随其而动,不要以猜测和希望来做交易。

通过设置止损点来控制风险是投资者必须掌握的基本功。资金的变动是不可避免的,但是巨大的损失则可以通过止损来避免。很多投资者之所以会遭受巨大损失并失去真正的机会,就是因为没有设置合适的止损点,且任由错误自由发展，从而导致损失越来越大。

　　甚至是一些有经验的投资者，虽然设置了止损点，但在实际操作中却不坚决执行，结果同样也会遭受巨大损失。一个成功的投资者并不是不犯错误，因为任何一个人都可能犯错误，甚至是严重的错误，但影响交易结果的关键因素是对错误的处理方法。成功者通常懂得如何去处理错误，不使其继续发展，这需要果断的执行力；而失败者则会因犹豫不决、优柔寡断的交易性格而任由错误继续发展，并最终遭受巨大的损失。

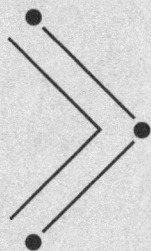

第 2 章

江恩趋势理论基础

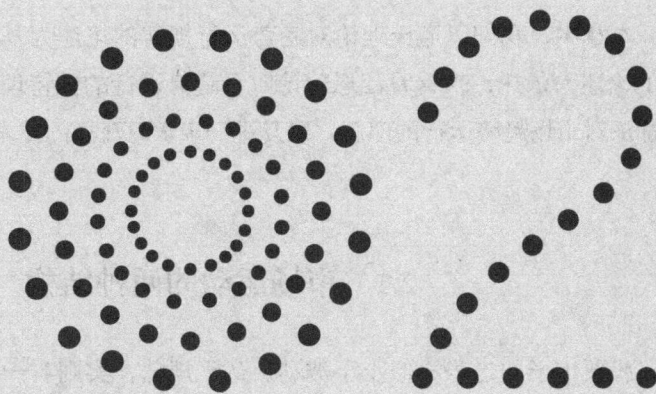

江恩十分重视市场的趋势运行规律，虽然江恩的技术分析方法侧重于几何学，但是这些方法都是建立在趋势运行规律之上的。无论是江恩的时间周期理论、回调法则，还是角度线画法或阻力位分析，都是以趋势为大背景的，可以说没有趋势作为支撑，江恩的任何技术分析方法都难以有效运用。

本章中，我们以道氏理论对趋势运行规律的论述为基础，以江恩对股市趋势的论述为依托，来看看江恩理论对于趋势运行的独特理解，这将有助于投资者加深对市场趋势运行的理解，以及进一步学习江恩的技术分析方法。

2.1 市场运动的两种结构

股票市场的走势看似上下波动、毫无规律，实则有一个大的趋势在引导其运行。一轮趋势的形成与发展是一个相对漫长的过程，若趋势运行中的波动幅度加大，则会增加投资者把握趋势的难度。从宏观角度来看，市场运动只有两种明确的结构，即牛市与熊市。

2.1.1 牛市与熊市之分

从宏观角度来看，股票市场的运动只有两种结构，即牛市与熊市。

牛市，也被称为多头市场（Primary Bull Markets），即上升趋势。多头市场是指市场呈整体性上涨的状态，上涨期间也夹杂着次级的反向回调走势。

熊市，也被称为空头市场（Primary Bear Markets），即下跌趋势。空头市场是指市场呈整体性下跌的状态，下跌期间也夹杂着次级的反弹上升走势。

从整体运动形态来看，牛市是价格走势"一浪高于一浪，一底高于一底"的运动方式；熊市则正好相反，是价格走势"一浪低于一浪，一底低于一底"的运动方式。

牛市与熊市往往呈交替状态出现，即牛市之后跟随着熊市，熊市之后跟随着牛市。但在很多时候，牛市与熊市之间的分界并不十分明显，这期间常常呈现为趋势不明朗的横向震荡。横向的运行可以看作是趋势处于选择状态，持续时间可长可短，但在经典的技术理论中，一般并不将其称为趋势。

2.1.2　市场趋势实例解读

图 2-1 为上证指数 2017 年 11 月至 2019 年 4 月的走势图。从趋势的角度来看，股市在此期间的运动结构为先下跌、后上升，每个趋势的力度、运行方式都与当时的市场情况息息相关。由于趋势运行过程中总是存在上下波动，而且波动幅度往往较大，这就使得趋势分析、趋势研判也相对困难。

图 2-1　上证指数 2017 年 11 月至 2019 年 4 月走势图

在实盘操作中，我们可以结合长期支撑位、阻力位的变化以及市场的估值状态来判断趋势运行规律，进而相对准确地把握当前的市场处于哪种结构中。

2.1.3　主要趋势与次要趋势

股票市场的运行中始终贯穿着两种级别的趋势，即主要趋势与次要趋势。次要趋势是对主要趋势的修正，与主要趋势的运行方向相反。例如，主要趋势为上升趋势时，次要趋势则为回调、回落波段；主要趋势为下跌趋势时，次要趋势则为反弹、上扬波段。

主要趋势是价格运行的大方向，这种运行方向往往可以持续 1 年或 1 年以上，并导致价格上涨或下跌 20% 以上。主要趋势可以分为上升趋势与下跌趋势。

次要趋势对主要趋势起到一定的反抽牵制的作用，是对主要趋势的修正。次要趋势的持续时间从几个交易日到几个交易周不等，对主要趋势的修正幅度一般为上涨（或下跌）幅度的 1/3 或 2/3。次要趋势的具体表现形式有两种：一种是牛市中出现的中等幅度的下跌或回调；一种是熊市中出现的中等幅度的上涨或反弹。

除了主要趋势与次要趋势，还有短期波动。短期波动是价格在几天之内的变动情况。

如图 2-2 所示，1 ~ 6 的整体运动结构对应"主要趋势"，本例中的基本趋势方向向上；2 ~ 3、4 ~ 5 这两波运动对应"次要趋势"，它们与主要趋势的上升方向相反，属于回调波段；A ~ B 的运动则对应短期波动，这种短期波动多由一些偶然因素决定。

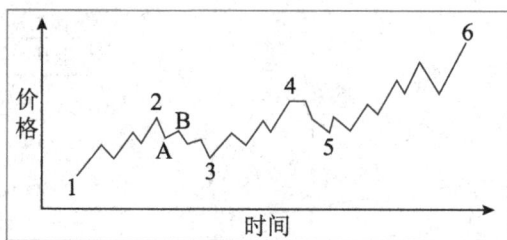

图 2-2　主要、次要趋势示意图

对于股票市场中的趋势，江恩趋势理论指出："只有跟随市场的主要趋势进行交易，才能赚更多的钱。"虽然因为不能逆势交易而错失了一些可能产生波段利润的机会，例如下跌趋势中错失反弹波段的利润，上升趋势中因持股不动而无法在波段高点卖出导致的利润减少，但从中长期角度来看，这样做却可以更好地规避风险并赚取利润。在买入或卖出之前，投资者只有等待明确的趋势运行的信号，这样才能更好地实现利润增长，规避较大的风险。

当主要趋势为下跌趋势时，在规则指示的反弹顶点卖出要比在回落低点买入安全得多；同理，当主要趋势为上升趋势时，在规则指示的回调低点买入要比在短期上涨的高点卖出安全得多。（注：这里所说的安全是指收益风险比较小。）

2.2 江恩趋势理论中的 3 个买点

对于顺势交易的买卖时机，江恩理论与传统技术理论的内容完全不同，传统技术理论有基于 K 线形态的，有基于移动平均线的，也有结合量价来分析的，而江恩理论则是结合价格波动中的顶与底来把握趋势中的买卖点。

这种方法最大的好处就是摒弃了可能陷入主观臆断的做法，真正做到结合价格的实际波动情况，以前期的顶与底为参照展开顺势操作，而不是过多地考虑当前处于何种趋势之中。对于投资者来说，站在事后的角度来看趋势很容易，但是如果身处市场之中，由于各种各样因素的扰乱，投资者是很难把握当前趋势，特别是趋势转向的。

2.2.1 前期的底部或顶部买点

江恩趋势理论指出："当股票下跌到前期底部或前期顶部时，总会出现一个带止损单的买点。"

对于买入操作来说，投资者应结合价格短期波动的速度来把握入场时机。一般来说，如果价格走势相对强势且下跌速度较慢，则在前期底部或前期顶部上方的 1 ~ 3 个点是买入时机；反之，如果价格走势相对较弱且下跌速度较快，则在前期底部或前期顶部下方的 1 ~ 3 个点是买入时机。同时，投资者要提前设置好止损价位。

而且，在个股第 1 次、第 2 次、第 3 次回落到前期顶部附近时，买入是相对安全的，但是当价格第 4 次回落至相同的水平时，就不宜再买入了，此时的风险更大，因为它往往会继续下跌。

图 2-3 为通富微电 2019 年 7 月至 11 月的走势图。在深幅回落之后，股价接近前期顶部，由于短期跌速较快，一般来说，买入时机出现在前期顶部的下方。对于本例来说，在前期顶部下方出现的十字星 K 线形态就是一个入场信号，它代表多空力量在短期内开始趋于均衡状态，而此位置点又是江恩趋势理论提示

的顺势入场时机，投资者可以适当抄底入场。

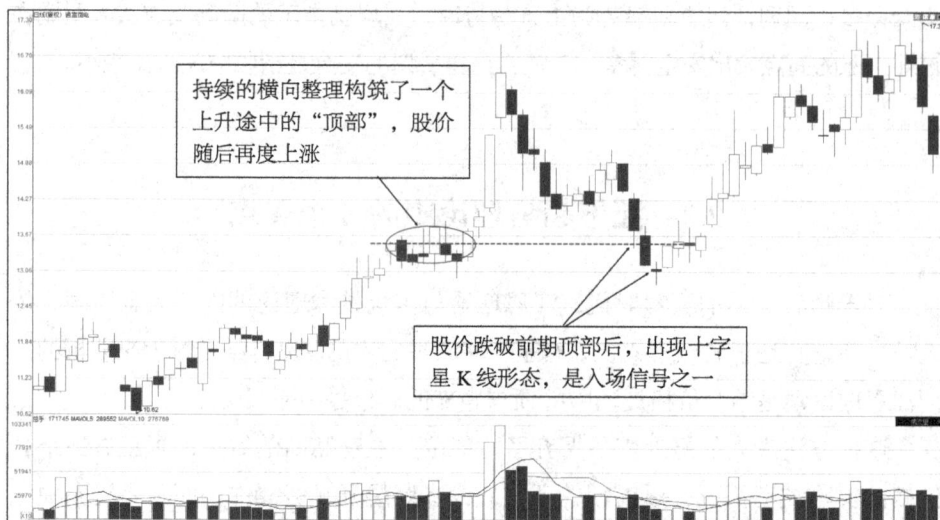

图 2-3　通富微电 2019 年 7 月至 11 月走势图

图 2-4 为通富微电 2018 年 9 月至 2019 年 5 月的走势图。个股在低位经历了长期横向震荡之后开始大幅上涨并步入上升趋势，这个横向震荡区间就是一个前期底部区。在高位反转下跌后，股价跌幅较大，直至跌到前期底部时，个股连续收于下影线，这表明多空力量开始趋于均衡，多方承接力量明显转强，此时是一个买入时机。

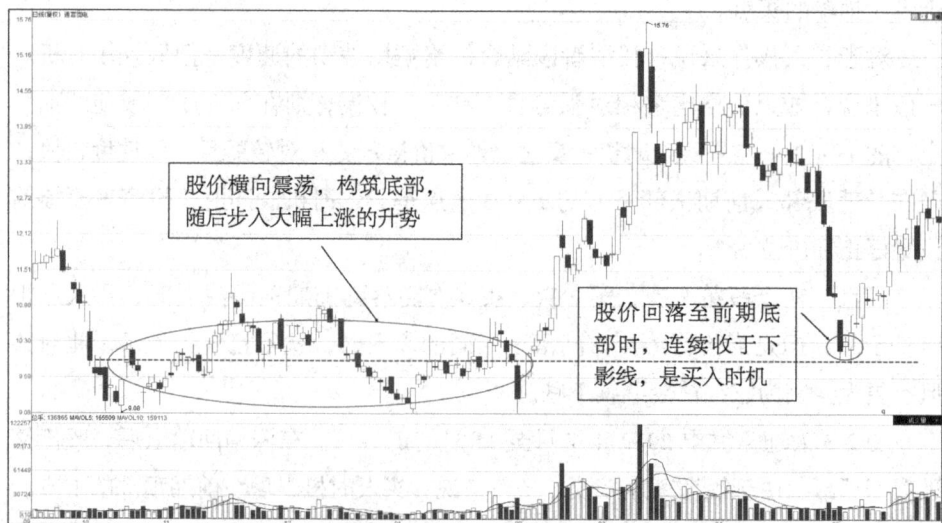

图 2-4　通富微电 2018 年 9 月至 2019 年 5 月走势图

2.2.2　穿越历史顶部买点

当股价向上穿越了前期的显著顶部或近几周内的一系列顶部时，此时是买入时机，因为这种走势表明主要趋势或次要趋势已经开始反转向上。在实盘操作中，当个股穿越前期的显著顶部或近几周的一系列顶部时，短期涨幅一般不会过大，否则个股将面临较重的短期获利盘与前期解套盘的双重抛压。

图 2-5 为北京君正 2018 年 11 月至 2019 年 9 月的走势图。个股在长期的横向震荡中形成了两个明显的顶部，随后股价稳健攀升并突破了这两个顶部，这就是穿越前期显著顶部的形态，依据江恩趋势理论的买点提示，这是一个顺势买入的时机。虽然从中长线的角度来看这是一种追涨的方法，但个股的短线涨幅尚可，而且股价在向上穿越了前期显著的顶部后，一般在未来的运行中仍将有不错的上升空间。

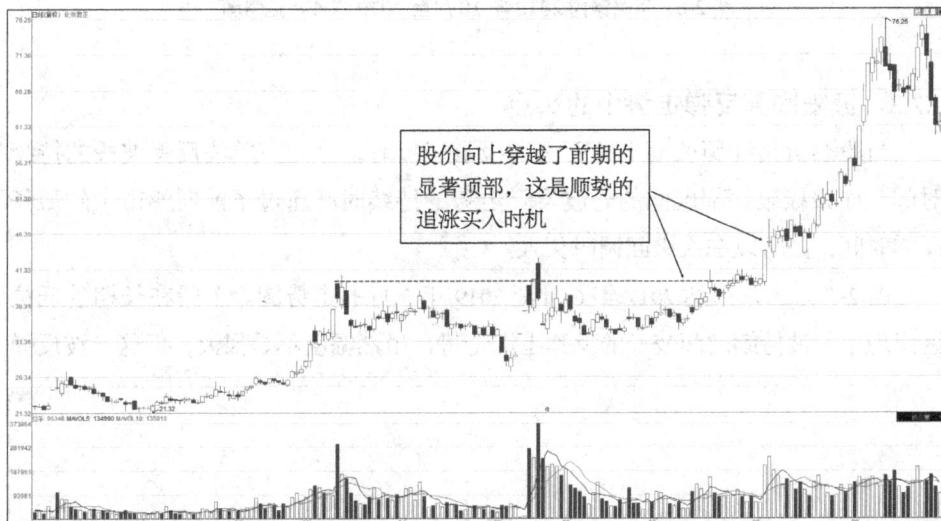

图 2-5　北京君正 2018 年 11 月至 2019 年 9 月走势图

图 2-6 为鸿路钢构 2018 年 10 月至 2019 年 4 月的走势图。个股在前期的震荡走势中形成了 3 个明显的顶部，如图中标注所示。随后股价的一波强势上扬突破了这 3 个明显的顶部，这是多方力量十分强劲的标志。由于此时的累计涨幅不大，而且这种强势的突破格局也预示着一轮上升行情即将展开，所以这是一个顺势的买入时机。

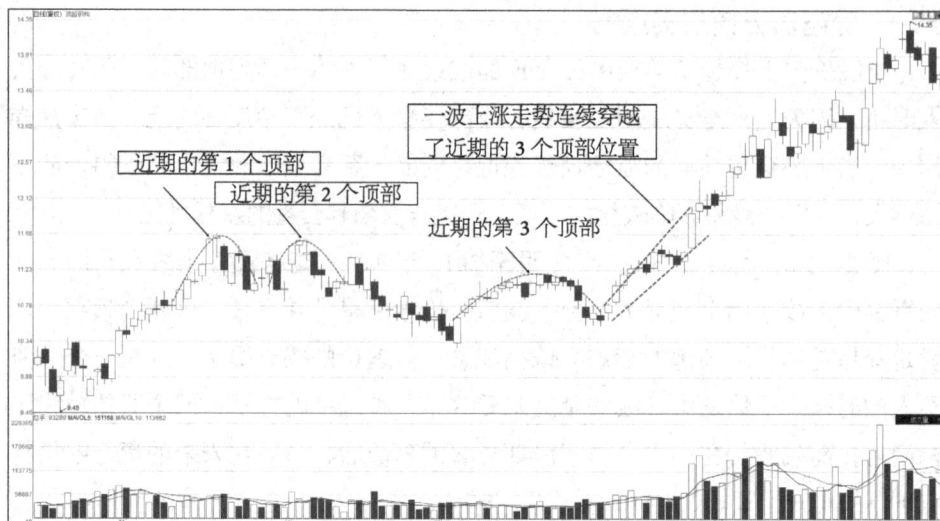

一波上涨走势连续穿越了近期的 3 个顶部位置

近期的第 1 个顶部

近期的第 2 个顶部

近期的第 3 个顶部

图 2-6　鸿路钢构 2018 年 10 月至 2019 年 4 月走势图

2.2.3　极限底部反弹走势中的买点

当股票价格经历长期下跌而进入极限底部时，这时应关注反弹波段的持续时间。如果极限底部区间的一波反弹走势的持续时间超过了前期熊市中的最长反弹时间，则可以在次级回调时买入。

图 2-7 为山东赫达 2017 年 6 月至 2019 年 3 月的走势图。个股在长期的低位区出现了一波持续时间较长的反弹上涨走势，虽然幅度不是很大，但这一波反弹

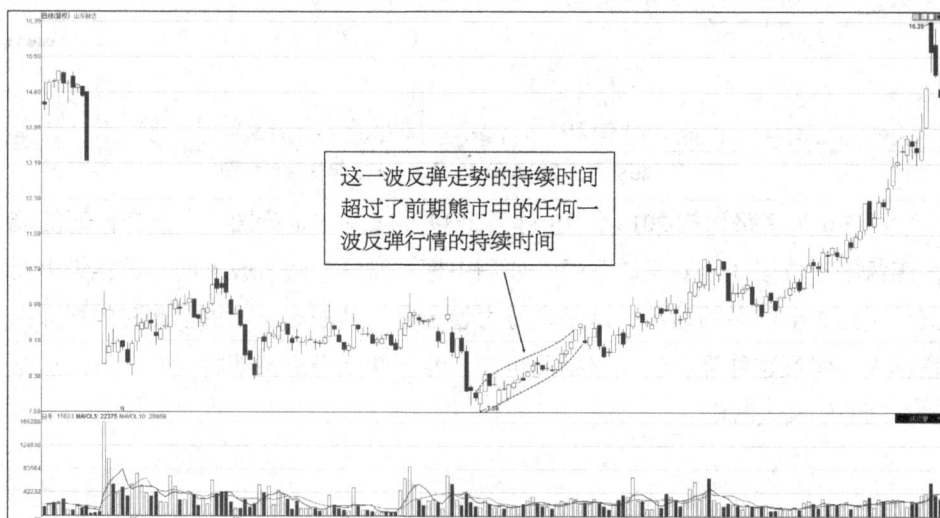

这一波反弹走势的持续时间超过了前期熊市中的任何一波反弹行情的持续时间

图 2-7　山东赫达 2017 年 6 月至 2019 年 3 月走势图

走势的持续时间超过了前期熊市中的任何一波反弹行情的持续时间。持续时间极长的反弹波段代表着买盘持续不断地涌入，而这也是低位区多空力量对比格局发生转变的信号，预示着趋势或将转向上行。在实盘操作中，这一波反弹后的回调低点就是顺势买入的好时机。

2.3　江恩趋势理论中的 3 个卖点

上一节中，我们讲解了江恩趋势理论提及的 3 个买点，本节我们将继续讲解江恩趋势理论中所阐述的卖点。

2.3.1　前期的顶部或底部卖点

当股票经过上涨而达到前期的明显顶部时，这是一个趋势性卖点；当股票在跌破前期底部的位置下方反复运动，且第 1 次、第 2 次、第 3 次均反弹到前期底部时，可以考虑卖出，但是，如果股票第 4 次仍上涨至相同的水平，此时卖出则有踏空的风险，因为股票随后出现突破的概率更大。

图 2-8 为洛阳钼业 2018 年 12 月至 2019 年 4 月的走势图。个股在高位区经历了一波深幅下跌后，打破了原有的上升趋势形态。随后，当股价达到前期顶部时，这是一个趋势性的逢高卖出的时机，因为个股很难突破这个压力位上行。

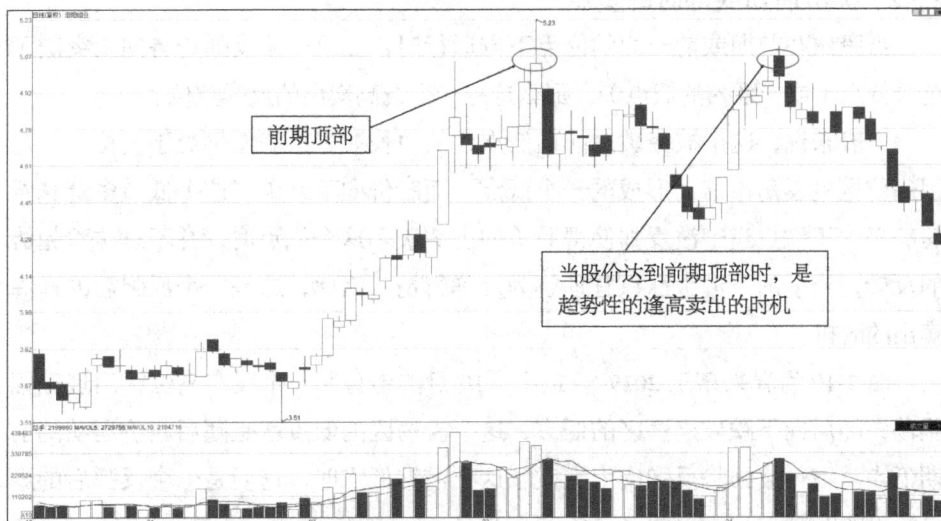

图 2-8　洛阳钼业 2018 年 12 月至 2019 年 4 月走势图

图 2-9 为佛塑科技 2018 年 5 月至 2019 年 3 月的走势图。个股在低位区构筑了一个阶段性底部，随后个股破位下行并持续运行于这个底部的下方，如图中标注所示。股价反复上涨，多次向上触及这个前期底部位置，每一次都形成了或强或弱的回落走势。当其第 4 次上探至这个前期底部位置时，才快速突破了这个阻力位，并成功实现了趋势的反转。

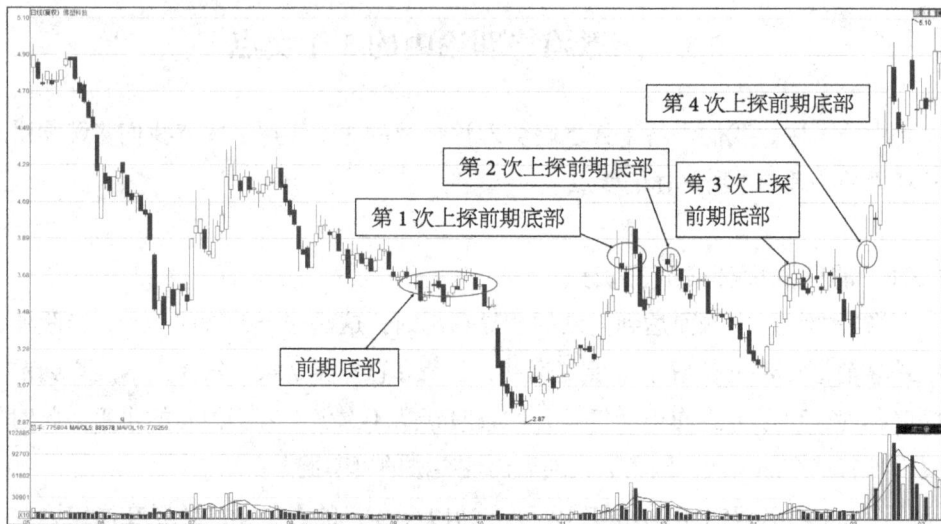

图 2-9 佛塑科技 2018 年 5 月至 2019 年 3 月走势图

2.3.2 突破前期底部时的卖点

当股票在前期或前一周的低点下方运行时，如果一波反弹走势向上突破了这个低点（或一系列的低点），那么这是一个逢高卖出的反弹点位。

一般来说，这个被突破的前期低点，从中长期走势来看仍处于高位区，是因高位区的震荡滞涨而形成的一个低点，而股价向下跌破了这个低点多意味着趋势仍为下跌。当一波反弹使得股价向上突破了这个低点时，并不意味着趋势的反转，当前的一波上涨只宜理解为反弹行情，因此，这是一个反弹后的逢高卖出的时机。

图 2-10 为春兴精工 2019 年 1 月至 10 月的走势图。个股在高位区出现宽幅震荡，随后向下跌破震荡区的低点，这个震荡区的低点就是随后股价运动的前期低点。当一波强势反弹向上突破了这个前期低点时，这便是一个反弹后的逢高卖出的时机。

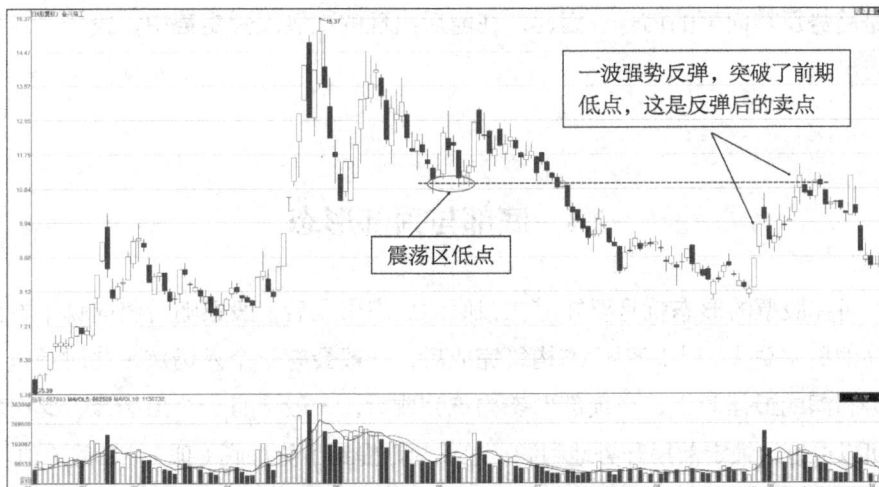

一波强势反弹，突破了前期
低点，这是反弹后的卖点

震荡区低点

图 2-10　春兴精工 2019 年 1 月至 10 月走势图

2.3.3　跌破阶段底部后的反弹波段中的卖点

当股票跌破了数周前的底部或跌破了前期调整的底部时，这是趋势反转向下的信号，此时宜在随后的次级反弹波段中逢高卖出。

图 2-11 为宏达矿业 2018 年 12 月至 2019 年 6 月的走势图。个股在上升途中出现了一个明确的回调低点，即调整底，如图 2-11 中标注所示。随后股价持续上升并创出新高，但在高位出现了快速、深幅的下跌，并向下跌破了这个调整底，

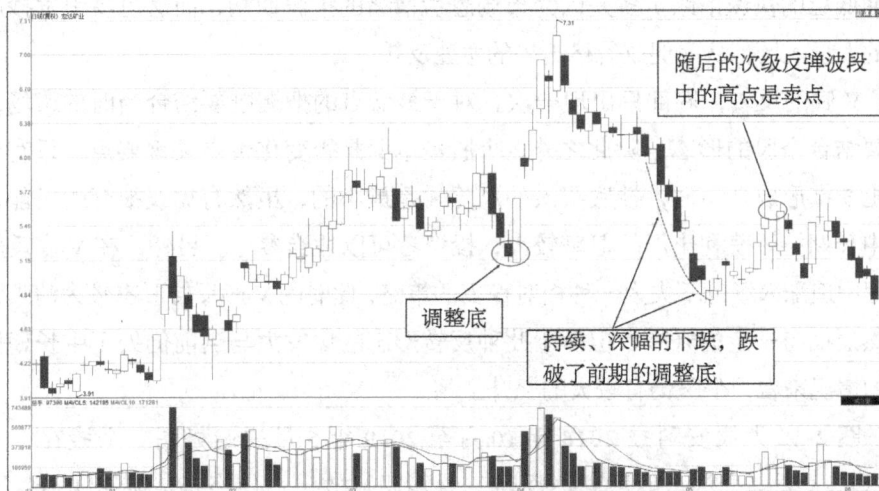

随后的次级反弹波段
中的高点是卖点

调整底

持续、深幅的下跌，跌
破了前期的调整底

图 2-11　宏达矿业 2018 年 12 月至 2019 年 6 月走势图

这是趋势反转向下的信号。因此，在随后出现的次级反弹走势中，投资者应逢高卖出。

2.4　底部与顶部形态

研究股票的形态就是要知道在相似的形态出现后，股票随后将向哪个方向运动的概率更大。当底部形态构筑完成后，一般会有一个入场点，此时是赚取升势利润的最佳时机；当顶部形态构筑完成后，一般会有一个出场点，此时卖出可以很好地锁定前期升势地利润。道氏理论提到了陡直底（顶）、U 底（顶）、W 底（顶）等多种经典的底部（顶部）形态，这些形态是我们把握趋势的重要线索。本节中，我们将结合实例来看看如何利用这些经典形态把握买卖点。

2.4.1　V 底或陡直底

V 底是一种陡直的反转形态，多出现在短期快速、深幅下跌后的低点。因抄底买盘的大量入场，从而推动股价快速上扬，因形似 V 形，所称之为 V 底。一般来说，个股之所以能够出现急速的反转上行走势，这与股价短期超跌密切相关。在基本面没有明显变化的情况下，短期内快速、深幅的下跌（特别是中长期低位的快速下跌）多是因为市场恐慌情绪的推波助澜，而这也易引发抄底盘的大量入场，从而促成价格走势的急速反转。

V 底的反转，底部只出现一次，对于最低点的把握既要结合当时的市场，也要结合个股的形态，除此之外，个股基本面是否变化也是关键要点。只有当以上 3 点形成合力时，抄底买入的风险才是最小的，虽然有短线被套的可能，但中长期持股获利出局的概率较大，投资者可以适当参与。另外，在 V 底反转过程中追涨入场也不失为一种相对稳妥的策略，此时的 V 形反转形态较为清晰，虽然短期有一定的升幅，但基于此种反转形态的爆发力与当前仍处于中长期低位的情况来看，个股仍有较大的上升空间。

图 2-12 为辰安科技 2018 年 10 月至 2019 年 6 月的走势图。个股在中长期低位区深幅下跌，随后急速反转，量能明显放出，价格走势陡直上升，形成 V 形反转。在 V 形反转的过程中，短期整理阶段就是追涨入场的好时机。

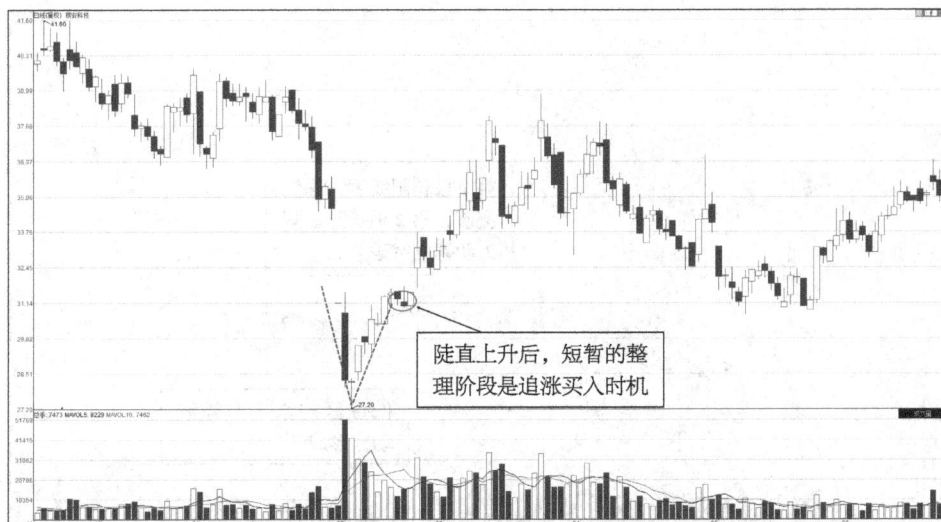

图 2-12　辰安科技 2018 年 10 月至 2019 年 6 月走势图

2.4.2　U 底与平底

U 底与平底两种底部形态相似，但并不相同。U 底形似"U"，左半部分为价格缓慢下跌，右半部分则为缓慢上涨，体现了多空力量缓慢转变的过程。右半部分缓慢上涨会伴有量能的温和放大，体现了多方力量逐渐增强。平底则是价格走势呈水平极窄幅的波动，是多空力量趋于平衡的标志，随后以长阳线宣告整理的结束。

这两种底部形态均是较为缓和的运动过程，当其出现在中长期低位区时，是多空力量对比格局缓慢改变的信号。在实盘操作中，U 底右半部分的阳线或平底之后的阳线为明确的反转信号，若此时入场，则也是顺势的追涨行为。

图 2-13 为百润股份 2018 年 9 月至 2019 年 3 月的走势图。个股在中长期低位区开始企稳，打破了原有的下跌形态，随着震荡的持续，上下波动幅度趋窄，形成了一个"平底"。如图中标注所示，第 1 根长阳线是平底之后的第 1 次突破，此时可少量加仓，第 2 根长阳线则使得突破形态完全明朗。由于趋势反转刚刚开始，此时仍可追涨加仓。

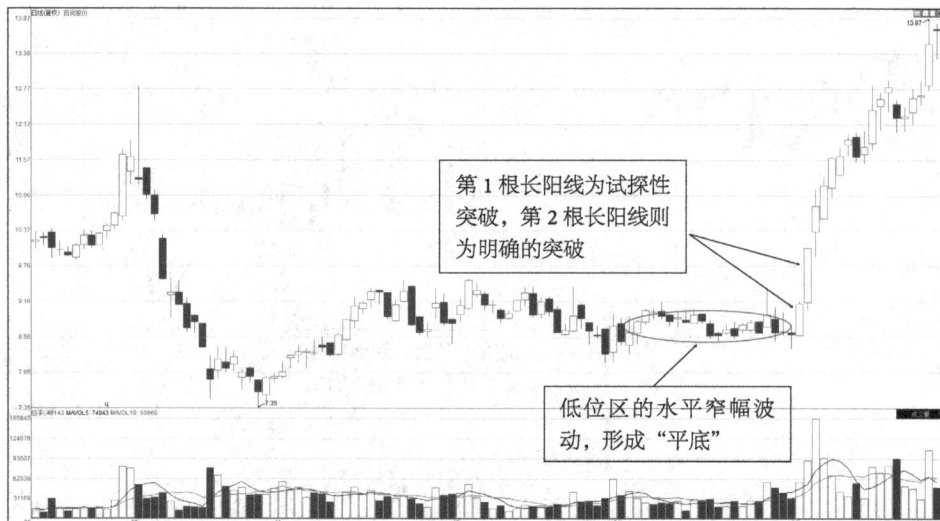

第1根长阳线为试探性
突破，第2根长阳线则
为明确的突破

低位区的水平窄幅波
动，形成"平底"

图 2-13　百润股份 2018 年 9 月至 2019 年 3 月走势图

2.4.3　W 底与三重底

W 底，也被称为双重底，这种形态常见于中长期的低位或上升途中。一般来说，出现在中长期低位的 W 底是一种二度探底的筑底形态，代表着价格走势在低点有较强的支撑，趋势反转的概率较大。出现在上升途中的 W 底则要结合震荡幅度来分析，如果上下震荡幅度较大，则演变为 M 顶的概率较大；如果震荡幅度较小，则多为上升途中的整理阶段。

三重底是指在双重底的基础上又多了一次下探。由于此区间的震荡时间更长，往往也更有利于多方力量的积累，从而使得底部更牢固。但在实盘操作中，投资者也要结合个股的前期累积跌幅以及基本面等因素综合判断。

对于双重底来说，二次探底时是较好的抄底入场时机，因为第 2 次回探低点时将遇到较强的支撑，特别是技术性的买盘支撑。但三重底则不同，第 3 次回探低点时，多空分歧加剧，特别是在累积跌幅不够大时，第 3 次探底很可能引发破位行情，因此不宜在第 3 次下探低点时入场，更好的入场时机出现在个股突破近期阻力位的时候。下面，我们结合一个实例加以说明。

图 2-14 为凯普生物 2018 年 7 月至 2019 年 4 月的走势图。个股在中长期低位区横向震荡，且 3 次下探的位置接近，这是较为明确的三重底形态。随后，股价向上突破了近期的阻力位，此时的短期涨幅不大，三重底也构筑成功，趋

势反转的信号相对明确，投资者可适当追涨入场。

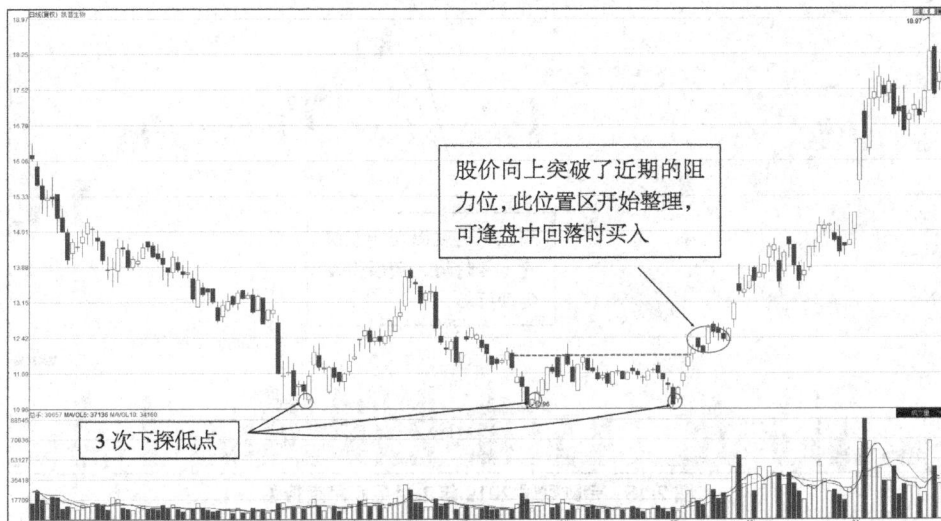

股价向上突破了近期的阻力位，此位置区开始整理，可逢盘中回落时买入

3 次下探低点

图 2-14　凯普生物 2018 年 7 月至 2019 年 4 月走势图

2.4.4　尖顶或陡直顶

尖顶，也被称为陡直顶，它与 V 底正好相反，是升势急速转为跌势的一种反转形态。这种反转形态多出现在高位区的一波快速、大幅上涨之后，由于高位区的买盘推动力度明显减弱，而逢高抛压又显著增强，再结合同期市场出现的震荡回落，引发了趋势的急速调头。

尖顶的探顶过程只有一次，最佳卖出时间也较为短暂，在实盘操作中，应结合股价的短期走势、中长期走势以及 K 线或量价形态来综合把握。在结合短期走势、中长期走势的情况下，K 线或量价形态提示的下跌信号就很有可能成为趋势转折信号，并引发股价的急速下跌。除此之外，在高位区，投资者一旦发现个股有构筑尖顶形态的迹象，也宜在第一时间卖出，而不是等待反弹的时机。

图 2-15 为帝欧家居 2019 年 1 月至 6 月的走势图。个股在高位区再度出现快速上涨，随后引发了趋势的急速转向，并成功构筑尖顶形态。值得注意的是，探顶的停留时间虽然极短，但却有明确的下跌信号：一根带有长长下影线的阴线，并伴有当日的量能放大，表明多空分歧明显加剧，且以空方获胜结束。再结合当前位置及短期走势来看，这种盘中的深幅下探有望趋势反转的信号。

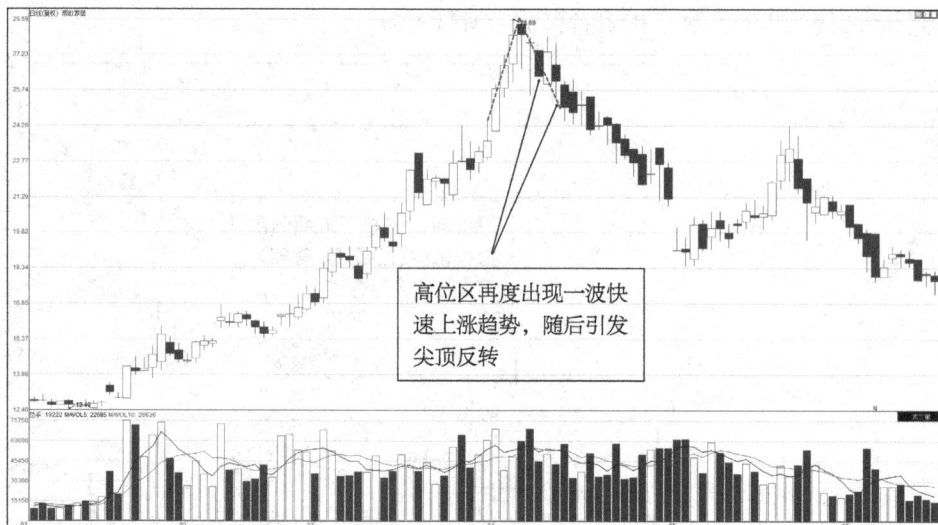

图 2-15　帝欧家居 2019 年 1 月至 6 月走势图

2.4.5　倒 U 顶与平顶

倒 U 顶与平顶两种顶部形态相似。倒 U 顶的左半部分为价格的缓慢上涨，体现了多方力量逐渐减弱；右半部分则为价格的缓慢下跌，体现了空方力量逐渐增强。

平顶则是价格走势呈水平极窄幅的波动，是多空力量趋于平衡的标志，随后以长阴线宣告整理的结束。

这两种顶部形态均是较为缓和的运动过程，当其出现在中长期高位区时，是多空力量对比格局缓慢改变的信号。在实盘操作中，倒 U 顶右半部分的阴线或平底之后的阴线为明确的反转信号，此时应及时卖出，规避跌势加速的风险。

图 2-16 为浙江交科 2018 年 9 月至 2019 年 1 月的走势图。个股在高位区开始震荡走平，随后，一个实体较长的阴线使得其呈破位向下状，这时平顶正在构筑，投资者宜卖股离场，规避风险。次日，一根实体更长的阴线完全跌破了高位震荡区，跌势开始加速。

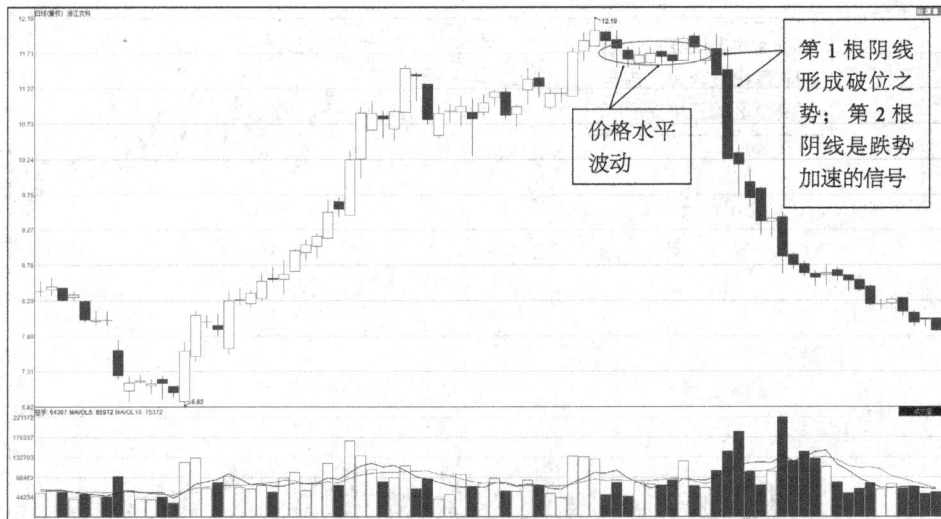

图 2-16 浙江交科 2018 年 9 月至 2019 年 1 月走势图

2.4.6 M 顶与三重顶

M 顶，也被称为双重顶，这种形态常见于中长期的高位或下跌途中。一般来说，出现在中长期高位的 M 顶是一种二度探顶的筑顶形态，代表着价格走势在高点有较强的压制，趋势反转的概率较大。出现在下跌途中的 M 顶则要结合震荡幅度来分析，如果上下震荡幅度较大，则演变为 W 底的概率较大；如果震荡幅度较小，则多为下跌途中的整理阶段。对于双重顶形态来说，二次探顶时是较好的逢高卖出时机，因为第 2 次上探高点时将遇到较强的压制，阶段性的上下震荡使得多空分歧加剧，逢高减仓、清仓成为市场主流行为。

三重顶是指在双重顶的基础上又多了一次上探。由于此区间的震荡时间更长，往往也更有利于空方力量的积累，从而使得顶部更牢固。但在实盘操作中，投资者也要结合个股的前期累积涨幅以及基本面等因素综合判断。下面，我们结合一个实例加以说明。

图 2-17 为金新农 2019 年 1 月至 7 月的走势图。个股在高位区 3 次上探高点，形成横向震荡走势，上下震荡幅度较大且前期累积涨幅大，这是较为明确的三重顶形态，预示着趋势随后转向下行的概率极大。在实盘操作中，当股价上探高点时，投资者宜逢高卖出。

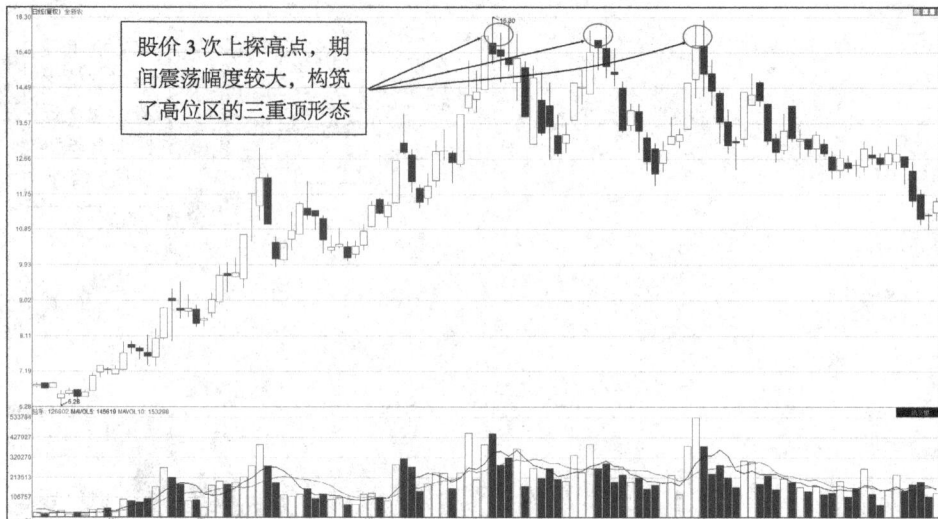

股价3次上探高点，期间震荡幅度较大，构筑了高位区的三重顶形态

图2-17　金新农2019年1月至7月走势图

2.4.7　头肩底（顶）

头肩顶常出现在顶部区，头肩底常出现在底部区，这是两种出现频率较高的反转形态，所发出的趋势反转信号也是较为准确的。

图2-18为标准的头肩底形态示意图，从图中可以清晰地看到头肩底的形成过程：首先是股价在下跌过程中形成左肩；但由于空方力量仍然不小，随后的下跌让股价再创新低从而形成头部；此时由于空方力量减弱，因而股价出现较大的反弹，这意味着多方力量在持续增强而空方力量正在减弱；在股价反弹遇到阻力后，形成右肩；当个股经历了短暂的休整后，再次向上运行，从而完成了整个头肩底形态的构筑。在头肩底形态的构筑过程中，以突破颈线为形态构筑完成的标志。

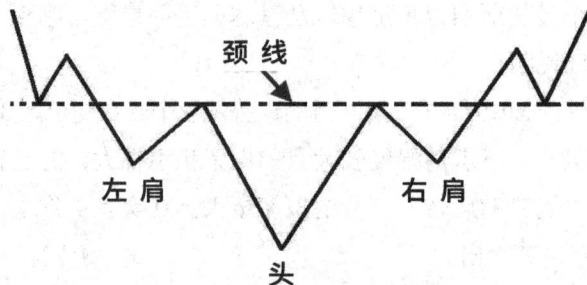

颈　线

左　肩　　　　　　　右　肩

头

图2-18　标准的头肩底形态示意图

头肩顶正好相反，它出现在大幅上涨后的高位区，同样由左肩、头、右肩 3 个部分构成，左肩与右肩基本齐高，头部要高于两肩。一般来说，头肩底（顶）形态越开阔，构筑时间越长，则它所代表的趋势反转信息就越准确。下面，我们结合一个实例加以说明。

图 2-19 为世荣兆业 2018 年 3 月至 7 月的走势图。个股在高位区构筑了一个头肩顶形态，右肩出现时，表明个股的上涨动力明显减弱，此时应及时卖出，以规避趋势转向的风险。

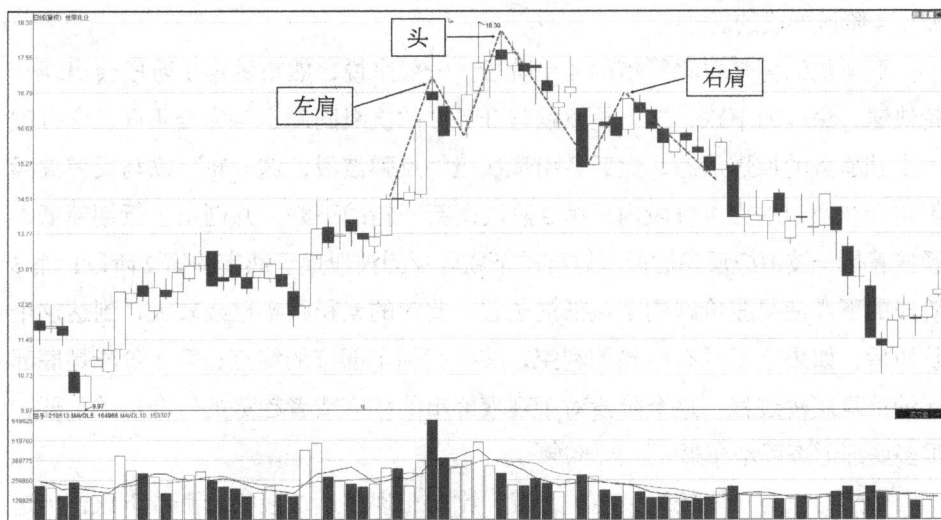

图 2-19　世荣兆业 2018 年 3 月至 7 月走势图

2.5　确定主要趋势的变化

对于主要趋势来说，判断其是否正处于持续推进阶段至关重要，这直接决定着投资者对于仓位的控制。无论是牛市还是熊市，当主要趋势形成后，它们的延续有一个较为漫长的过程，要经过几个明显的阶段。本节中，我们以江恩趋势理论对于主要趋势的 4 个阶段的概括为基础，以主要趋势发生变化的空间运动、时间周期等为要素，来看看如何更好地确定主要趋势的变化。

2.5.1 牛市与熊市的 4 个阶段

江恩趋势理论将牛市与熊市分为 4 个阶段，我们先来看看牛市的 4 个阶段。第 1 阶段包括底部之后的一波上涨与随后的次级回调；第 2 阶段包括紧随其后的一波上升趋势及次级回调走势；第 3 阶段是上升趋势达到最高点的整体式上涨波段，不包括达到最高点之后的回调走势；第 4 阶段是顶部区的反复震荡过程，这个阶段对于观察牛市的结束或趋势的转向至关重要，因为很多顶部形态都是在第 4 阶段形成的。

下面我们再来看看熊市的 4 个阶段。一般来说，熊市的第 1 阶段会出现一轮快速、深幅的下跌，这一轮下跌与升势中的次级回调走势完全不同，它打破了上升趋势的推进形态，然后会出现次级的反弹波段，这一轮下跌与反弹波段都包含在熊市的第 1 阶段内；第 2 阶段是新一轮的下跌，并创出了近期新低，紧接着是一波中级反弹波段，这样的下跌与反弹波段属于熊市的第 2 阶段；第 3 阶段的下跌使得股价跌到了更低的位置，此时的累积跌幅已经较大，到达这个阶段后，如果市场没有明显的利空，往往就到了熊市的终点；第 4 阶段是底部区的反复震荡过程，这个阶段对于观察熊市的结束或者趋势的转向至关重要，很多底部形态都是在第 4 阶段形成的。

当然，也有一些较为极端的情况，比如出现多达 7 段的上涨或下跌，但这种罕见的大行情往往要相隔很多年才会出现一次，在实盘操作中，投资者可以结合当前的市场环境来把握。

2.5.2 空间运动分析

江恩趋势理论认为，在一波回落走势中，如果下跌的幅度超过了之前最大下跌波段的 1 个点或数个点时，便是趋势发生变化的迹象。

当然，这种情况出现在前期已走出了明显的主升浪与回调浪的背景下，而不是低位区刚刚反转上行的时候。在牛市中，当市场已经出现了至少 3 段上涨后，可能出现一波幅度最大的回落走势。例如，最大回落幅度为 15%，那么，如果股价此时出现了超过 15% 的回落幅度，则可以将其看作是趋势出现转向的信号。在实盘操作中，投资者宜在随后的反弹波段逢高卖出，而不是继续采取中长线的持股待涨策略。

图 2-20 为国轩高科 2018 年 11 月至 2019 年 5 月的走势图。图中标注了 3 段上涨及回调走势：第 1 段上涨，随后横向整理；第 2 段上涨，随后小幅回落；第 3 段上涨，随后回落幅度超过前两段。依据空间运动分析法，此轮上升趋势已经历了 3 段上涨，且第 3 段之后的回落幅度较大，超过了前两段，所以这是主要趋势发生转变的信号。

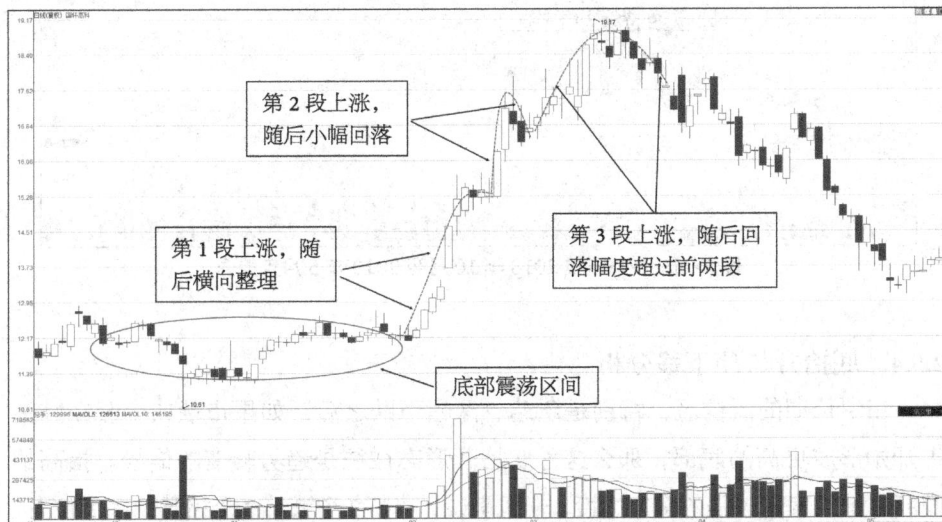

图 2-20　国轩高科 2018 年 11 月至 2019 年 5 月走势图

2.5.3　时间周期分析

江恩趋势理论认为，一般在主要趋势中，无论是牛市还是熊市，只有 3 段或 4 段行情；当次级趋势的持续时间超过先前出现的多个次级趋势时，这是主要趋势发生转变的信号。例如，在牛市中，在前 3 段上涨行情后的次级回调走势中，持续时间最长为 3 周，若此时出现了持续时间超过 3 周的次级回调走势，则可将其视为主要趋势发生变化的信号，应结合价格波动逢高减仓或卖出，以规避顶部区转向的风险。同样的方法也可用于分析熊市。

图 2-21 为中材科技 2018 年 10 月至 2019 年 5 月的走势图。对于此轮上升趋势，图中标注了几段明显的回调走势：第 1 段回调走势的持续时间为 2 周左右，第 2 段回调走势的持续时间为 1 周左右，第 3 段回调走势则持续了近 3 周的时间。第 3 段回调走势的持续时间明显超过了之前任何一段回调走势，是主要趋势发生变化的信号。

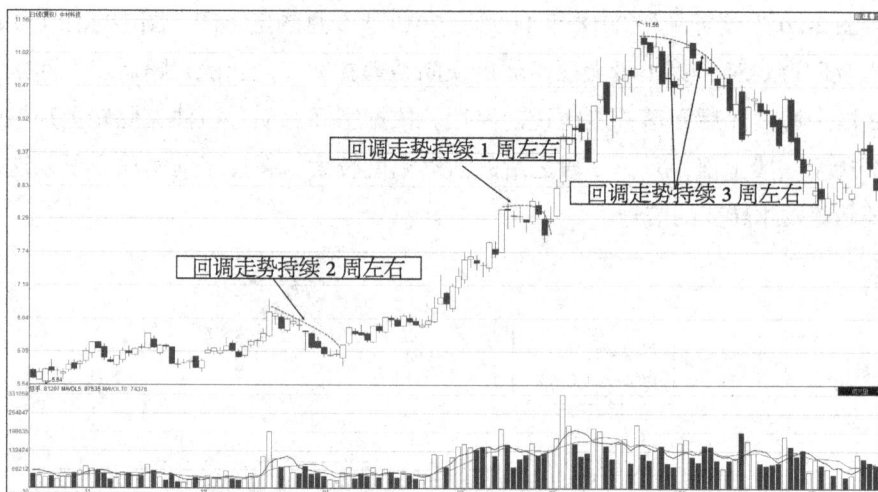

图 2-21 中材科技 2018 年 10 月至 2019 年 5 月走势图

2.5.4 底抬升与顶下移分析

在中长期的低位区，特别是急速、深幅下跌之后，如果市场或个股在震荡中开始形成更高的底部，那么这种底抬升形态往往是趋势转变的信号。抬高的底部总是代表着较强的多方力度。一般来说，在第 2 个或第 3 个抬升的底部位置，往往会出现较为强势的上涨波段，即上涨力度变强，且期间少有回调。

图 2-22 为新野纺织 2018 年 8 月至 2019 年 4 月的走势图。图中标注了 3 个明显的回落底部，每一个后续出现的底部都略高于前一底部，这就是典型的底抬升形态。从中长期来看，股价当前处于低位区，底抬升形态的出现标志着多方力量在震荡中不断加强。在实盘操作中，宜逢价格回落时买股布局。

底抬升是熊市转牛市的信号，顶下移则正好相反，它是牛市转熊市的信号。在中长期的高位区，特别是短期快速、大幅上涨之后，如果市场或个股在震荡中开始形成更低的顶部，那么这种顶下移形态往往是趋势转变的信号。下移的顶部代表着多方力量不断减弱。一般来说，在第 2 个或第 3 个下移的顶部位置，往往会出现较为强势的下跌波段，即下跌力度变强，且期间反弹较弱。

图 2-23 为韵达股份 2019 年 5 月至 12 月的走势图。个股在高位区反复震荡，如图中标注所示，后续出现的顶部都略低于之前的顶部，这是典型的顶下移形态。结合个股当前正处于中长期高位区来看，这种顶下移形态是多方力量明显减弱的信号，也是主要趋势即将发生改变的信号。

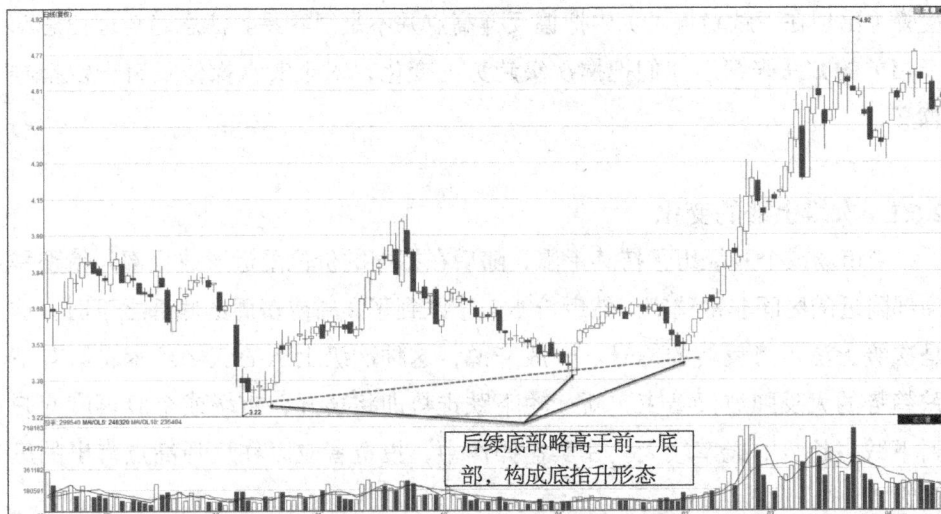

后续底部略高于前一底部，构成底抬升形态

图 2-22 新野纺织 2018 年 8 月至 2019 年 4 月走势图

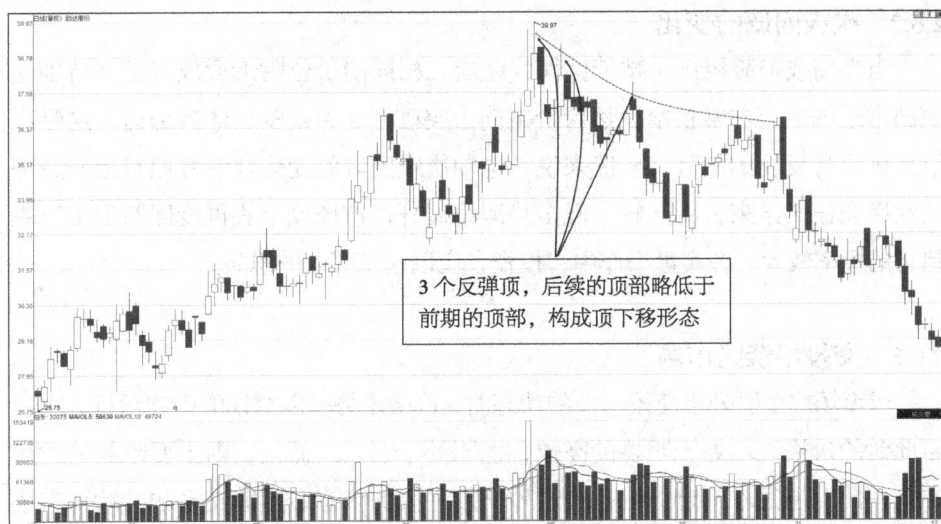

3 个反弹顶，后续的顶部略低于前期的顶部，构成顶下移形态

图 2-23 韵达股份 2019 年 5 月至 12 月走势图

2.6 确定次级趋势的变化

次级趋势与主要趋势的方向相反，是对主要趋势的修正，由于其波动幅度往往较大，因此在次级回调（出现在上升趋势中）中把握回落低点，或在次级

反弹（出现在下跌趋势中）中把握反弹高点并不是很容易。江恩趋势理论总结了相关的方法来帮助我们把握次级趋势的变化，对于实盘操作具有一定指导意义。

2.6.1　次级上涨的变化

当市场或个股经历了持续上涨，随后在相同的价位附近形成顶部，特别是顶部附近的区间非常狭窄，然后价格向下跌到了2周或多周的底部之下时，这是次级上涨走势反转的信号。一般来说，这种次级上涨的变化预示着原有下跌趋势的大反弹波段结束，新一轮下跌走势即将展开，市场或个股再度回归到下跌主趋势的概率较大。在实盘操作中，投资者应以在反弹高点卖出的思路为主。

2.6.2　次级回调的变化

当市场或个股经历了持续回落，随后在相同的价位附近形成底部，特别是底部附近的区间非常狭窄，然后价格向上突破了2周或多周的顶部时，这是次级回调走势反转的信号。一般来说，这种次级回调的变化预示着原有上升趋势的大回调波段结束，新一轮上涨走势即将展开，市场或个股再度回归到上升主趋势的概率较大。在实盘操作中，投资者应以逢低买入的思路为主。

2.6.3　交投平淡的市场

当市场或个股处于交投平淡的状态时，价格走势多以窄幅的横向运行为主。若此时的价格既不处于明显的高位，也不处于明显的低位，则主要趋势的发展方向在此时还很难判定。但是，这种交投平淡的状态会随着交易的持续、市场情况的改变而被打破。对于这种交投平淡的次级趋势，我们应密切关注它随后的方向选择，是向上突破，还是破位下行。无论随后的方向选择如何，投资者都宜顺势而为，采取中线策略，而不是在破位时低吸或者在突破时高抛，因为这样的短线操作很容易成为趋势刚刚展开时的逆势交易。

2.6.4　次级趋势持续时间

对于较大规模的主要趋势而言，次级趋势虽然相对短暂，但往往也能持续数周，江恩趋势理论为次级趋势的持续时间提供了一个参考。

江恩趋势理论认为，牛市出现次级调整时，价格通常会回调 3 ～ 4 周，常在第 4 周出现反弹且收盘价更高；相对剧烈、快速的回调一般只持续 2 周；但如果出现了 3 ～ 4 周的回调，随后出现上涨，然后再跌破之前回调波段的低点，则很可能是主要趋势发生变化的信号。

与牛市正好相反，熊市出现次级反弹一般持续 2 ～ 4 周。熊市如果出现了 3 ～ 4 周的反弹，随后出现回落，然后再上涨并突破之前反弹波段的高点，则很可能是主要趋势发生变化的信号。

第 3 章

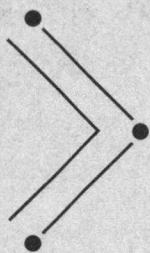

江恩角度线基础用法

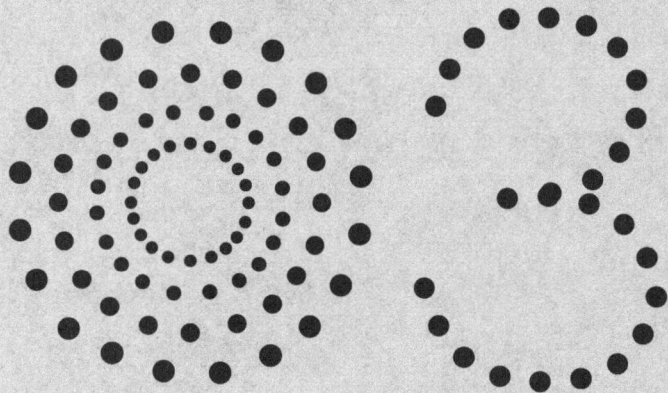

江恩角度线(Gann Fan), 又被称作甘氏线, 是一种十分常见的技术分析工具, 大多数股票软件中也提供了相应的画线工具。

角度线是江恩理论技术分析体系中十分重要的一个组成部分, 它遵循了完美的几何角度划分, 有着十分直观、清晰的视觉效果。关于角度线的重要性, 江恩指出: "一旦你完全掌握了角度线的用法, 就能够解决任何问题, 并发现任何的股票趋势。"纵横交错的角度线结合个股的波动率, 既可以指示长期趋势, 也可以指示中短期走势; 它不仅能够呈现价格走势的强弱、变化和转向, 还可以指示股价的波动范围, 进而帮助投资者提前了解价格运行中的重要点位。

3.1 角度线的画法

角度线, 顾名思义, 它反映了一定的几何角度。江恩的角度线并非单独的一条或两条直线, 而是遵循着几何标准的一组固定的直线。对于不同的价格运动模式, 投资者可以有针对性地画出特定组合的角度线, 进而指示股价运行的方向。

本节中, 我们从最简单的角度线画法开始, 看看如何把股价的历史运行轨迹画入江恩设计的角度坐标体系。

3.1.1　画出方格图

所谓江恩角度线，就是指在股价走势图上画出的一些角度固定的直线，它们有角度大的，有角度小的，将这些角度线叠加在个股走势图上，就可以利用角度线，并结合个股历史走势来提前指示股价运行的方向了。

画角度线之前，先要建立二维坐标平面，其中横轴为时间，时间单位可以是日、周、月，时间周期越短，对价格的反应越灵敏，但对于整体趋势的呈现性则相对差一些。在实盘操作中，日角度线与周角度线最为重要，它们一个指导中短线操作，一个指示趋势的大方向。

要画出江恩角度线，首先要了解方格图，那么什么是方格呢？从几何上来说，就是"长度 = 宽度"的小正方形，这样方格的对角线就以45°角的方式将一个方格一分为二。

可以这样画方格图：在一个区域内先画出一个大的正方形，底边为 X 轴，指示时间，左边为 Y 轴，指示价格；并与底边成直角，然后以等距离的方式平行于底边画出若干条直线；以同样的距离平行于 Y 轴，再画出若干条直线，这些直线将平面区域分成了一个个小方格。

例如，我们要在 28 个交易日的走势图上画出江恩角度线，那么在横轴上至少需要 28 个方格，相对应的在纵轴上也要画出 28 个方格，这就是一张 28×28 的方格图。图 3-1 展示了画角度线时需要用到的方格图。

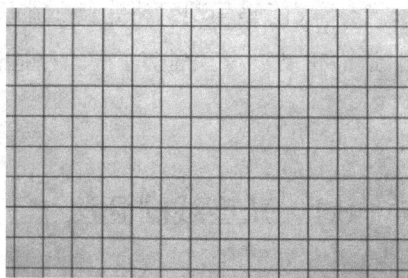

图 3-1　画角度线时使用的方格图

3.1.2　画出角度线

画出方格图之后，我们就可以着手画角度线了。在江恩角度线理论中，有 7 条角度线最为重要，它们分别是 1×1 角度线、1×2 角度线、1×4 角度线、1×8 角度线、2×1 角度线、4×1 角度线和 8×1 角度线。这是一种"T×P"的角度线标识方式，T 为时间（Time），P 为价值（Price）。值得注意的是，在江恩原文讲解中，往往用"2×1"来同时标识 1×2 角度线与 2×1 角度线，为了方便讲解，我们还是分开标识，以免混淆。

那么，什么是 1×1 角度线、2×1 角度线、1×4 角度线呢？首先，我们要了解角度线是一种采用对角连线的方式画出的直线，任何一条角度线都是对角线，只是长宽比不同；其次，需要结合前面讲到的方格图，以 2×1 角度线为例，它通过在"横向 2 个单元格，纵向 1 个单位格"所构成的矩形区域中画对角线的方式而得到。同理，对于 1×2 角度线来说，它通过在"横向 1 个单元格，纵向 2 个单位格"所构成的矩形区域中画对角线的方式而得到。图 3-2 中画出了几条重要的角度线，这是一种以底部启动点为原点画出的角度线的模型图，除此之外，还有以顶部启动点为原点的角度线图，我们会在后面的小节中进行讲解。

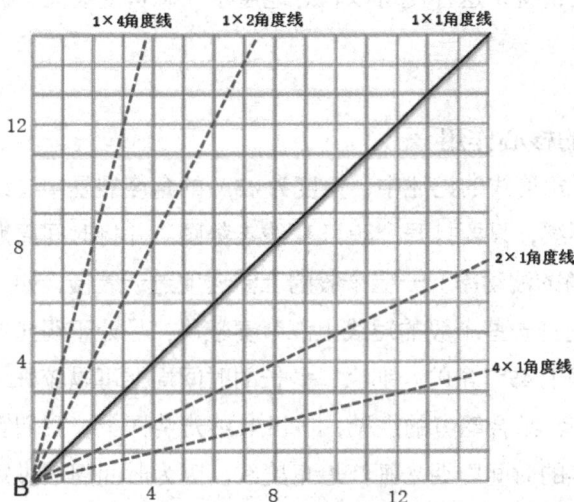

图 3-2　江恩角度线模型图

3.1.3　纵坐标的确定

在江恩角度线模型图中，横轴的单位为时间，一个单元格代表一个交易日、一个交易周或是一个交易月，这很好理解。那么，纵轴呢？其实，这也是江恩角度线用法的最大的争议之处，由于江恩并没有给出确定纵轴单位的详细方法，只是粗略地提到纵轴的测量单位为波动率，即波动率就是股价的波动速率。但江恩并没有给出确定波动率的具体方法，因此，不同的技术分析者对波动率的理解也存在一定的偏差，带有一定的主观成分，从而使得江恩角度线的用法也具有不确定性。

当前有一种较为流行的确定波动率的方法：波动率 = 价格幅度差 / 时间周期。价格幅度差就是高点与低点之间的价格差。高点与低点是确定江恩 45° 角时需要用到的两个点，也是相对的两个点，这两个点之间的方向可以是从高点到低点，从低点到高点或从低点到低点，这取决于江恩角度线所指示的股价运行方向。

但是，这种确立纵轴的方法有一个缺点，就是它可能忽视了股价波动速度的快与慢，特别是在我们把时间周期缩短后，那些涨速其实很缓慢的个股也呈现出了45°角的上涨效果，给人一种相对强势的直观感觉，然而实际上并非如此，这与江恩对于波动率的描述并不相符。为了弥补这个不足，我们可以对这种方法加以修正，通过将时间周期拉长的方法，充分体现个股在一个较长的时间跨度内的上下波动情况，这样便可以较好地展示江恩角度线关于波动率的核心理念了。

3.1.4　45°角的核心作用

在江恩关于角度线的论述中，角度为 45° 的角度线是中心线，它代表着价格波动的不急不缓，只要打开个股日 K 线走势图，并将时间周期拉长就可以很容易识别 45° 角的波动率。一些个股的上涨速度过于缓慢，如同蜗牛爬行，这显然小于 45° 角；一些个股的短线上涨节奏较快，且处于明显的强势格局中，这就是大于或等于 45° 角的。那么，多长的时间周期可以较好地体现出江恩所描述的波动率呢？结合笔者的经验，在日 K 线走势图上，我们宜采用不少于半年且不超过一年的时间周期来画江恩角度线。因为时间周期过短的话，无法体现个股价格运行的趋势特征，角度线也很难准确地呈现支撑位与阻力位；若时间周期过长，那么股价巨大的波动幅度会导致纵轴过长，从而失去了与横轴相对平衡的比例，画出的角度线不能很好地反映个股波动率，实战性较差。当然，在实盘操作中，投资者也要结合个股的走势特征来选择时间周期，只要角度线能够较好地展示个股的波动率，那么这样一组角度线就可以达到很好的效果。

从趋势运行的角度来看，半年既不是一个较长的时间周期，但也不算短期，在这个时间周期内，一般是可以找到个股的趋势运行状态的，而且半年这个时间长度也是江恩理论中较为重要的时间周期，是趋势运行中的重要时间点。下面，我们结合实例加以说明。

　　图 3-3 为鹿港文化 2018 年 5 月至 2019 年 4 月的走势图，图 3-4 为滨化股份 2018 年 6 月至 2019 年 5 月的走势图，这两张走势图的时间跨度均为一年。鹿港文化在筑底后的攀升走势中上涨速率明显极为缓慢，若依据它的波动低点画出江恩角度线，显然这条角度线是明显小于 45° 的，这也反映了个股上涨势头较弱的特征，符合江恩关于波动率在角度线的运用中的描述。

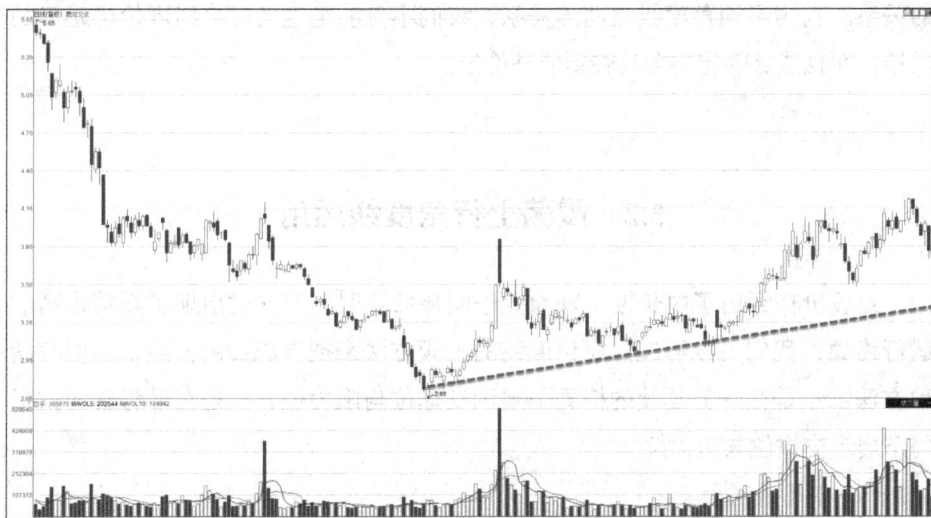

图 3-3　鹿港文化 2018 年 5 月至 2019 年 4 月走势图

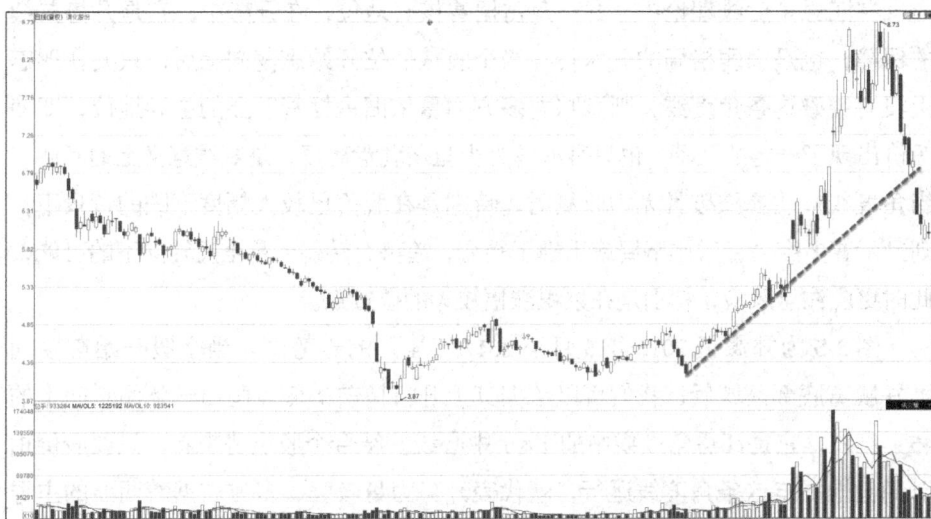

图 3-4　滨化股份 2018 年 6 月至 2019 年 5 月走势图

对比从滨化股份低位区画出的角度线，这是一条接近45°角的角度线，体现了个股较为强势的运行状态。

对于江恩角度线，在了解了上面的画法之后，我们可以这样理解：角度线不仅以价格为单位来定义股价运动，它还考虑到了时间，每条江恩角度线均是由时间和价格共同决定的。从价格走势图中的每个明显的顶部和底部画出江恩角度线，他们或形成价格通道，或彼此互相交叉，由此形成了江恩角度线之间的关系。利用不同角度线之间的关系，我们不仅能确定何时会出现价格趋势的反转，而且能够确定将会反转到何种价位。

3.2　震荡上行角度线运用

当股价在经历了中长期下跌而处于明显低点时，若此时出现了震荡走高的运行格局，我们可以通过江恩角度线的上倾方法来把握趋势的发展，主要有两种方法：一是在升势延续的格局下展示支撑位与阻力位，二是在升势转弱的格局下展示支撑位与阻力位。

3.2.1　45°角的大方向

在江恩角度线理论中，45°角占据着核心地位，在升势中，它是升势持续的保障，也是强弱格局的分水岭。当个股从低位开始震荡向上后，只要在形态上没有突破这条角度线，则意味着多方力量依旧占据着明显的主导地位，即使股价出现了一定的回落，也只宜理解为少量获利盘离场，是短线意义上的回调。当角度线被明显跌破且无力收复时，特别是在股价已较大幅度下跌的背景下，则预示着多空力量对比格局或出现了转变，趋势有转弱、甚至反转向下的可能，此时更应注意风险，特别是在累积涨幅较大的位置点。

图3-5为郑煤机2016年5月至2017年4月的走势图。当个股开始震荡向上并脱离底部区域后，我们可以依据其上升行情前的低点画出一条倾斜向上的45°直线，它是江恩角度线中的1×1中心线。结合个股走势来看，只要股价相对稳健地围绕这条角度线运行，就代表升势力量较强，多方占据着明显的主导地位，对于持股者来说，不必急于获利卖出。

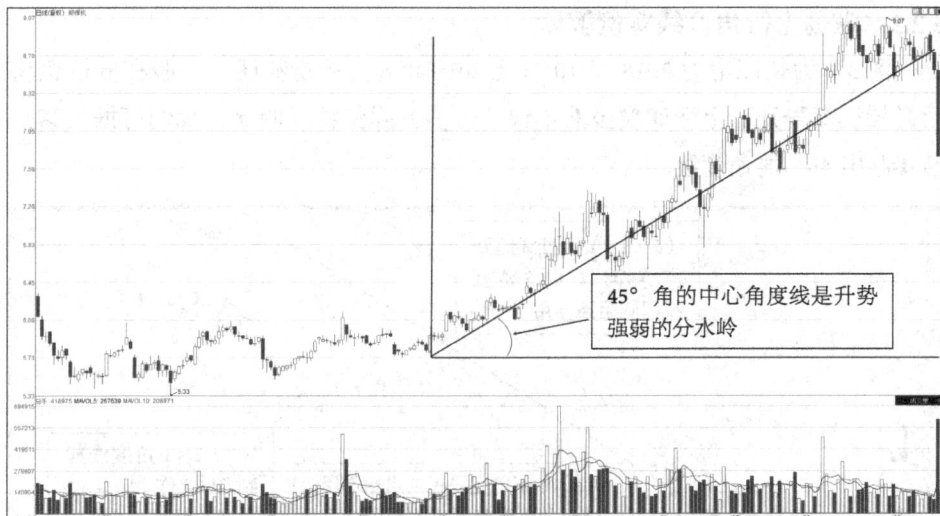

图 3-5 郑煤机 2016 年 5 月至 2017 年 4 月走势图

3.2.2 震荡上行角度线用法

当个股自低点开始震荡上行后，只要上涨速度不是十分缓慢，能够保持相对强势的特征，一般来说，我们就可以通过拉长或缩短时间轴的方法，使其震荡主线接近 45° 角，进而以这条角度线为中心轴，画出其余各条重要的辅助角度线。

然后结合股价的波动情况与角度线之间的位置关系，投资者可以大体判断个股随后在运行中将遇到的支撑位与阻力位以及运行节奏。

当股价在 45° 角度线上方运行时，这是较为强势的市场格局，多方力量的优势明显，我们可以重点关注其随后是否有向上突破 1×2 角度线的倾向，这条角度线暂时对其有一定的阻力作用，一旦被完全突破，往往就是升势加速的信号，也是短线追涨的依据之一。

在持续运行之后，若股价向下跌破了 45° 角度线且长时间停留于其下，则是多方力量暂时减弱的信号，也是上升节奏放缓的标志，如果此时的累积涨幅较大，应注意规避见顶的风险。此时，45° 角度线下方的 2×1 角度线具有支撑作用，在个股累积涨幅不大且股价回调至这条角度线附近时，由于短线调整幅度较为充分且将遇到技术性支撑，此时是一个较好的回调买入时机。下面，我们结合实例加以说明。

3.2.3　震荡上行角度线实例解读

图 3-6 为长江电力 2018 年 10 月至 2019 年 8 月的走势图。个股在低位企稳后开始震荡攀升，上涨速度虽然不快，但多方强势特征明显，我们可据其攀升节奏画出 45° 的角度线。

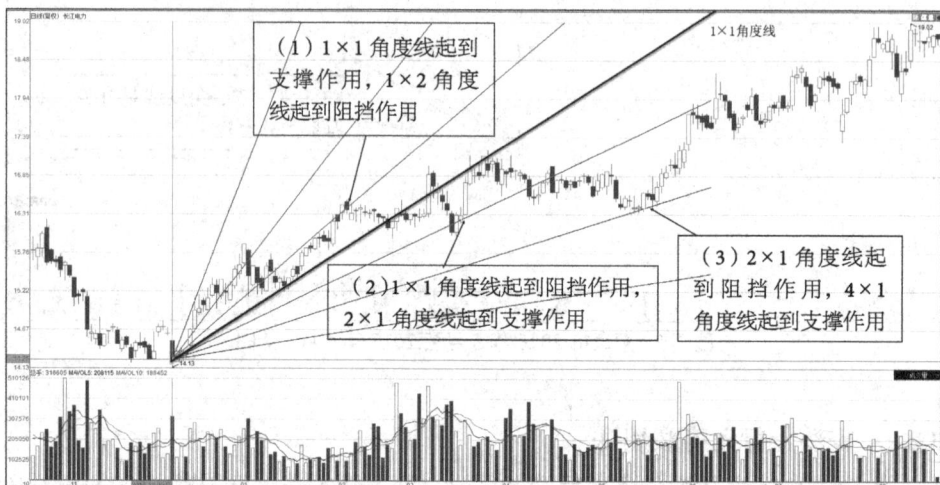

图 3-6　长江电力 2018 年 10 月至 2019 年 8 月走势图

在股票行情软件的画线工具中，江恩理论中的角度线就对应着软件中的"甘氏线"，连接起点与终点的线段对应着 45° 角度线，其余位于 45° 角度线上方的 1×2 角度线、1×4 角度线，以及位于 45° 角度线下方的 2×1 角度线、4×1 角度线、8×1 角度线会自动显现。

在使用画线工具中的甘氏线时，我们会发现，连接起点与终点时，我们可以随意改变角度，并不一定是 45° 角，这也表明股票行情软件中的角度线画法与江恩最初使用并描述的手工画法不完全一致。但是，为了更好地使用江恩角度线用法准则，我们应力求选取的起点与终点所确定的线段的角度接近 45°，这样才能更好地体现江恩角度线的几何原理。

在图 3-6 中，依据个股强势震荡上扬的特征，我们将首先依据其上行轨迹连接最初的两个相邻的回调低点，画出 45° 的角度线。随着走势的持续，各角度线之间的距离开始变大，此时与股价最接近的两条角度线最为重要。股价下方的 1×1 角度线（即 45° 角度线）起到支撑作用，股价上方的 1×2 角度线起到阻挡作用，股价在两条角度线之间震荡上行，如图中"（1）"所示。

随着走势的持续，我们可以看到股价向下跌破了 45° 的角度线，这是中短期内多方力量开始转弱的信号，但由于个股累积涨幅不大，且整体上升形态依旧良好，因此这并不是趋势转向下行的信号。这时下方的 2×1 角度线将起到支撑作用，而上方的 1×1 角度线将起到阻挡作用，如图中"（2）"所示。

当股价经过一段时间的横向整理并向下跌破 2×1 角度线时，下方的 4×1 角度线将起到强支撑作用，如图中"（3）"所示。结合个股的整体运行轨迹来看，这也是个股中短期内调整较为充分的位置点，此时适宜实施升势中的回调买入操作。

3.2.4　深幅调整的角度线信号

随着上升走势的持续，多方力量在进一步积蓄，个股的上升节奏也会加快，并向上突破 1×2 角度线，但这种突破往往会引发获利盘的加速离场，从而导致个股突破后无法站稳高位，并引发深幅调整。一般来说，如果股价以长阴线的形式向下跌破 1×2 角度线，则出现深幅调整的概率较大，特别是在个股中短期涨幅较大的背景下，调整幅度往往更大，持股者应注意规避风险。

图 3-7 为三维通信 2018 年 2 月至 2019 年 8 月的走势图。在短期上涨后的高点，个股出现了回落走势，是以长阴线跌破 1×2 角度线的形式呈现的，这表明此角度线对股价的支撑力较弱，也是短期内空方力量较强的信号，预示着股价随后仍有回落的空间。

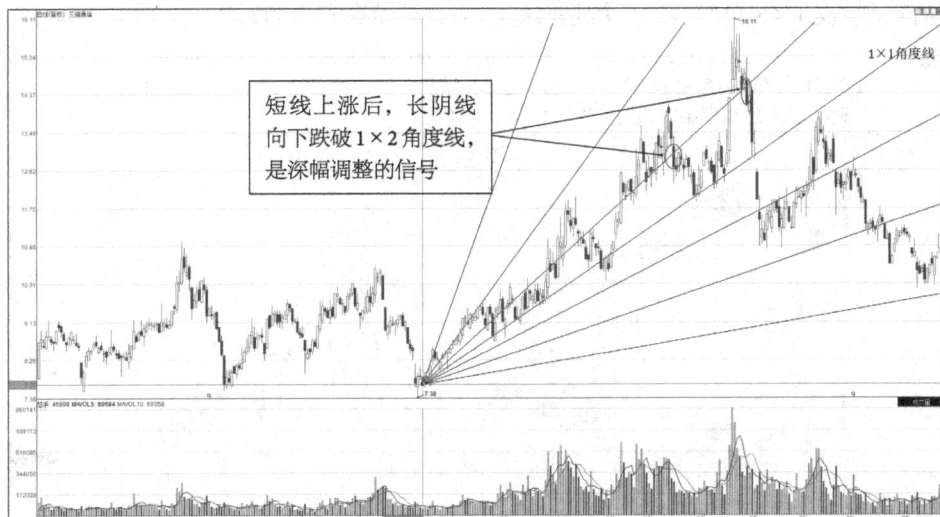

图 3-7　三维通信 2018 年 2 月至 2019 年 8 月走势图

值得注意的是，在图中标注的第 2 次短期回落走势中，此时的个股不仅位于短期高点，中期累积涨幅也极大，这一次出现的长阴线跌破 1×2 角度线的现象不仅预示了短期的深幅调整，还成了趋势转向的信号。

3.2.5 急速上涨的个股的角度线用法

对于短期急速上涨的个股来说，投资者仍然可以借助江恩角度线来把握卖出的时机。若个股连续收于长阳线，从而使得上升轨迹十分陡峭的话，那么这一角度往往接近 1×8 角度线的角度，我们可以让 1×8 角度线贴近个股上升轨迹并位于其下方，如此得到的 1×1 角度线也是接近 45° 角的。

只要个股依旧站于 1×8 角度线上方，就表明多方力量仍占据主导地位，且正积极推动个股上涨，投资者短期仍可持有，不必急于卖出，争取实现短线利润最大化。若个股向下跌破了 1×8 角度线，则表明多空分歧开始加剧，多方力量不再明显占优，这时 1×8 角度线对于股价上扬将形成阻挡，当股价向上接触此线时，投资者宜逢高卖出，锁定利润离场。

图 3-8 为三安光电 2018 年 9 月至 2019 年 8 月的走势图。个股在中长期深幅下跌后的低点出现了急速的反转上行，连续收于长阳线，从而使得上升轨迹十分陡峭，这个角度往往接近江恩角度线中的 1×8 角度线。据此画出江恩角度线，在随后的高点，股价向下跌破了此线，此时的 1×8 角度线转变为阻力位。当股价向上触及 1×8 角度线时，就是较好的中短线逢高卖出的时机。

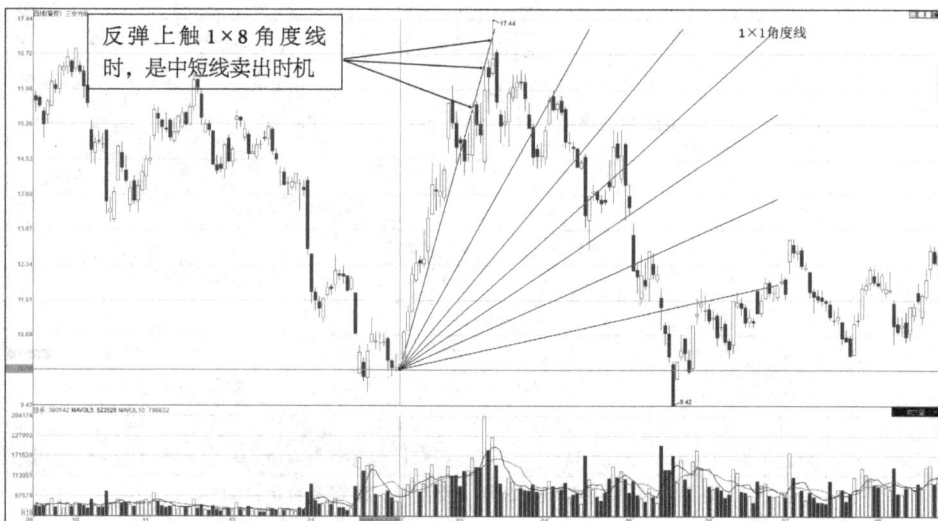

图 3-8　三安光电 2018 年 9 月至 2019 年 8 月走势图

3.3　震荡下行角度线运用

与震荡上行正好相反，震荡下行的角度线是从高点引出、向下发散的，其中以向下的 45° 角度线（即向下的 1×1 角度线）为中心线。震荡下行的角度线以 1×1 角度线为中心，结合股价的波动特点，可以帮助投资者把握跌势的变化以及中期底部的出现。

3.3.1　震荡下行角度线用法

当个股自高点开始震荡下行后，依据其震荡下行的方式、角度，我们可以画出向下倾斜的角度线。一般来说，若其下行方式不急不缓，且具有明显的震荡特征，则可依据下行轨迹以 1×1 角度线为中心；若其下行速度较快，则可以依据下行轨迹以 1×4 或 1×8 角度线为中心。

沿 45° 角下跌的方式往往持续时间更长，只要股价持续地运行在角度线下方且累积跌幅不够大，投资者就不要轻易抄底入场。而轨迹较为陡峭的快速下跌虽然在短期内会形成巨大的跌幅，但如果不是因为重大利空触发，那么这种快速下跌的持续性并不强，股价在低位企稳后易出现强势反弹，投资者可以关注股价是否能够突破具有阻挡作用的角度线。

与震荡上行过程中的角度线用法相似，当股价运行于两条角度线之间时，上方的角度线对个股起到阻挡作用，只要不能突破这一角度线，则股价继续震荡向下的概率较大；下方的角度线对个股起到支撑作用，当个股向下触及这条角度线时会遇到支撑，且出现反弹的概率较大，这可以帮助我们把握下跌行情中的反弹入场时机。

3.3.2　震荡下行角度线案例解读

图 3-9 为宜华生活 2017 年 1 月至 2019 年 7 月的走势图。个股在高位区开始震荡下行，下跌速度不急不缓，且有一个明显的震荡过程。依据其震荡特征，我们可以通过连接相邻的高点画一条向下倾斜的 45° 角度线，它指示着趋势运行的大方向，在图中将其标注为 1×1 角度线。只要股价一直上下围绕着这条角度线运行，就表明空方力量依旧占据着主导地位，跌势会大概率持续下去，投

资者不宜过早抄底入场，特别是在累积跌幅不够大的情况下，若过早买入，很可能会亏损惨重。

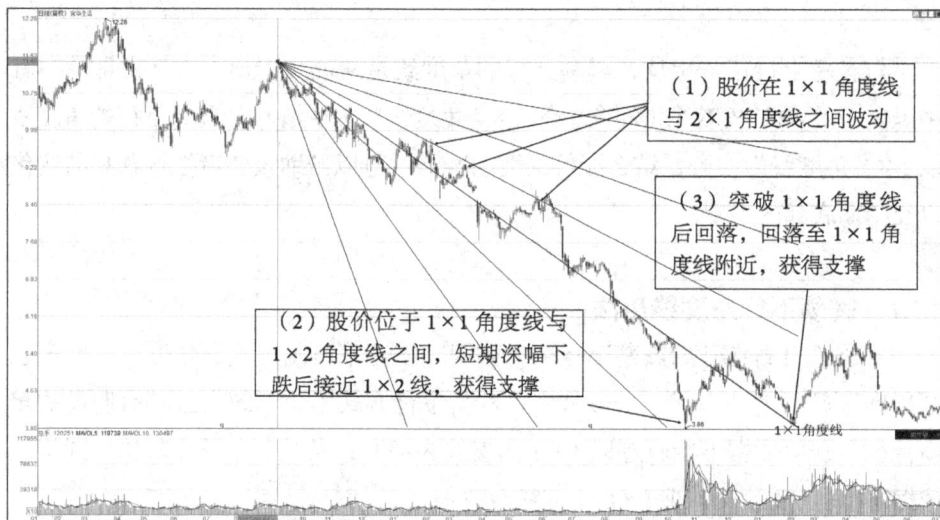

图 3-9　宜华生活 2017 年 1 月至 2019 年 7 月走势图

在 1×1 角度线下方分别是 1×2、1×4、1×8 角度线，它们代表着下跌速度的不断加快；在 1×1 角度线上方分别是 2×1、4×1、8×1 角度线，它们代表着下跌速度的不断放缓。

如图所示，在个股从高点向下震荡运行的最初阶段，股价位于 1×1 角度线与 1×2 角度线之间，此时的 1×2 角度线具有一定的支撑作用，即当股价短期内快速下跌至 1×2 角度线附近时会遇到支撑，易出现反弹走势。而 1×1 角度线则具有阻挡作用，即当股价反弹至此线附近时会受到阻挡并再度回落。

随后，如图中"（1）"所示，此时的股价向上突破了 1×1 角度线，并在 1×1 角度线与 2×1 角度线之间波动，这是跌势放缓的标志，但并非趋势见底的信号，因为股价重心仍在震荡向下，且累积跌幅不够深。这时的 1×1 角度线对股价的短线回落起到支撑作用，2×1 角度线则对股价反弹起到阻挡作用。

在随后的长期、深幅下跌之后，股价再度跌破了 1×1 角度线，并加速向下靠拢 1×2 角度线，如图中"（2）"所示。由于个股累积跌幅巨大且短线跌幅也极大，市场短期内处于明显的超卖状态，因此当股价位于 1×2 角度线附近时易出现强势反弹，此时是投资者入场博取反弹的好时机。

股价在 1×2 角度线附近出现了强势反弹，随后向上突破了 1×1 角度线，短线反弹幅度较大，而位于股价上方的 1×1 角度线又对其有着明显的阻挡作用，此时是反弹行情中的卖出时机。但由于股价已经突破了 1×1 角度线，这使得此线由原来的阻挡作用转变为支撑作用，当股价再度出现短期深幅调整且向下靠拢 1×1 角度线时，此时又是一个中短线的入场时机，如图中"（3）"所示。

3.3.3　滑坡式下跌角度线用法

滑坡式下跌是一种常见的下跌形态，它是指个股在下跌过程中虽然不是急速向下的，但期间少有震荡反弹，且以连续的中小阴线为主，从而使得股价的下跌轨迹较为陡峭，明显大于 45°。

对于这种形态的下跌，我们一般可以结合股价下跌时的陡峭程度，选取 1×2 角度线或 1×4 角度线来框定其下跌轨迹，并以 1×1 角度线来确定其下跌趋势，只要个股依旧处于 1×1 角度线下方，那么这就是下跌趋势并未改变的标志。

图 3-10 为健民集团 2018 年 2 月至 2019 年 1 月的走势图。个股在高位区开始连续下跌，在起初的下跌过程中虽然速度不快，但几乎没有明显反弹，股价呈滑坡式状态下行，这是一种相对陡峭的下跌形态。依据其下跌特征，我们可以画出江恩角度线，并以 1×4 角度线来指示其下跌轨迹，如图中"（1）"所示。

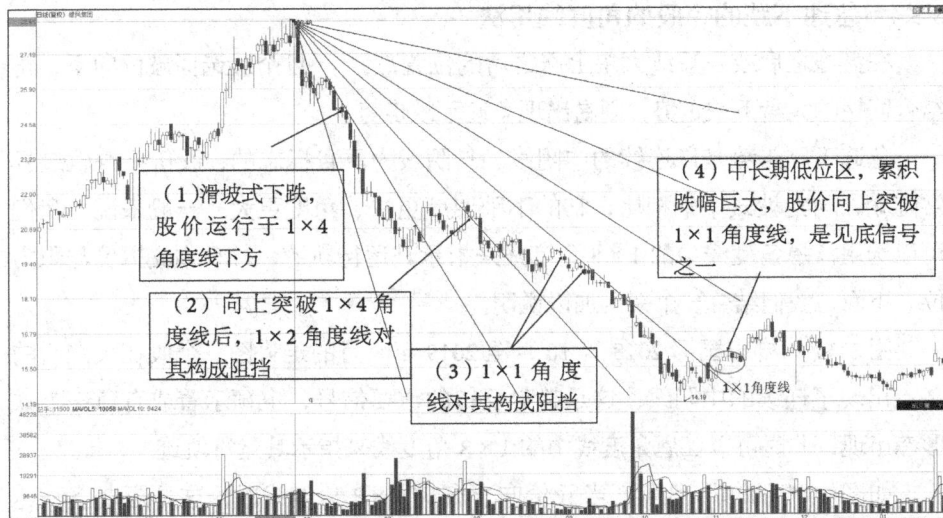

图 3-10　健民集团 2018 年 2 月至 2019 年 1 月走势图

可以看到，股价随后正是沿着 1×4 角度线下跌，且始终位于 1×4 角度线与 1×8 角度线之间，这是空方占据绝对主动的地位，下跌趋势加速运行的信号。

虽然中短期跌幅较大，但个股却是以连续的小阴线、十字星不断下跌的，并没有出现连续的长阴线，也没有加速释放空方力量的过程，因此市场短期内并没有进入超卖状态，此时不宜抄底入场。

随后，股价向上突破了 1×4 角度线，并开始于 1×4 角度线与 1×2 角度线之间波动，如图中"（2）"所示。这时 1×2 角度线对股价反弹构成阻挡，而 1×4 角度线则对股价形成支撑，但在股价没有向上突破 1×1 角度线之前，股价运行的大方向并没有发生明显转变，对于中长线投资者来说，此时仍不是抄底入场时机。

随着震荡下跌的持续，股价开始于 1×2 角度线与 1×1 角度线之间运行，如图中"（3）"所示。此时的 1×1 角度线对股价运行有着强阻挡作用，同时它也是趋势方向的分水岭，股价在 1×1 角度线的压制下再度出现了大幅度的下跌，并使得个股自顶部区的累积跌幅继续扩大，股价开始进入中长期的低位区。

如图中"（4）"所示，在中长期的低位区，个股再度企稳回升，并向上突破了 1×1 角度线，1×1 角度线是多空整体力量的分水岭。结合个股的累积跌幅及估值状态来看，个股有望出现筑底走势，就中长线操作来看，投资者可以逢短线回落时适当地买入布局。

3.3.4　急速下跌的个股的角度线用法

在盘整之后或是短线大幅上涨之后的位置点，一旦个股选择破位向下，再结合同期的大盘下跌走势，则易出现急速下跌走势。

急速下跌走势是以连续的中阴线、长阴线为醒目标志的，股价下跌轨迹异常陡峭，与滑坡式下跌相比，它的下跌速度更快、角度更大。一般来说，我们可以选用江恩角度线中的 1×8 角度线来指示其运行轨迹，并预判支撑位与阻力位。下面，我们结合一个案例加以说明。

图 3-11 为郴电国际 2018 年 10 月至 2019 年 8 月的走势图。个股在大涨后的高点出现了连续的中阴线，这是趋势反转的重要信号，也预示着或有急速下跌形态出现，此时可以江恩角度线中的 1×8 角度线来指示其运行轨迹。

如图中"（1）"所示，当股价向上突破 1×8 角度线时，这是短期下跌速度放缓的信号，股价有望迎来反弹。但是，当股价反弹至 1×4 角度线附近时会再度遇到阻挡，如果参与了短线反弹行情，投资者应注意逢反弹高点卖出。

随后，股价在横向整理过程中突破了 1×4 角度线，当股价在 1×4 角度线上方再度出现短线深幅下跌并接近 1×4 角度线时，这条线具有较强的短期支撑作用，投资者可以适当短线参与，博取反弹，如图中"（2）"所示。

　　随后个股迎来了一波强势反弹，向上连续突破 1×2 角度线、1×1 角度线。对于这种短线的强势反弹，一般不宜提前预判角度线的阻力作用，这是因为角度线与角度线之间的空间不大，强势的反弹可以轻易地连续突破多条角度线，这时可以结合其他技术形态（例如 K 线形态、量价形态等）来把握反弹高点。

　　随后，股价运行于 1×1 角度线上方，虽然此线是多空力量的分水岭，但由于个股累积跌幅不够大，且在 1×1 角度线上方并没有明显的企稳形态，股价依旧沿着 1×1 角度线不断下跌，因此在实盘操作中，投资者可以结合股价波动来把握低吸时机。一般来说，当股价经过一波快速下跌且向下接近 1×1 角度线时，此时是一个相对理想的中短线买入时机。

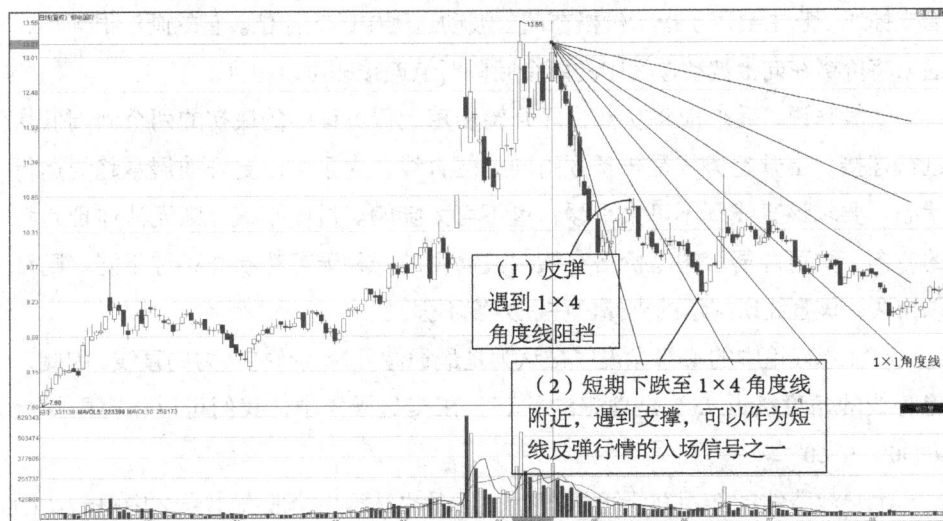

图 3-11　郴电国际 2018 年 10 月至 2019 年 8 月走势图

3.4　简化的角度线：趋势线

　　江恩角度线的主要作用在于提示支撑位与阻力位，随着股价的运行，每条角度线起到的作用也可能发生转变。在实盘操作中，投资者先要结合股价运行特点画出相对准确的角度线，这样才能据此做出判断。但是，严格地画出江恩角度线并不是一件容易的事，这是因为江恩并没有准确地给出确定股价波动率的具体方法，从而使得后人在绘制角度线时难免带有一定的主观性。

前文讲解了依据股价上涨或下跌的轨迹陡峭程度来确定角度线的方法，但这也只是一种近似的方法，而且使用起来相对复杂。如果我们仔细思考江恩角度线的设计理念，就会发现角度线最重要的作用是提示支撑位与阻力位的变化，这表明理想的角度线一定是与股价的波动节奏相互配合的，而股价的波动节奏主要体现在波动过程中最初的相邻低点之间的位置关系（或者相邻高点之间的位置关系）。据此，我们可以在实战中对角度线进行简化，这就是下面要讲解的"趋势线"。

3.4.1　上升趋势线画法

趋势线可以具体分为两种：上升趋势线、下降趋势线。上升趋势线也被称为支撑线，它主要用于指示价格在向上波动过程中的支撑位。它的画法很简单，通常将价格在向上波动过程中的两个回调低点连接即可以得到。

一般来说，我们应将从低位区开始震荡上行过程中的最初的两个回调低点进行连接。上升趋势线是一条倾斜向上的直线，为了可以更好地展示趋势运行状态，要求该直线既不可太平缓，也不可太陡峭。过于平缓，则无法体现趋势的方向，更可能展示的是价格在横向波动中的一种无趋势状态；过于陡峭则难以持久，该直线所提示的支撑位往往力度不强。

在江恩理论中的45°角度线被认为是最稳健且最具有持久力的直线，因此，趋势线的角度接近45°是理想的状态。在实盘操作中，我们可以将范围扩大为30°～60°。

上升趋势线的作用在于可以清晰、直观地显示出个股在上升途中每一次回调后的支撑位大概在何处，既可以帮助我们辨识趋势运行状态，也可以帮助我们把握回调时的入场时机。

图3-12为金地集团2018年6月至2019年9月的走势图。个股自低位区开始震荡上扬，走势相对强劲，这使得连续两个明显的回调低点的连线角度接近45°，这是一条理想的上升趋势线，可以较好地反映出股价随后在震荡上行过程中的支撑位的变化。

在实盘操作中，这条上升趋势线的实战作用较为突出。一般来说，股价会以此线作为支撑，进而震荡上行。一旦股价短线上涨加速，明显远离了上升趋势线，而且又没有重大利好作为支撑，则股价随后会有回踩趋势线的倾向，在短线操作中，投资者可适当获利卖出以锁定利润。当股价经过一波快速回落而接近趋势线时，这是升势中的逢低入场时机，但我们也要注意，在累积涨幅较大的位置点，若个股在回落过程中快速跌破了趋势线，这往往是多空整体力量对比格局或将改变的信号，投资者应注意控制仓位，规避趋势反转的风险。

图 3-12　金地集团 2018 年 6 月至 2019 年 9 月走势图

3.4.2　下降趋势线画法

下降趋势线也被称为阻力线，它主要用于指示价格在向下波动过程中的阻力位，通常将价格在震荡下行过程中的两个反弹高点连接即可以得到。

一般来说，我们应将从高位区开始震荡下行过程中的最初的两个反弹高点进行连接。下降趋势线是一条倾斜向下的直线，较为陡峭的下降趋势线代表着沉重的抛压及短线风险较大，此时不宜过早抄底入场；过于平缓的下降趋势线可能是股价不规则震荡的结果，并不代表趋势的形成。

在角度方面，与上升趋势线相似，接近 45° 角的下降趋势线往往最能反映趋势状态，也能更好地提前预示下跌过程中的反弹阻力位。

图 3-13 为中百集团 2017 年 8 月至 2019 年 1 月的走势图。个股从高位区开始震荡下行，股价重心整体下移，将最初的两个明显的反弹高点相连接，就得到了一条向下倾斜的直线，这就是下降趋势线，而且这是一条接近 45° 角的直线，

有着较强的指示性。

通过随后的股价走势可以看到，股价在下降趋势线的阻挡下震荡下行，每一次向上反弹至这条线附近时，就会遇到较强的阻力，然后再度下行。在实盘操作中，只要个股没有明显企稳或向上突破趋势线，这往往是跌势仍将持续的标志，投资者不可轻易抄底入场。

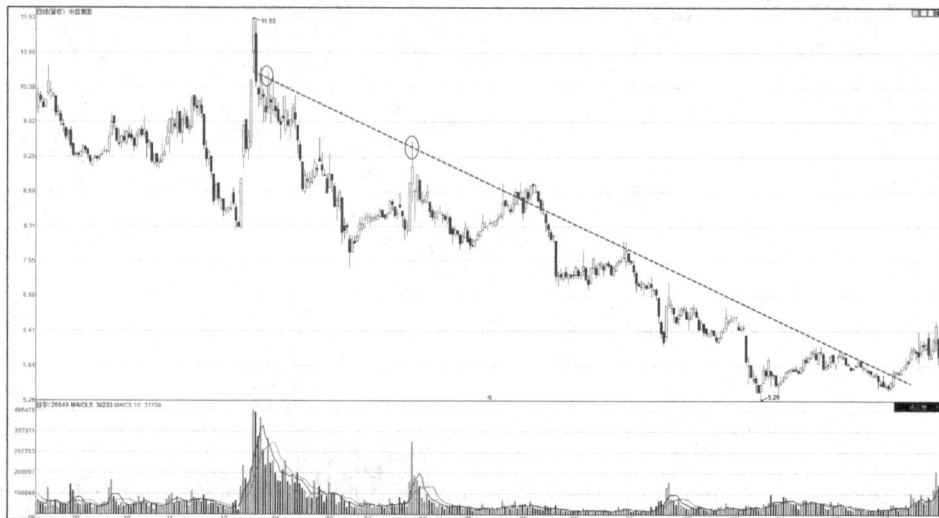

图 3-13　中百集团 2017 年 8 月至 2019 年 1 月走势图

3.4.3　支撑线的角度转变

上升趋势的整体推进过程往往具有由缓到急的运行特征，这种运行特征对应着多方力量由缓慢释放到加速释放的过程，以及市场预期由升势初期的充满分歧到一直看多的过程。上升趋势与下跌趋势是两种不同的趋势运行状态，相对而言，下降趋势的运行过程往往就不具有这个特征。

这种运行特征也体现在趋势线的角度变化上：上升趋势线会随着升势运行加速而发生改变，由原来的相对平缓逐步变得陡峭。一般来说，这种角度变化往往会经过 3 次转变，当上升趋势线十分陡峭时，往往也是多方力量过度释放，升势即将见顶的标志。

图 3-14 为中国石化 2015 年 11 月至 2018 年 5 月的走势图。个股在近 3 年的时间里一直处于持续上涨的趋势之中，并经历了由平缓到陡峭的变化过程。值得注意的是，在累积涨幅较大，且上升趋势线变得十分陡峭时，此时的多方力

量已呈过度释放状态，持股者应注意规避趋势反转的风险。

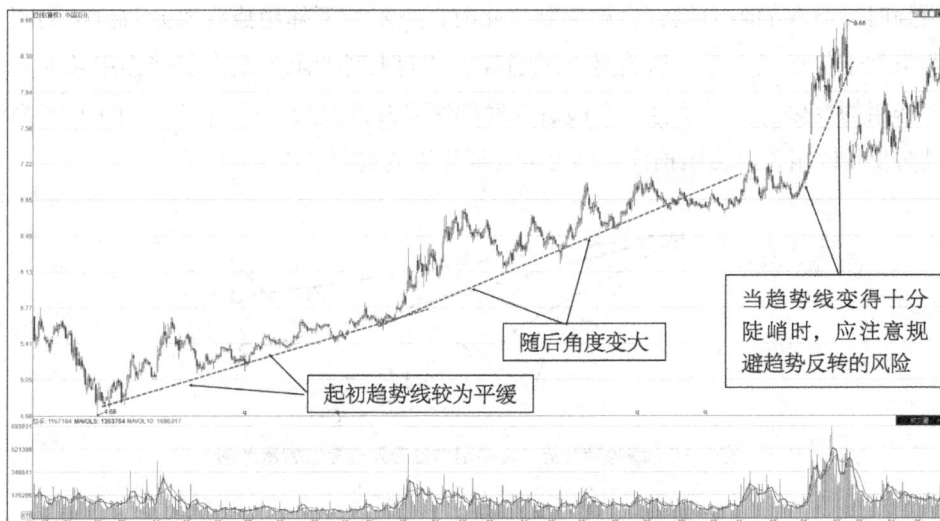

当趋势线变得十分陡峭时，应注意规避趋势反转的风险

随后角度变大

起初趋势线较为平缓

图 3-14 中国石化 2015 年 11 月至 2018 年 5 月走势图

3.4.4 转势时支撑位与阻力位的转变

上升趋势不可能一直持续下去，当买盘无力承接抛压时，原有的支撑线就会被跌破。此时，原来的上升趋势线就会对价格随后的反弹上涨走势构成阻挡。随后，会有一条角度相对平缓的直线起到支撑作用，直至再度被跌破后起到阻力作用……这些角度逐渐减小的直线正是指示上升趋势的江恩角度线。

这就是上升趋势反转向下时的支撑线由支撑作用转为阻力作用的变化过程，这也是个股进入顶部区且开始反转下行的信号。图 3-15 展示了升势转跌势时支撑线由起初的支撑作用转变为阻力作用的过程。这些直线有着不同的角度，它们正好对应着震荡上升过程中指示趋势运行的一组江恩角度线，在实盘操作中，我们可以结合股价波动来重点关注这些角度线所指示的位置。

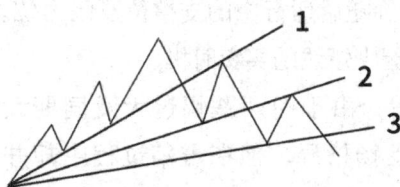

图 3-15 升势转跌势过程中支撑位变为阻力位的示意图

下降趋势不可能一直持续下去，当卖盘无力出货，而买盘的承接力度明显增强时，原有的阻力线就会被突破，此时，原来的下降趋势线就会对价格的回调下跌走势形成支撑。这就是下跌趋势反转向上时的阻力线由阻挡作用转为支撑作用的变化过程，这也是个股进入底部区且开始反转上行的信号。图3-16为跌势反转时阻力线由阻挡作用转变为支撑作用的过程。

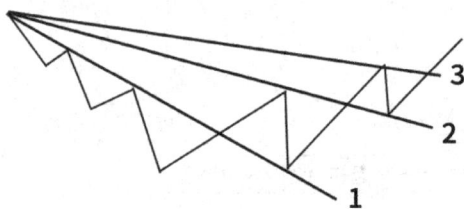

图3-16　跌势转升势过程中阻力位变为支撑位的示意图

3.4.5　平缓趋势线的错误用法

投资者经常犯的一个错误就是使用过于平缓的趋势线。这种平缓的趋势线可能由于股价中短期内上下波动的幅度较大，以及相邻两个低点的连线看上去清晰、可靠，从而使得投资者忽略了它的角度。

一般来说，如果连线的角度小于30°，则只宜认为期间的震荡格局代表着趋势不明朗，此时倾斜向上的连线并不代表趋势整体上行。随后，随着多空力量对比格局发生改变，若个股步入升势，则因多方力量明显转强，股价很难再出现大幅度回落并回踩这条连线的情况；若个股步入跌势，则因空方力量明显转强，此连线也很难起到支撑作用。下面，我们结合一个案例加以说明。

图3-17为万科A 2017年10月至2019年9月的走势图。个股在深幅下跌之后开始企稳，并出现了宽幅震荡。一波强势反弹及回落后的低点略高于之前的最低点，将这两个低点连接，可以得到一条倾斜向上的直线，但它的角度过于平缓，很难准确提示股价随后运行中的支撑位及阻力位。在实盘操作中，投资者不宜据此趋势线来把握中短线的买卖时机。

从随后的走势来看，由于前期跌幅过大及同期大盘走势回暖，个股出现了较长时间的震荡上扬格局，但在震荡过程中却并没有再度向下触及此连线。

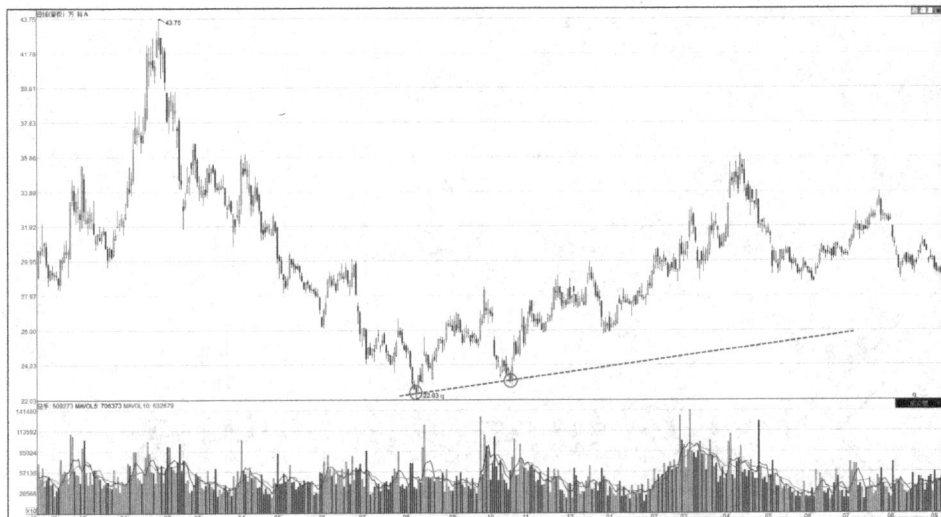

图 3-17 万科 A 2017 年 10 月至 2019 年 9 月走势图

3.4.6 趋势线的可靠性与买卖原则

通过前面的讲解，我们知道，趋势线是投资者依据个股的实际走势情况而画出来的，可以说它的主观色彩较重。那么，我们能否保证自己所画的趋势线就一定能很好地反映出个股的趋势运行情况呢？为解决这个问题，我们可以关注以下几点。

一是趋势线上的点数。上升趋势线如果能够串联更多的回调低点，则说明它所反映的回调支撑位越可靠；同理，下降趋势线所串联的反弹高点数越多，则说明它所反映的阻力位越准确。

二是趋势线的角度。江恩告诉我们："45°角的趋势线最为可靠，而过于平坦或过于陡峭的趋势线的可靠性则往往较低"。

三是趋势已持续的时间及力度。一轮趋势的持续时间及涨跌力度是有限的，因此，在趋势形成之初所画的趋势线往往更具有实战价值，其可靠性也是最高的。

了解了以上几点后，我们就可以结合趋势来进行买卖操作了。趋势线的买卖原则很简单，对于上升趋势线而言，每当价格经过一波回调而落至趋势线附近时，就是一个较好的中短线逢低买入的时机，且之前的累积涨幅越小，则这一买点的安全性越高、预期收益率也越高；对于下降趋势线而言，每当价格经过一波反弹而涨至趋势线附近时，就是我们在博取反弹行情时的短线卖出的时机。

第 4 章

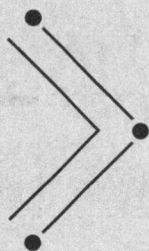

江恩角度线进阶用法

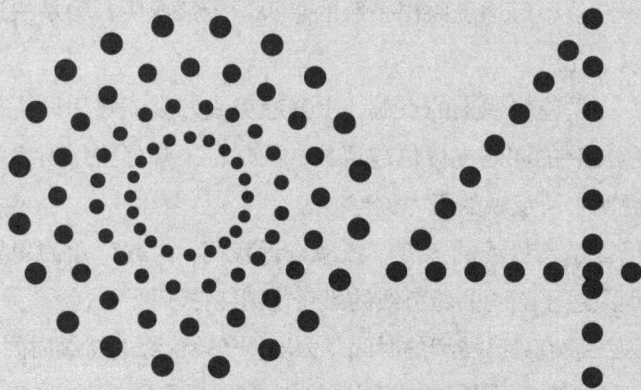

江恩角度线的用法不仅体现在每条角度线所独自具有的支撑、阻力作用上，还体现在多条角度线交叉、平行、平移等形式各样的综合运用中，这赋予了角度线更强的生命力，使得它可以更好地结合价格波动的具体特点来帮助我们预测中短期内的支撑位与阻力位的变化情况，进而提前指示价格运行方向。本章中，笔者将结合自己对江恩理论的学习，总结、归纳一些较为常用的角度线的综合用法，这些特定的角度线形态及交易方法是建立在角度线基本原理之上的，同样有着较高的实战成功率。

4.1　双底（顶）角度线相交法则

二次探底（顶）是一种十分常见的 K 线形态。从趋势的角度来看，中长期低位区的二次探底形态多预示着底部的出现，而中长期高位区的二次探顶形态多预示着顶部的出现。但股价运动具有反复震荡的特征，如果在识别出相应的组合形态后就贸然买卖，往往会买在短期高点、卖在短期低点，这样就会使得投资者十分被动。利用江恩角度线可以较好地识别这两种价格形态出现后的支撑位、阻力位，从而为短线交易提供指导。

4.1.1 双底形态及市场含义

双底，即双重底，其形态犹如大写的英文字母"W"，也被称为 W 底。双重底是指价格走势的二次探底，如图 4-1 所示。

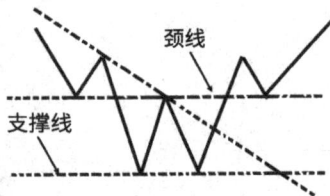

图 4-1　双重底形态示意图

在双底构筑过程中有两个重点的点位，一个是连接两个底的直线，它代表着强支撑位；另一个是两底之间的反弹高点，它代表着双底构筑时的强阻力位。一般来说，双重底的明确买入信号出现在价格向上突破颈线之后，此时的双底形态完全形成，有着较强的趋势指示性，投资者可以在放量突破颈线时追涨买入。虽然此位置是短线高点，但从趋势的角度来看，其仍处于中长期的低位区，一旦趋势反转，后期的上涨空间巨大。

除此之外，为了更好地预判低点入场时机，我们还可以在颈线下方关注短期阻力位的突破。将近两次的反弹高点（第 2 个反弹高点就是颈线位置点）连接，可以得到一条倾斜向下的直线，当价格突破此线时，表明多方力量较强，随后继续向上突破颈线的概率较大，这是一个相对较好的低吸时机。

4.1.2　向上交叉角度线的回落点

对于双重底形态来说，在第 2 个底形成之后的上涨过程中，其上涨方式往往是一波三折的震荡方式，若没有明显的利好或强势的市场环境，突破颈线的快速上涨方式很难出现。此时，判断第 2 个底之后的反弹高点在中短线操作中就显得十分重要了：从短线来看，可以规避股价回落的风险，锁定利润；从中线来看，可以把握更好的入场时机，进而在随后的止盈止损操作中更为主动，避免陷入中线套牢的窘境。江恩利用前后两条坡度不同、角度互补的角度线相交叉的形态较好地解决了这个问题，且可以将其作为把握第 2 个底之后的反弹高点（以下简称"二次反弹高点"）的卖出提示信号。下面，我们结合实例来看看如何利用江恩角度线把握二次反弹高点的卖出时机。

图 4-2 为中百集团 2018 年 9 月至 2019 年 3 月的走势图。将中长期低位区的两个相邻的低点视作构筑 W 底的雏形，两底之间要有一定的距离，且股价相近，然后分别以两点为起点画出 45° 角的江恩角度线。

随后，从左侧的低点再引出一条相对平缓的 2×1 角度线，从右侧的低点则引出一条相对陡峭的 1×2 角度线。这两条角度线一缓一陡，会在第 2 个低点的上方相交于一点。一般来说，当股价二次反弹至此点附近时，将会遇到较强的阻力，股价折返向下的概率较大。就短线交易来看，此时宜逢高卖出，锁定利润；就中长线交易来说，如果前期累积跌幅较大，且投资者预测将形成双底，则可在随后的短线回调低点再买入，以降低持仓成本。

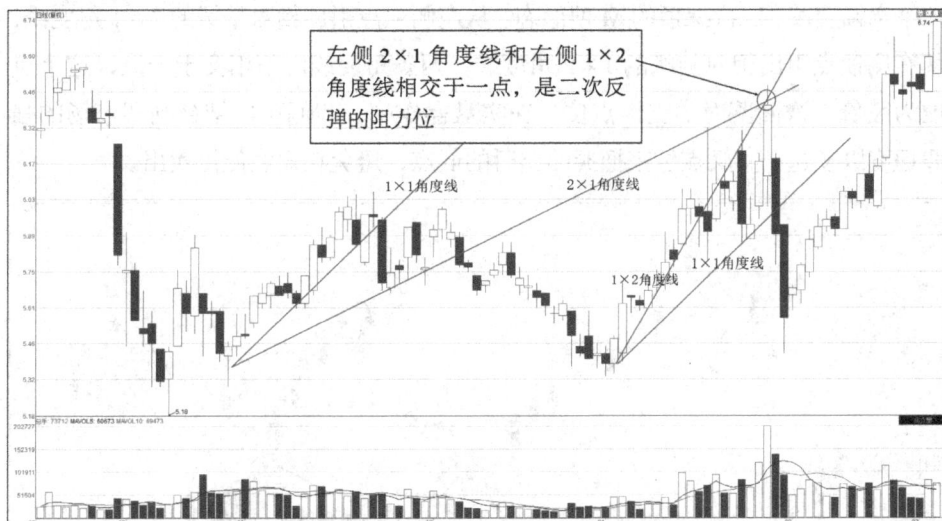

图 4-2　中百集团 2018 年 9 月至 2019 年 3 月走势图

4.1.3　双顶形态及市场含义

双顶，即双重顶，其形态犹如大写的英文字母 "M"，也被称为 M 顶。双重顶是指价格走势的二次探顶，如图 4-3 所示。

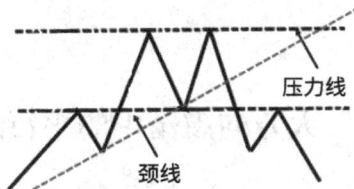

图 4-3　双重顶形态示意图

4.1.4 向下交叉角度线的反弹点

在双顶构筑过程中有两个重点的点位，一个是连接两个顶的直线，它代表着强阻力位；另一个是两顶之间的回调低点，它代表着双顶构筑时的强支撑位。一般来说，双重顶的明确卖出信号出现在价格向下跌破颈线之后，此时的双顶形态完全形成，有着较强的趋势指示性，此点位也宜作为中长线的离场信号之一。虽然这个点位是短期低点，但由于趋势转向的信号相对明确，再结合前期较大的累积涨幅，后期往往仍有较大的下跌空间，此时依据趋势提示信号及时锁定利润离场是较好的选择。

图 4-4 为中国长城 2019 年 2 月至 7 月的走势图。个股在震荡过程中出现了一个宽幅震荡、二次探顶的 M 顶形态。从左侧顶点引出相对平缓的 2×1 角度线，从右侧顶点引出相对陡峭的 1×2 角度线，两条角度线向下相交于一点，这个点位为股价二次回落时的支撑点位。在实盘操作中，我们可以结合同期市场的强弱程度以及这一交叉点位来把握回调时的低点，避免在短线低点卖出。

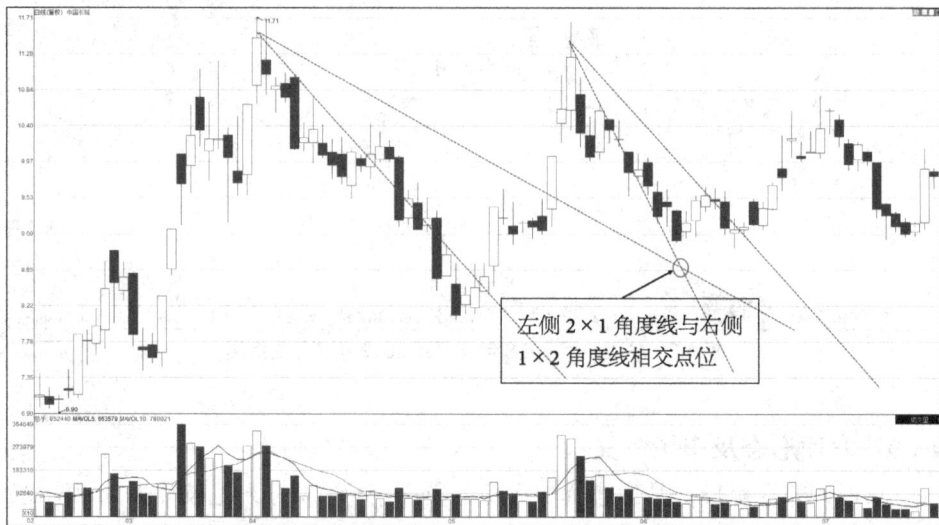

图 4-4　中国长城 2019 年 2 月至 7 月走势图

4.2　大方向震荡中的平行通道

在没有明显利好的情况下，价格走势无论是沿着上升通道，还是沿着下降通道，多是以反复震荡的形式呈现的，这是一种相对缓和的趋势运行形式，而江恩角度线可以通过平行通道来提示价格震荡中的阻力位与支撑位。本节中，我们将结合江恩角度线的平行通道用法，看看如何结合价格震荡方向来把握其上升或下降通道。

4.2.1　震荡向上的平行通道

从总体运行形态来看，个股处于震荡上行的通道中。股价自低位（起涨点）开始上扬，随后从高点向下回落，如果回落时的低点明显高于起涨点，多表明股价处于震荡上升走势中的概率较大。此时，我们可以引出两条倾斜向上的45°的角度线：一条自低位起涨点引出，一条自回落前的高点引出。

一般来说，股价随后大概率在这个平行通道中运行，上方的角度线为上轨，对价格上涨有阻挡作用；下方的角度线为下轨，对价格回落起支撑作用。在实盘操作中，我们可以结合同期市场的强弱，并依据上、下轨的性质来把握买卖时机。

图4-5为中成股份2018年12月至2019年4月的走势图。个股自低位开始震荡上扬，我们可以从底部及一波上扬后的高点分别引出倾斜向上的1×1角度线，这是两条平行直线，指示了股价随后大概率将运行于此通道中。

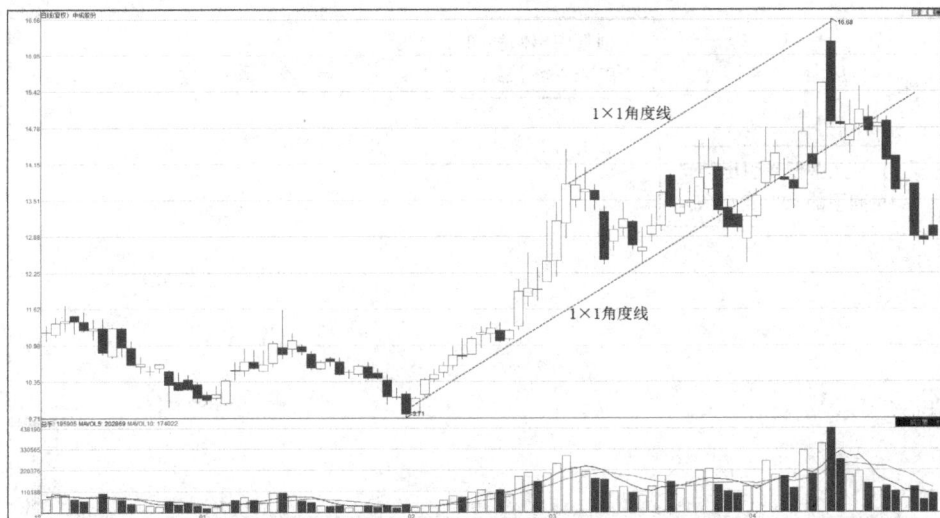

图 4-5　中成股份 2018 年 12 月至 2019 年 4 月走势图

在实盘操作中，我们可以结合股价在平行通道中的震荡方式来把握买卖时机。一般来说，如果一波上扬始于下轨，且短线涨幅较大、速度较快，此时若向上触及上轨，则出现深幅回落的概率较大；如果一波下跌始于上轨，且短线跌幅较大、速度较快，此时若向下触及下轨，则出现反弹的概率较大。当然，随着股价的运行并依据个股不同的强弱特征，价格最终有可能突破上轨或跌破下轨，这要结合市场当时的情形及个股走势特征综合分析。

4.2.2 震荡向下的平行通道

从总体运行形态来看，个股处于震荡下行的通道中。股价自顶部开始下行，随后从低点向上反弹，如果反弹时的高点明显低于顶部，多表明股价处于震荡下跌走势中的概率较大。此时，我们可以引出两条倾斜向下的 45° 的角度线：一条自顶部引出，一条自反弹前的低点引出。

一般来说，股价随后大概率在这个下降平行通道中运行，上方的角度线为上轨，对价格反弹有阻挡作用；下方的角度线为下轨，对价格下跌起支撑作用。在实盘操作中，我们可以结合同期市场的强弱，并依据上、下轨的性质来把握买卖时机。

图 4-6 为许继电气 2017 年 6 月至 2018 年 10 月的走势图。个股在高位横向震荡，随后开始震荡向下，反弹后的高点低于下跌前的顶点。我们可以依据

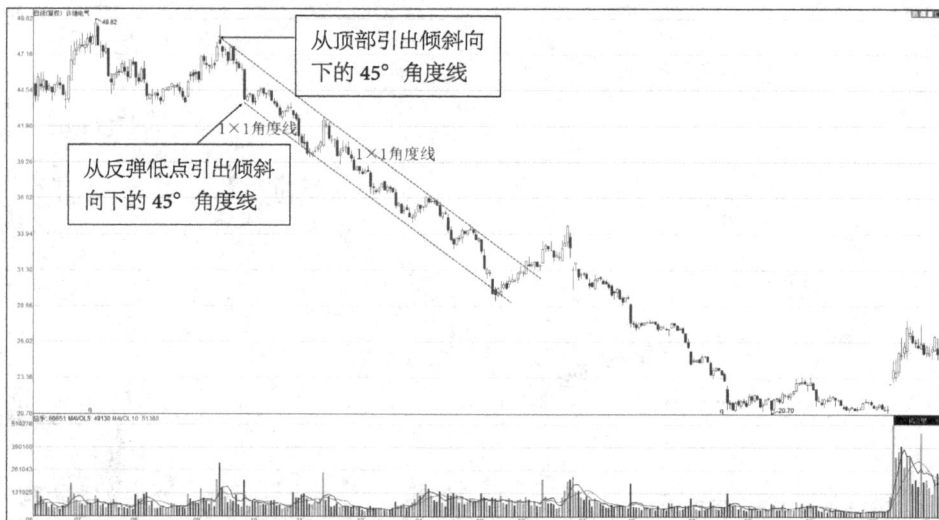

图 4-6 许继电气 2017 年 6 月至 2018 年 10 月走势图

江恩角度线的平行通道画法，引出两条倾斜向下的 45° 的角度线，随后的价格走势将长时间运行于此通道中。由于通道较为狭窄，因此并不适宜博取短线反弹行情，因为当股价回落至下轨附近时，短线回落幅度并不大，反弹空间

狭小。由于平行通道明确指示了个股的下跌趋势,所以在实盘操作中不宜过早抄底入场。

4.2.3 宽平行通道的中间线法

当我们依据本节中所讲的方法画出平行通道后,无论是上升通道还是下降通道,若平行通道过于宽阔,则可依据江恩理论给出的方法,再引出一条等距线,它与上、下轨之间的距离相等,进而将平行通道分为上、下两个部分。当股价在上半部分波动时,此时上轨为阻力位,等距线为支撑位;当股价在下半部分波动时,此时等距线为阻力位,下轨为支撑位。

图 4-7 为川能动力 2018 年 12 月至 2019 年 10 月的走势图。画出 45° 角度线和向下的平行通道后可以看到,上、下轨的间距较大,此时可再引出一条等距线将平行通道一分为二,这样就可以更好地指示价格波动的情况。

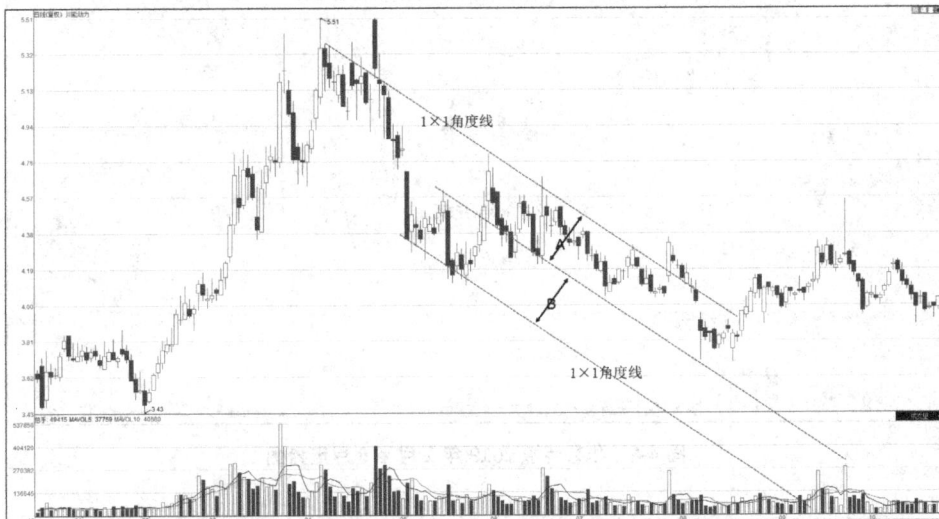

图 4-7 川能动力 2018 年 12 月至 2019 年 10 月走势图

对于此股来说,最开始的一波深幅下跌使得股价运行于平行通道的下半部分,这代表短期内的空方力量更强。随着价格走势相对企稳、多方力量转强,个股向上突破等距线,股价也开始在平行通道的上半部分运行。但从趋势的角度来看,多方力量并没有整体性转强,个股仍处于下跌趋势中,因此在实盘操作中仍应以跌势思维为主。

4.2.4　平缓震荡中的平行通道

对于较为平缓的震荡下跌（上扬）走势，此时价格运行的大方向也是相对平缓的，角度明显小于 45°。此时可以采用相对平缓的 2×1 角度线画出平行通道，如果上、下轨之间的距离较大，则可画出等距线。

图 4-8 为华数传媒 2019 年 2 月至 8 月的走势图。个股在一波快速上扬后震荡下跌，依据个股的整体震荡模式画出上、下轨，这是接近 30°角的 2×1 角度线，且间距较宽，我们继续画出它的等距线。可以看到，股价此后大部分时间在上轨与等距线之间来回波动，随后反弹力度变弱，股价最终向下跌破等距线并触及下轨。由于下轨有着较强的支撑作用，且正逢个股短线跌幅较大，因此当股价跌至下轨附近时，投资者可以适当博取短线反弹行情。

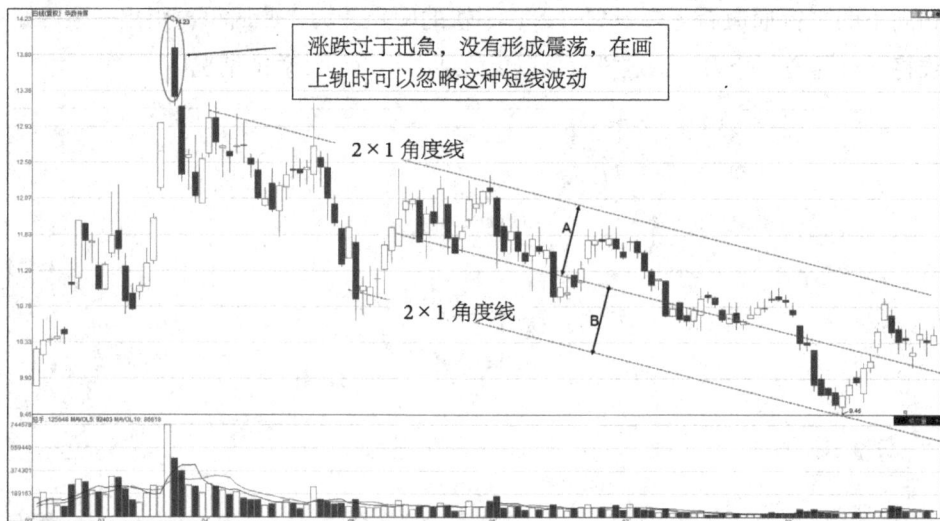

图 4-8　华数传媒 2019 年 2 月至 8 月走势图

4.3　快速反转的 60°角的扇形

反转的扇形主要运用在震荡上扬后的反转走势中。个股先是震荡上升，一般来说涨幅较小，随后价格走势调头向下，且跌幅较大。此时，我们可以利用反转扇形的角度关系来提前把握深幅下跌过程中的重要支撑点位。

4.3.1 反转扇形角度线画法

图 4-9 为反转扇形角度线示意图，其中角 A 为向上倾斜的 1×1 角度线的角，即 45°角，角 b= 角 c= 角 d=15°，这 3 个角相加为 45°。江恩理论认为，股价反转后，角 d 的下轨具有最强支撑力，这往往对应价格走势的短期急速下跌且跌幅巨大，而这种情况又是因为利空的影响或市场突然大幅下跌。

但是，对于更为常见的情形，我们可关注 60°角（角 A+ 角 b）和 75°角（角 A+ 角 b+ 角 c），这是等分扇形的画法，可以将其看作是江恩角度线用法的变通。在后面的小节中，笔者将结合自己对江恩角度线的理解及相关案例，来讲解几种常见的反转扇形的支撑位的用法，以供读者参考。

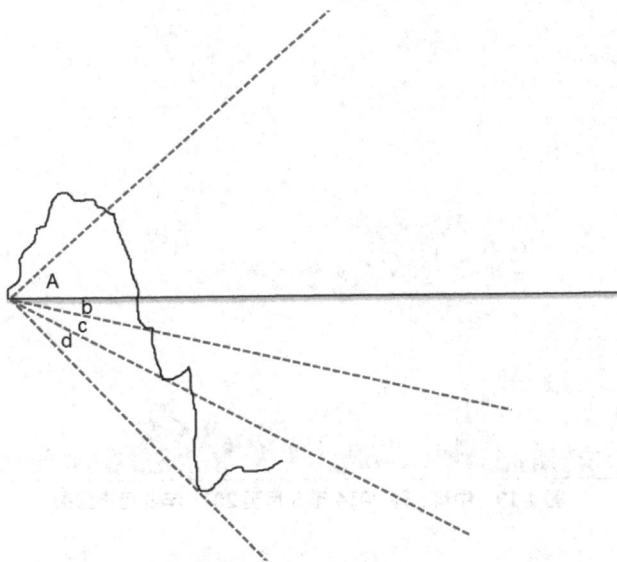

图 4-9 反转扇形角度线示意图

4.3.2 反转扇形 60°角模式 1

反转扇形 60°角的一种模式是：个股的震荡上扬走势接近 45°角，随后股价开始反转下行，中短期跌幅大且速度快，当股价跌至水平线时，没有获得支撑并继续下跌；当股价跌至与水平线的夹角为 15°的位置点时，短期内往往会遇到较强的支撑，出现反弹行情的概率较大。

图 4-10 为中科三环 2014 年 5 月至 2016 年 3 月的走势图。图中标出了 4 个角，其中角 A=45°，角 b= 角 c= 角 d=15°。起初，个股沿 45°角强劲、稳健地持

续上扬，累积涨幅较大。随后，受大盘整体性大幅回落的影响，股价出现了急速、深幅下跌的走势。在急速下跌过程中，由于空方力量完全占据主导地位，且易受市场恐慌情绪影响，投资者不宜急于抄底入场。

对于这种急速下跌，下跌过程中频繁出现跌停板且没有整理波段的极端行情，由于我们前面讲过了 2×1 角度线、4×1 角度线的短期支撑力度是极弱的，所以此时更应该关注本小节提到的 60° 扇形支撑位，即角 b 的下轨。对于在个股没有重大利空的情况下，仅因市场带动而形成的急速下跌而言，在这个位置点可以轻仓试多，博取反弹行情。

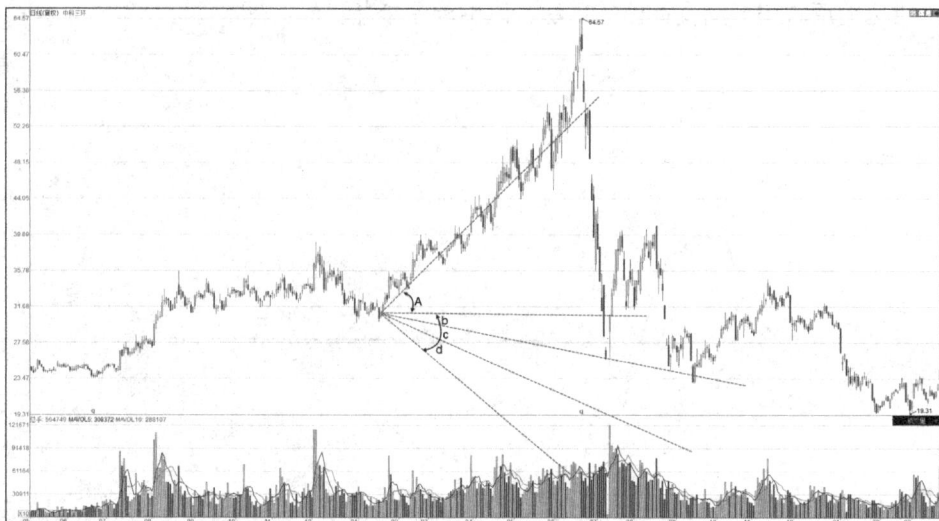

图 4-10　中科三环 2014 年 5 月至 2016 年 3 月走势图

4.3.3　反转扇形 60° 角模式 2

起初，个股沿 45° 角震荡上扬，随后从高点开始急速下跌；当跌至起涨点的水平线附近时，股价开始横向企稳并持续一段时间，期间反弹力度较弱；最后又出现了一波快速下跌，当股价接近 60° 角支撑位时，多会遇到较强支撑，出现强势反弹行情的概率较大。

图 4-11 为广济药业 2018 年 11 月至 2019 年 9 月的走势图。从走势图中可以看到，个股在快速跌至水平线位置点后，开始了长时间的横向震荡，期间虽

有反弹但力度很弱。随后受大盘回调影响，个股价格向下跌破水平线，当股价向下触及 60° 角支撑位（即水平线向下旋转 15°）时，出现了一波强劲的反弹。如果我们能够理解这种 60° 角扇形的反转模式，就有机会把握住这一波反弹行情。

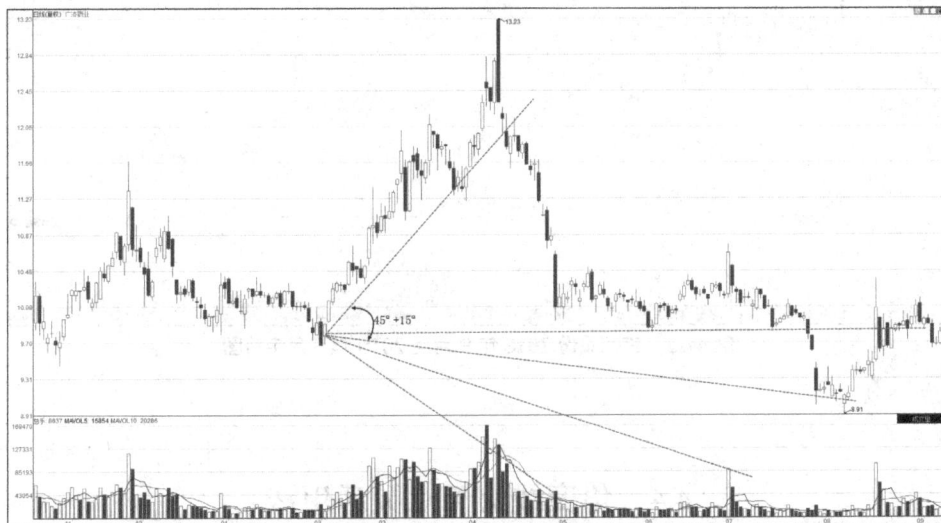

图 4-11 广济药业 2018 年 11 月至 2019 年 9 月走势图

4.3.4 反转扇形 60° 角模式 3

对于反转扇形 60° 角的模式来说，当股价触及这个支撑位时，往往会有较为强势的反弹行情出现，这也预示了此支撑位代表着中期底部。但是，如果个股在此位置点的反弹力度较弱，且价格沿 60° 角的下轨震荡下行，多表明空方力量依旧较强，只宜逢回落时的低点轻仓试多，不宜追高买入。

图 4-12 为首钢股份 2018 年 9 月至 2019 年 8 月的走势图。在个股急速下跌至 60° 角的下轨附近时，股价是沿着下轨震荡向下的，期间的反弹力度较弱，空方力量依旧总体占优。从趋势运行的角度来看，其下跌趋势仍未结束，在实盘操作中，投资者不宜过早抄底入场。

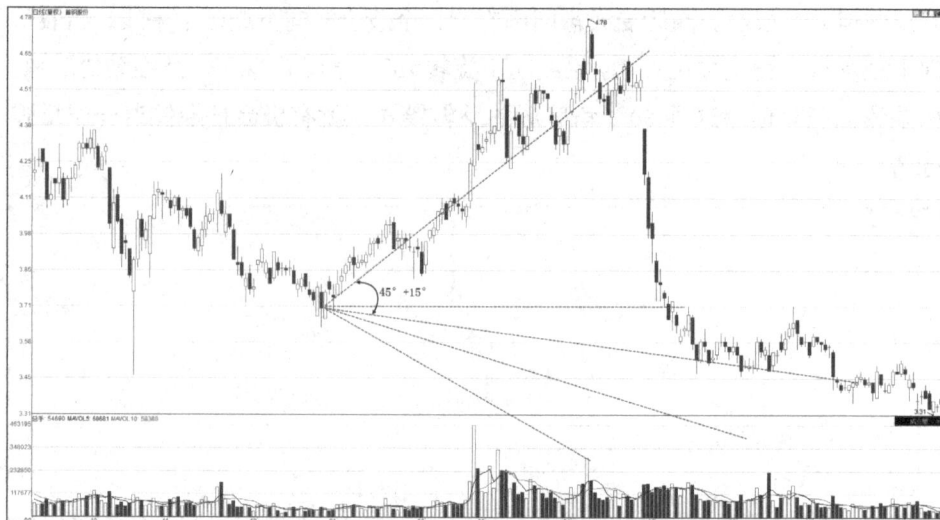

图 4-12　首钢股份 2018 年 9 月至 2019 年 8 月走势图

4.4　角度线交叉点灵活用法

　　江恩角度线的主要作用在于指示股价波动过程中的支撑位与阻力位的变化。无论是震荡上升还是震荡下降，在将股价运行轨迹"框"进角度线坐标系后，价格的波动过程就会更加清晰，我们对于股价后期的走势也能有一个更好的预测。除使用一组同方向的角度线外，我们还可以将向上的角度线与向下的角线结合起来，通过它们的交叉关系来判断短期内多空力量的变化情况。本节中，我们就来看看如何更好地应用角度线的交叉关系来展开操作。

4.4.1　角度线交叉原理

　　对于江恩角度线来说，无论它是向上倾斜的还是向下倾斜的，只要股价接近角度线且在角度线的下方运行，则此角度线就具有阻力作用；反之，则具有支撑作用。

　　依据这一原理，当股价在趋势运行方向不明朗的上下震荡状态中时，我们可以同时画出上升的角度线与下降的角度线，并找出离股价运行方向较近的交叉点。这样，当股价从下方向上突破这个交叉点时，表明个股同时突破了两条具有阻力作用的角度线，随后将以此点位为支撑位继续上行，且中短期内的上涨动力较强；

当股价从上方向下跌破这个交叉点时，表明个股同时跌破了两条具有支撑作用的角度线，随后将以此点位为阻力位继续下跌，且中短期内的下跌动力较强。

4.4.2　3×1 角度线破位交叉点

图 4-13 为华兰生物 2018 年 12 月至 2019 年 9 月的走势图。个股在持续上扬后，于高点出现了横向震荡走势，股价重心在震荡中下移，但并未出现明确的趋势转向的信号，个股在震荡之后上升或下降的概率大致相等。在这种情况下，我们在操作中应尽可能把握好短线上的高低点，这样才能更主动。

如图 4-13 所示，首先从震荡回落前的高点 A 引出一组向下的角度线，起初股价于 1×1 角度线与 2×1 角度线之间波动，随后，股价反弹至 2×1 角度线与 3×1 角度线之间运行。此时，依据个股波动特征，可以从 B 点（股价近期回调时的显著低点）引出一条向上的 3×1 角度线，它与从 A 点引出的向下的 3×1 角度线相交于一点。

当个股反弹到两条 3×1 角度线上方时，突然出现一根中阴线跌破了这个交叉点，这表明两条线所代表的支撑位同时被跌破，体现了短期内空方力量较强。在短线操作中，此时宜卖出，而不是追涨买入。随后，当股价下跌至 2×1 角度线附近时，此位置点与震荡区低点 B 相接近，且 2×1 角度线具有支撑效果，股价短期内反弹上行的概率较大，此时可以适当参与，短线买入。

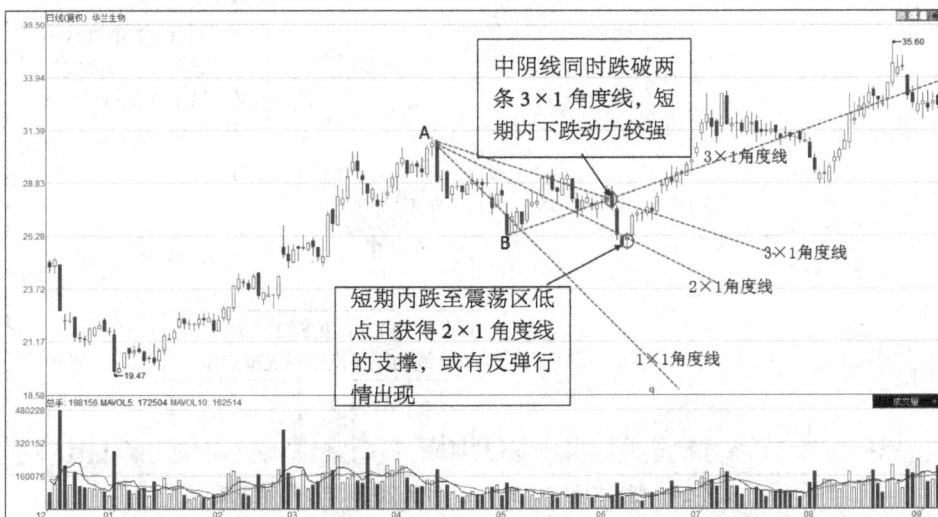

图 4-13　华兰生物 2018 年 12 月至 2019 年 9 月走势图

4.4.3 顶下移 2 倍角度线交叉点

在整体式震荡向下的运动格局中，我们往往可以通过 2 倍角度线的方法来找出随后出现的一个短线顶部的阻力点位，进而把握反弹高点的卖出时机。一般来说，依据价格的震荡特征，我们可以从震荡下跌行情的高点引出向下倾斜的 1×2 或 2×1 角度线，并从短期内深幅下跌后的低点引出向上倾斜的 1×2 或 2×1 角度线，向下、向上的角度线会相交，这个交叉点就是短线反弹行情中的强阻力点位。

图 4-14 为蓝焰控股 2018 年 12 月至 2019 年 9 月的走势图。个股整体呈下跌状态，图中画出了高、低两个具有代表性的点位 A 与 B，其中 A 为下跌行情出现前的高点，B 为深幅下跌后的低点。从 A 引出向下的 1×1 角度线与 2×1 角度线，从 B 引出向上的 1×2 角度线。

如图中标注所示，向上的 1×2 角度线与向下的 2×1 角度线交叉，这个交叉点就是短线反弹行情中的阻力位。个股在经历了一波反弹后至此位置区时，出现深幅回落的概率较大，投资者宜卖出以规避风险。

另外，值得注意的是，从 B 引出的一条向下倾斜的 3×1 角度线与从这一波持续下跌行情的短线顶部引出的向下的 1×1 角度线相交叉的点位构成了个股深幅下跌后的强支撑位，个股在此点位迎来了一波较为强势的反弹行情。

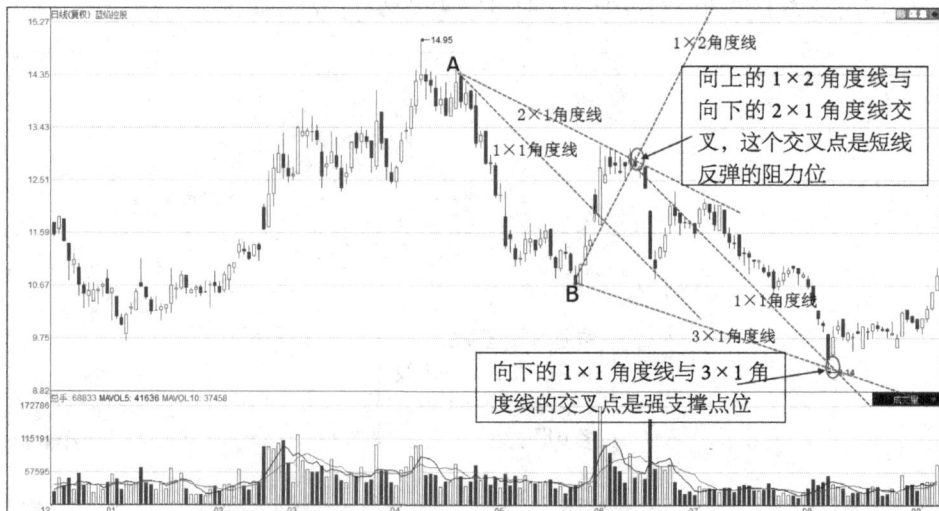

图 4-14　蓝焰控股 2018 年 12 月至 2019 年 9 月走势图

4.4.4 顶上移 2 倍角度线交叉点

在整体式震荡向上的运动格局中，我们仍然可以通过 2 倍角度线的方法来找出随后出现的一个短线顶部的阻力点位，进而把握短线高点的卖出时机。一般来说，依据价格的震荡特征，我们可以从之前的一个明显的震荡高点引出向上倾斜、坡度较缓的 2×1 角度线，并从最近一波突破上攻行情的起涨点引出向上倾斜、坡度较陡的 1×2 角度线，这两条角度线会相交，这个交叉点就是短线上攻行情中的强阻力点位。个股在涨至此位置点时，出现深幅回调的概率较大，投资者在短线操作中可以适当减仓，锁定利润。

图 4-15 为新和成 2018 年 7 月至 2019 年 11 月的走势图。个股的走势图中有两个明显的点位，一个是低位宽幅震荡中的高点 A，另一个是突破行情的起涨点 B。从 A 引出向上的 2×1 角度线，从 B 引出向上的 1×2 角度线，两条线相交于一点，这是突破上攻行情的强阻力点位。个股在创新高的上涨行情中，当涨至此位置点时，会遇到较强的阻力，出现深幅回落的概率较大，在中短线操作中，投资者应减仓而非追涨。

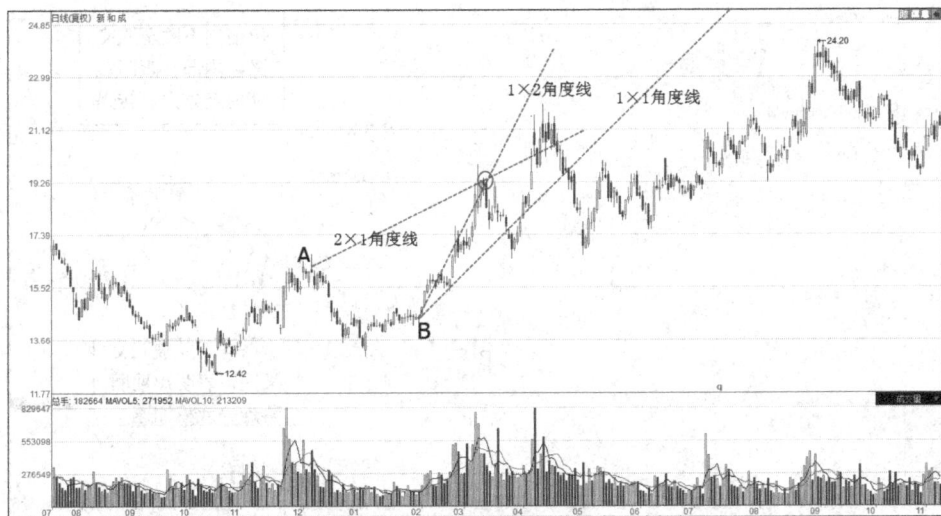

图 4-15 新和成 2018 年 7 月至 2019 年 11 月走势图

4.4.5 震荡反转中继的双交叉区

个股在低位区出现了长期震荡走势，随后突破上行，但这种突破是行情反转还是短暂反弹往往很判断。此时，我们可以借助于江恩角度线的上、下交叉区域方法，即从前期的顶部引出两条方向向下的角度线，使这两条线能够较好地"框定"股价向上突破后的波动区域；从底部引出两条方向向上的角度线，同样使这两条线能够"框定"这个波动区域。这个波动区域被称为双交叉区。

一般来说，若价格走势较强，能够向上突破这个双交叉区，多表明趋势反转上行的概率较大，后期仍有较大的上涨空间，可持股待涨；若股价向下跌破这个双交叉区，则表明当前只是短暂的反弹行情，股价再度跌回低位区的概率较大，不宜过早抄底入场。下面，我们结合一个实例加以说明。

图4-16为伟星股份2018年3月至2019年7月的走势图。如图中标注所示，这个双交叉区由向下的4×1角度线、3×1角度线与向上的2×1角度线、3×1角度线形成。当价格向下跌至此双交叉区内部时，则表明短期内空方力量转强，可以适当减仓；当价格继续下跌并最终跌破最下方的3×1角度线时，说明空方力量完全占据主动地位，短线回落走势或将加速的信号也预示了之前的上涨走势或为短暂反弹行情。

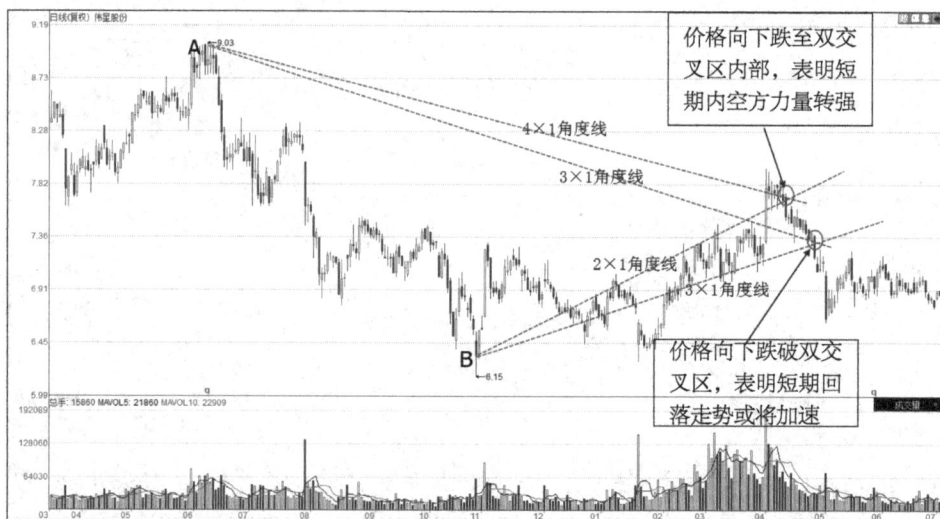

图4-16　伟星股份2018年3月至2019年7月走势图

4.4.6　横向宽幅震荡中的2、3交叉点

在横向的宽幅震荡走势中，趋势运行状态十分不明朗。我们可以借助于上、下两个方向的角度线交叉点与股价的位置关系来判断多空力量的变化，以及随

后的趋势选择方向。

一般来说，向下（或向上）的 2×1 角度线与 3×1 角度线的通用性较强，我们可以依据股价的波动特点引出 2×1 或 3×1 角度线，若价格无法站稳于交叉点上方，则表明空方力量转强，应注意规避短期下跌风险。当价格由震荡区低点反弹至交叉点附近时，将遇到阻力，出现回落的概率较大；当价格由震荡区高点回落至交叉点附近时，将遇到支撑，出现反弹的概率较大。

图 4-17 为大族激光 2017 年 6 月至 2018 年 12 月的走势图。依据个股的震荡走势的特点，可以从震荡高点 A 引出方向向下的 2×1 角度线与 3×1 角度线，从震荡低点 B 引出方向向上的 3×1 角度线。如图中标注所示，对于第 1 个交叉点，由于股价无法站稳于交叉点上方，则表明短期内空方力量逐渐转强，应注意规避股价继续下跌的风险；对于第 2 个交叉点，此时的个股已经历了一波反弹，这是一个阻力位，应注意规避短线反弹行情结束的风险。

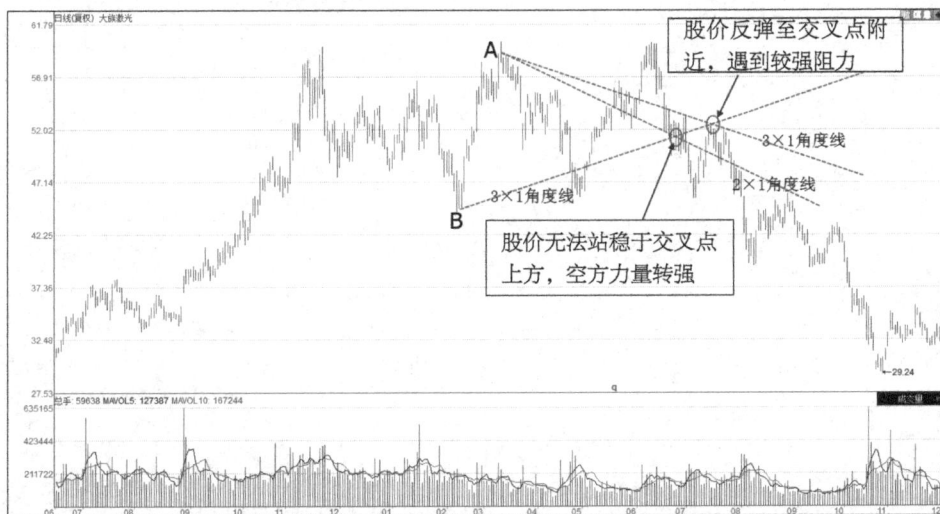

图 4-17　大族激光 2017 年 6 月至 2018 年 12 月走势图

图 4-18 为天奇股份 2017 年 7 月至 2018 年 7 月的走势图。对于个股的高位震荡走势，可以引出方向向下的 3×1 角度线与方向向上的 2×1 角度线，这两条线的交叉点是一个重要的点位。随后，当股价向下跌破此交叉点时，预示着震荡行情结束，趋势或将转向下行，这是一个中短期的风险提示信号。

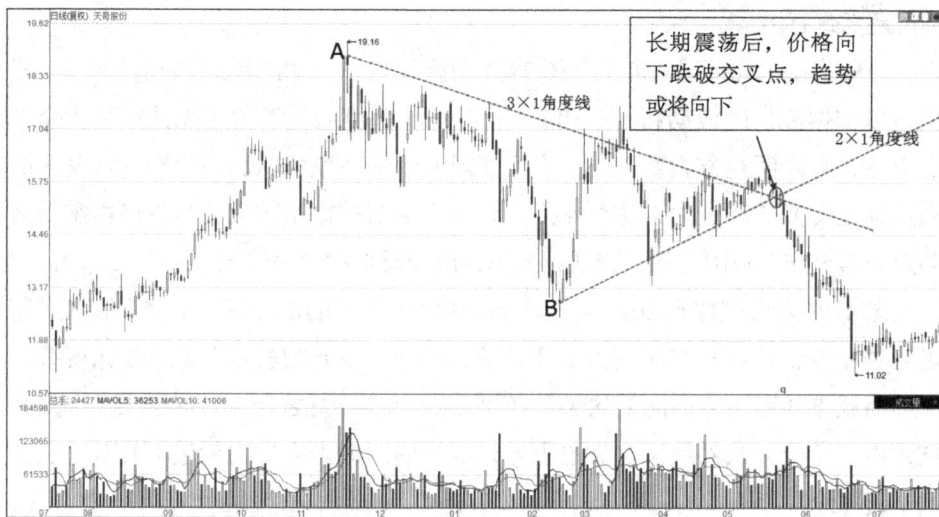

图 4-18　天奇股份 2017 年 7 月至 2018 年 7 月走势图

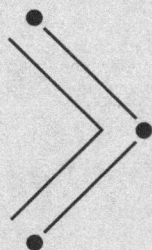

第 5 章

江恩波动法则——
量价共振

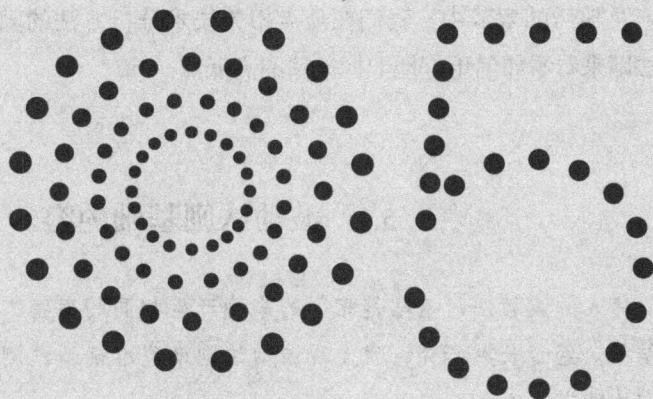

05

波动法则，它虽然不是江恩理论中惯用的几何方法论，但却可以说是最为重要的实战性法则之一。波动法则中，小力度的共振产生波段行情，大力度的共振扭转趋势，波动法则的内容较为简单，也很容易理解，但若要熟练运用，却需要丰富的技术分析知识和实战经验。运用好波动法则是一项综合技能。在本章及随后的章节中，我们在盘点相关技术分析方法的同时，将结合江恩的波动法则来看看如何更好地把握行情的高低点。

5.1   波动法则基础内容

伟大的波动法则基础是相同的事物产生相同的事物，相同的原因产生相同的结果。经过长期研究，我发现波动法则助我准确地预测股票及期货特定的时间中的特定价位。

——威廉·江恩

5.1.1   什么是共振现象

波动法则中，"共振"这个概念来源于物理学，它是指两个振动频率相同的物体，当其中一个物体发生振动时，引起另一个物体振动的现象。共振会使得物体以其最大振幅进行振动。

共振会引发事物的剧烈波动。有一些形象的小故事向我们展示了"共振"的巨大威力。例如，在第一次世界大战期间，当一队迈着整齐步伐的德国士兵通过一座桥梁时，由于步调一致而形成了共振，从而使得桥梁塌陷。但如果只从承重能力的角度来考虑桥梁的牢固性，那么它的承受力度远远大于这队德国士兵的重量。

共振会使得物体以其最大振幅进行振动。将共振的原理套用到股票市场中，当出现共振现象时，股票市场往往呈现为大起大落的非理性运动，如果仅借助于基本面分析方法，是很难解释这种巨幅波动现象的。

回顾股市的历史表现，我们常常可以发现这样的现象：一旦股市从低位开始启动并向上突破，其价格就如脱缰的野马一样奔腾向上；若股市从高位开始向下突破，股价又如决堤的江水一样一泻千里。其实，这正是共振现象在股票市场中的反映。

5.1.2　出现共振现象的情况

江恩认为，当市场的内在波动频率与市场的外来推动力量的频率为倍数关系时，市场便会出现共振现象，令市场产生向上或向下的巨大作用力，从而出现大幅波动。因此，投资者在参与股票市场的交易时，一定要关注可以导致股市出现共振现象的情况。

对于股票市场中的共振现象，江恩总结出了以下几种情况。

（1）当长期投资者、中期投资者、短期投资者在相同的时间段进行买卖，且交易方向一致时，将产生向上或向下的共振。若体现到股票价格走势上，可以理解为中长期与短期的买（卖）点同时出现时，产生向上（下）共振。

（2）当时长不同的多个时间周期交汇到同一个时间点且方向相同时，将产生向上或向下共振。这是从时间周期的角度来把握共振。

（3）当 K 线、均线、成交量等多种技术形态都发出同方向的买入或卖出信号时，将引发技术性的共振。这是从纯粹的技术分析角度来把握共振。

（4）当宏观经济运行、金融利率政策、产业结构政策、企业经营状况等多种基本面因素趋向一致时，将对股市整体产生向上或向下的共振。这是从市场基本面的角度来把握整个股票市场可能出现的共振。

（5）当上市公司的盈利前景、当前业绩、重大投资者事项等多种与个股相关的基本面因素趋向一致时，将对个股产生向上或向下的共振。这是从个股基本面的角度来把握共振。

（6）当基本面因素和技术面因素趋向一致时，将产生极大的共振。这是将基本面分析与技术面分析相结合来把握共振。

共振现象既关注基本面要素，也关注技术面要素。一般来说，在某一时间、某一点位上推动个股上涨的因素越多，则共振力度越强，反之，则较弱；如果上涨因素与下跌因素相对均衡，则无法形成共振。

5.2 "价"与"量"的解读方法

"价、量、时、空"是技术分析的四大要素。"时""空"是指时间与空间，它们是任何分析方法存在的先决条件，由此可见"价""量"在技术分析中的重要作用。价与量分别对应股价与成交量，它们以 K 线形态和量能形态呈现，投资者可以透过它们的形态特征来解读市场多空力量的变化情况，进而决定买卖操作。

在江恩的共振现象中，K 线形态与量能形态之间的共振是最为重要、最为常用的一种共振形式。在本节及随后的各节中，我们将在讲解经典 K 线组合形态与量能形态的基础上，结合江恩的共振现象来看看如何更好地把握低买高卖的时机。

5.2.1 单根 K 线多空信息

"实体"与"影线"是单根 K 线多空情况的表现方式，其中的"实体"的长度反映了多空双方交锋的结果，而"影线"的长度则反映了多空双方的交锋过程。对于多空交锋，投资者既要注重结果，也要注重过程。

一般来说，实体越长，则表明某一方（多方或空方）所取得的胜果越大；影线越长，则表明多空双方的交锋越激烈。通过结合价格运动的整体形态和局部形态，并利用实体与影线的具体表现方式，我们就可以更好地把握多空双方的动态变化了。

单根 K 线只有在有明显的实体或影线时，才具有较为典型的多空含义，特别是当影线较长时，其多空含义往往十分鲜明。例如，长长的下影线既代表空方于盘中的出货力度较强，也表明多方的承接力度较强，至于多空力量对比格局如何转变，则要结合价格走势的特点来具体分析。当价格走势处于明显的短期高点时，这往往是空方抛压突然增强的信号；当价格走势处于明显的短期低点时，这往往是多方入场力度明显增强的信号。此外，我们还要结合当日是收于阳线还是阴线，以分析多空力量的转变情况。

5.2.2　两根 K 线多空信息

两根 K 线的多空信息要比单根 K 线复杂一些，除了考虑每根 K 线的实体与影线情况，还要考虑它们之间的位置关系，而位置关系则是核心要素。

多根 K 线的多空信息是建立于两根 K 线之间的位置关系的基础之上的，所以下面我们先来看看如何解读两根 K 线的多空信息。

要判断两根 K 线之间的位置关系，首先要了解单根 K 线的多空区域，如图 5-1 所示。从区域 1 到区域 5 可以看作是多方力量逐渐减弱、空方力量逐渐增强的过程。当后面一根 K 线更多地位于多方力量较强的区域（区域 1 或区域 2）时，则两根 K 线体现了多方力量较强；反之，则代表空方力量较强。

图 5-1　单根 K 线多空区域示意图

图 5-2 展示了典型的多方力量（图中左侧）及空方力量（图中右侧）占优双日组合形态。在典型的多方占优组合中，两根 K 线均收于阳线，且第 2 根 K 线位于区域 1、2 这两个多方力量较强的区域；在典型的空方占优组合中，两根 K 线均收于阴线，且第 2 根 K 线位于区域 4、5 这两个空方力量较强的区域。了解

两根 K 线多空信息，有助于我们进一步学习 3 根及 3 根以上的 K 线组合形态并理解其多空含义。

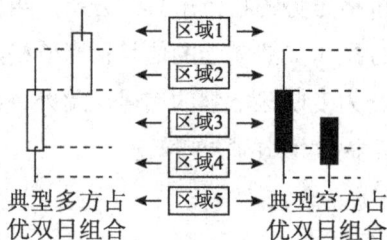

图 5-2　典型多方力量、空方力量占优双日组合

5.2.3　成交量多空信息

成交量蕴含了丰富的市场信息，但成交量不是单独的盘面信息，只有将其与价格走势（即 K 线形态）结合起来，才能反映市场多空力量的变化情况。我们可以从以下几种成交量所蕴含的市场含义着手，来加深对于量能的理解。

1. 成交量直接反映了多空双方的交锋力度

成交量的大小直接反映了多空双方的交锋力度。较高的成交量说明多空双方交锋较为激烈，如果在典型的价格位置区，这就是多空分歧加剧的信号，往往预示了价格走势的转折；较低的成交量说明多空双方交锋趋于平淡，在升势或跌势较为明朗的情形下，这是趋势延续的信号，多空双方暂时没有改变趋势运行方向的能量。

2. 成交量是上涨动能的体现

量价分析的实质就是动力与方向分析：成交量是动力，价格走势是方向。成交量的放大或缩小是动力增减的一种表现方式。依据成交量的变化方式，再结合原有的趋势特征，我们可以知道价格走势不过是成交量变化的一种延续罢了。特别是在上涨走势中，价位上升总是伴随着成交量的放大，这是量价分析的一般性原理；而在股价回调时，则会伴随着成交量的缩小。

3. 成交量是股价走势的先兆

股市有"量在价先"的熟语，它指出了量能的变化常常先于价格走势的变化。透过成交量的变化，我们有机会预测个股的未来走势，这也是成交量在技术分析中占据核心地位的重要原因。成交量之所以可以提前反映个股的未来走势，是因为不同的成交量形态往往蕴含着不同的多空信息。通过这些形态，我们可以预知市场多空力量的转变、主力行为的变化等重要信息，进而做出买卖决策，走在市场前面。

4. 成交量可以反映主力行为

主力，全称为主力资金，拥有着较为强大的资金实力、较为敏锐的市场嗅觉。有主力资金参与的板块，其个股的涨幅、涨势一般会较强。准确地解读主力的市场行为是股市分析的重点内容。无论是短线主力还是中长线主力，他们在进出个股时由于资金力度较大，其买卖行为必然与普通投资者有所不同。主力不同的市场行为往往会通过成交量的变化体现出来。

在结合趋势运行、题材转变和市场强弱的基础上，我们可以通过个股量能的变化来分析个股是否有主力参与，主力的参与力度如何等。了解了这些信息，在交易个股时，有助于我们进一步提升成功率。

5.2.4　量与价共振分析法

以江恩的共振现象为依托，将技术分析领域中经典的两种形态——K线形态与成交量形态相结合来进行分析，既能够进一步提升成功率，也能够更好地把握大波段行情，而不是三五个交易日的小波段。股票市场的利润更多地来自大波段，而两种技术形态形成的共振点可以为我们提供更好的买卖时机，进而帮助我们提升利润率。

那么，什么是量与价共振分析法呢？简单来说，就是将预示股价涨跌的K线组合形态与成交量形态相结合，当两者同时发出上涨信号时，它们将形成底共振，预示着一波强势的上升行情或将展开，是买入机会的提示；当两者同时发出下跌信号时，它们将形成顶共振，预示着一波强势的下跌行情或将展开，是卖出机会的提示。

5.3　常见的 K 线共振信号

量价共振信号由K线信号和成交量信号组成，作为量与价共振分析法的第一步，在本节中，我们先来了解一下常见的K线信号，这些K线信号常常出现在价格走势的反转点，蕴含了相对明确的多空含义，能够较准确地预示股价的中短期反转。

5.3.1 上影阴线

上影阴线是指上影线较长的单根阴线形态。上影阴线蕴含了多方在盘中上攻遇阻、空方抛压极强的市场含义。上影线越长则形态越鲜明，其多空含义越明确。上影阴线出现在短线高点或盘整后的向上突破点位，是空方力量占据主导地位的标志，多预示着短期内或有深幅回落走势出现。

图 5-3 为浙江广厦 2019 年 1 月至 5 月的走势图。个股在上升途中出现了持续时间较长的横向震荡走势，股价重心缓慢上移。随后，个股开始向上突破，但突破当日却收于长长的上影阴线，这是突破遇阻、突破点抛压极重的信号。上影阴线是短线深幅回落走势或将出现的信号，此时宜卖出而非追涨买入。

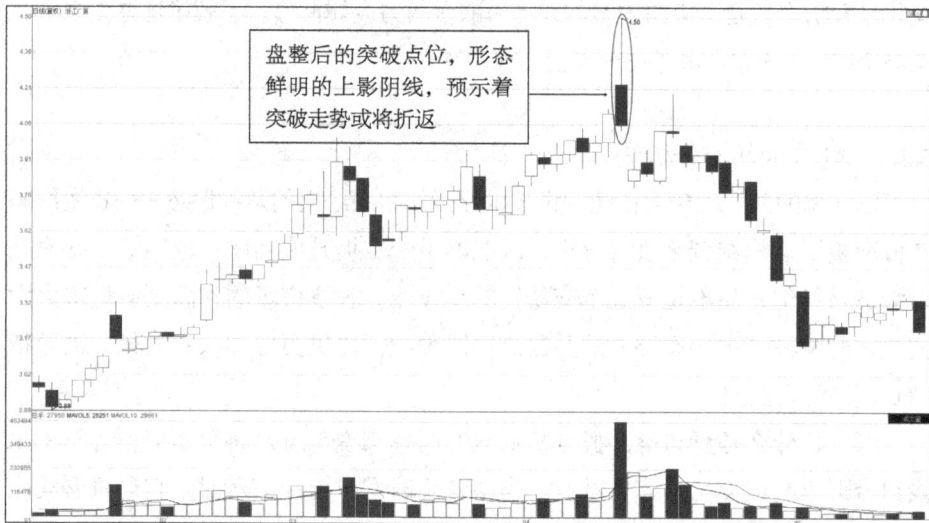

图 5-3 浙江广厦 2019 年 1 月至 5 月走势图

5.3.2 上影阳线

上影阳线主要是指上影线较长，且带有明显实体的单根阳线形态。它出现的位置点不同，则多空含义也不相同。一般来说，出现在低位上升走势中的上影阳线是多方发起上攻的信号；虽然短线遇阻，但多方力量依旧相对占优，价格后续有进一步上涨的空间。但是，如果上影阳线出现在中短期涨幅较大的位置点，则此上影阳线更多地彰显了空方逢高抛售力度较强，是短线深幅回落的信号，特别是在上影线较长的情况下，个股短期的回落幅度往往更大。

图 5-4 为北方华创 2019 年 7 月至 10 月的走势图。个股在短线大涨的高点出现了形态鲜明的上影阳线，这是多空力量对比格局突然转变的信号，也预示了随后的深幅回落走势，是逢高卖出的信号。

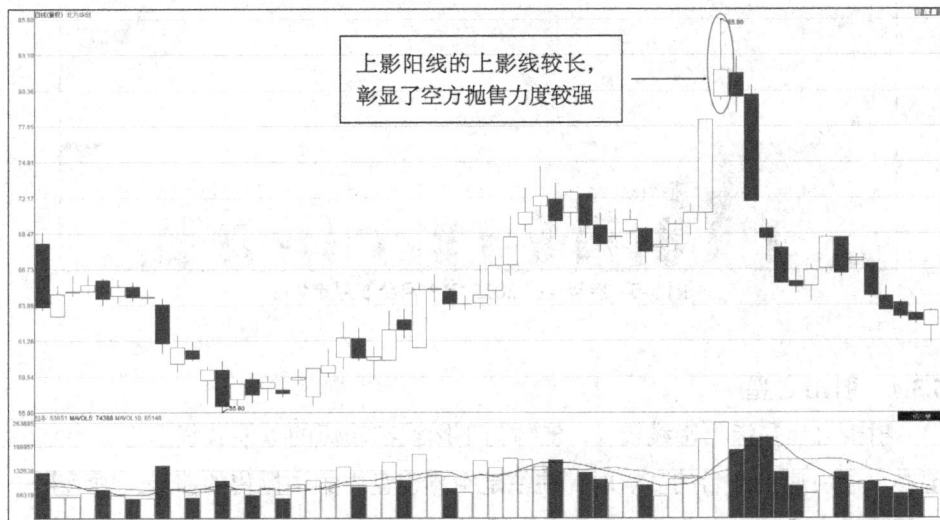

图 5-4 北方华创 2019 年 7 月至 10 月走势图

5.3.3 穿头破脚

穿头破脚也被称为贯穿线，是指带有明显实体，且有一定长度上、下影线的单日 K 线形态，当日可为阳线，也可为阴线。

贯穿线蕴含了两层信息：一是多空双方交锋较为激烈，股价波动幅度较大；二是多方或空方取得了一定的胜果。一般来说，阳线型的贯穿线出现在低点（或高点）时，是价格走势转折的信号。

图 5-5 为佛塑科技 2019 年 1 月至 5 月的走势图。在长期震荡且缓慢上升的走势后，个股收于长阳线，使得价格走势呈突破状。但在突破当日出现了较为鲜明的穿头破脚形态，这说明多空交锋较为激烈，多方力量并未占据主导地位，突破行情持续运行的概率较低，投资者应注意规避突破行情折返的风险。

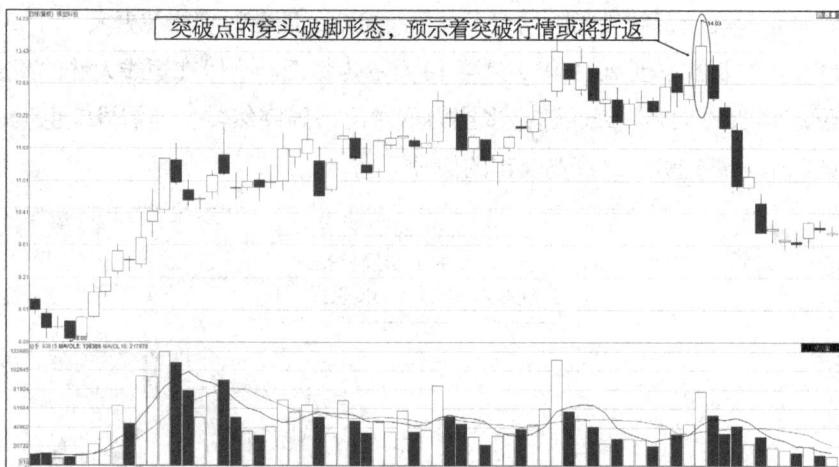

图 5-5　佛塑科技 2019 年 1 月至 5 月走势图

5.3.4　射击之星

射击之星是指上影线较长，实体与下影线都较短的单根 K 线形态。当它出现在一波快速上涨后的高点时，往往是空方于盘中集中抛售的信号，预示着一波下跌回调走势即将出现。

图 5-6 为圣邦股份 2019 年 7 月至 10 月的走势图。个股在一波上涨后的高点出现了鲜明的射击之星形态，这是多方短期内上攻遇阻的信号，提示股价或将出现回落，投资者应注意减仓以规避风险。

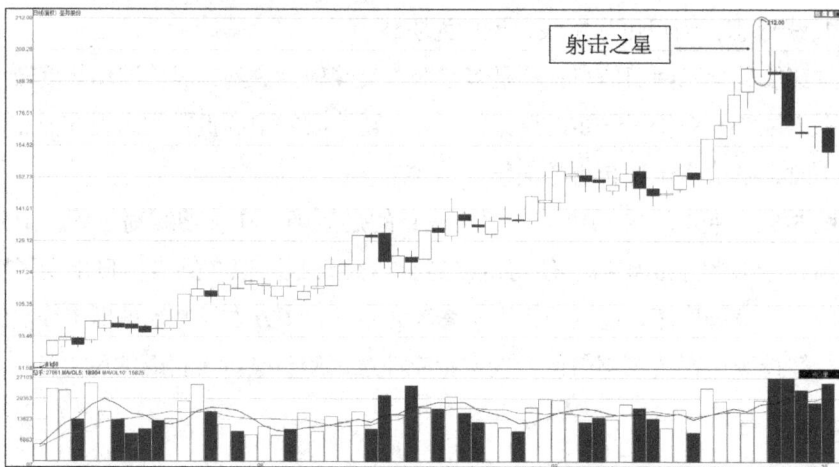

图 5-6　圣邦股份 2019 年 7 月至 10 月走势图

与射击之星正好完全相反的是单针探底，它是指下影线较长，实体与上影线都较短的单根 K 线形态。当它出现在一波快速下跌后的低点时，往往是多方大力入场的信号，预示着一波强势反弹行情或将出现。

5.3.5 孕线

孕线是一种前长后短的双日 K 线组合形态（也可为一长多短的多根 K 线组合），前面一根 K 线的实体较长，后面一根 K 线的实体较短，且位于前面 K 线实体的价格区间之内。从形态来看，后面的短 K 线犹如"孕"于前面的长 K 线之内，故被称为孕线。

前面为长阴线，后面为短阳线的组合为阳孕线，常出现在短期下跌后的低点，标志着多方力量将转强，是短线上涨信号；前面为长阳线，后面为短阴线的组合为阴孕线，常出现在短期上涨后的高点，标志着空方力量将转强，是短线下跌信号。

图 5-7 为丽岛新材 2018 年 12 月至 2019 年 3 月的走势图。在一波快速下跌后的低点，个股出现了"长阴线 + 短阳线"的阳孕线组合，这是多方力量开始转强的信号，也预示着价格走势随后或将出现反弹。

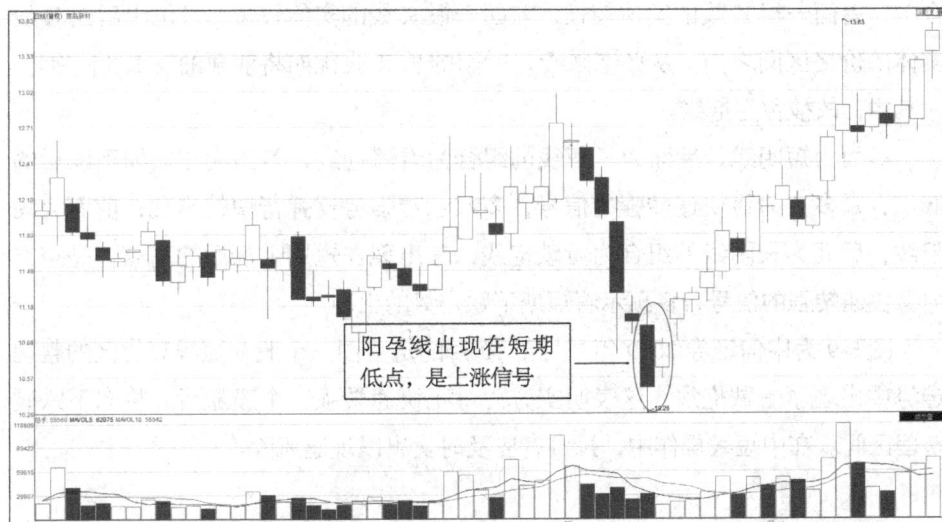

图 5-7 丽岛新材 2018 年 12 月至 2019 年 3 月走势图

图 5-8 为睿能科技 2019 年 5 月至 8 月的走势图。在一波震荡反弹走势中，个股出现了阴孕线组合，这是空方力量转强的标志，投资者应注意规避短线回落的风险。

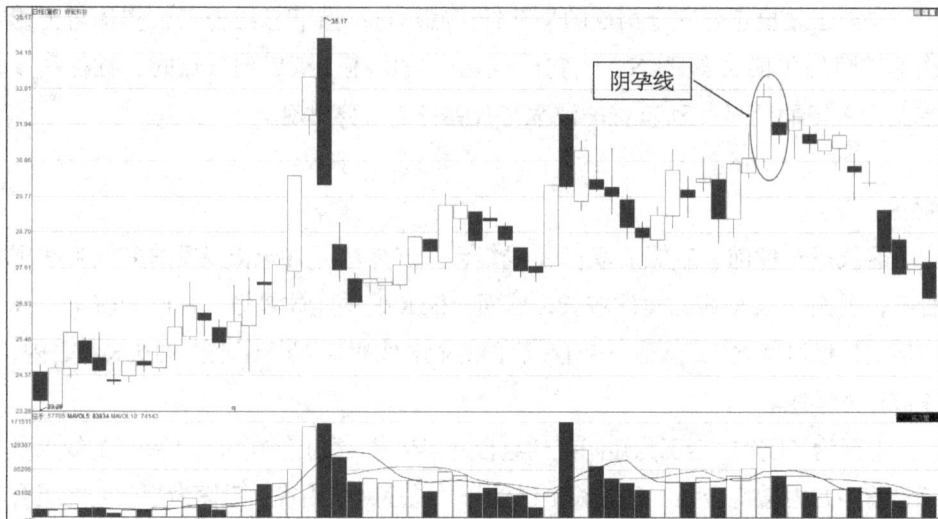

图 5-8　睿能科技 2019 年 5 月至 8 月走势图

5.3.6　抱线

抱线是一种前短后长的双日 K 线组合形态（也可为多短一长的多根 K 线组合），后面一根 K 线的实体较长，前面一根 K 线的实体较短，且位于后面 K 线实体的价格区间之内。从形态来看，后面的长 K 线犹如将前面的短 K 线"抱"入其中，故被称为抱线。

前面为短阴线，后面为长阳线的组合为看涨抱线，常出现在短期下跌后的低点，是多方力量快速转强的信号，多预示着强势反弹行情的出现；前面为短阳线，后面为长阴线的组合为看跌抱线，常出现在短期上涨后的高点，是空方力量快速转强的信号，多预示着短期下跌走势的出现。

图 5-9 为中信证券 2019 年 7 月至 10 月的走势图。个股在短线高位区的整理走势中出现了看跌抱线，这表明空方力量正快速转强，个股随后或将向下跌破整理区间。在中短线操作中，投资者应及时卖出以规避风险。

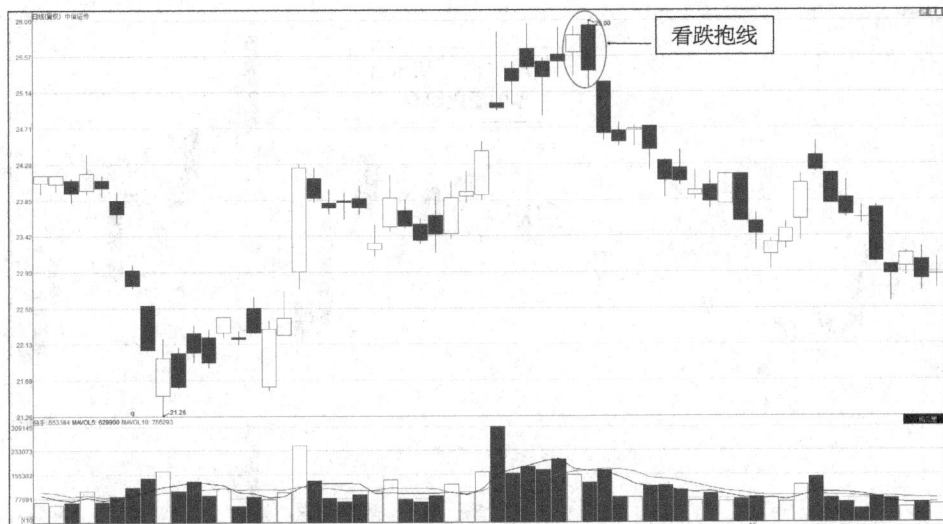

图 5-9　中信证券 2019 年 7 月至 10 月走势图

5.3.7　切入线

切入线是一种双日 K 线组合形态。出现在短期高点的切入线由阳线和高开低走型阴线组合而成，后面阴线的收盘价位于前面阳线的实体内部，是阴线向下切入型的看跌组合；出现在短期低点的切入线由阴线和低开高走型阳线组合而成，后面阳线的收盘价位于前面阴线的实体内部，是阳线向上切入型的看涨组合。

切入线的出现，表明短期内的多空力量对比格局有望出现转变。阴线向下切入型的看跌组合的出现，是多方力量释放过度，空方抛压于当日不断增强的信号，也预示了短线的回落走势；阳线向上切入型的看涨组合的出现，是空方力量释放过度，多方承接盘于当日不断入场的信号，也预示了短线的反弹行情。

图 5-10 为中农立华 2019 年 8 月至 10 月的走势图。个股在突破盘整区时，出现了形态鲜明的阴线向下切入型的看跌组合，这种组合也常被称作"乌云盖顶"，体现了多方力量释放过度、空方抛压快速增强，预示着突破走势或将折返，此时应注意规避短线回落的风险。

图 5-11 为吉华集团 2018 年 8 月至 11 月的走势图。个股在一波短线深幅下跌后的低点出现了阳线向上切入型的看涨组合，这是市场在短期内进入超卖状态后已有买盘入场的信号，预示着反弹行情或将展开。

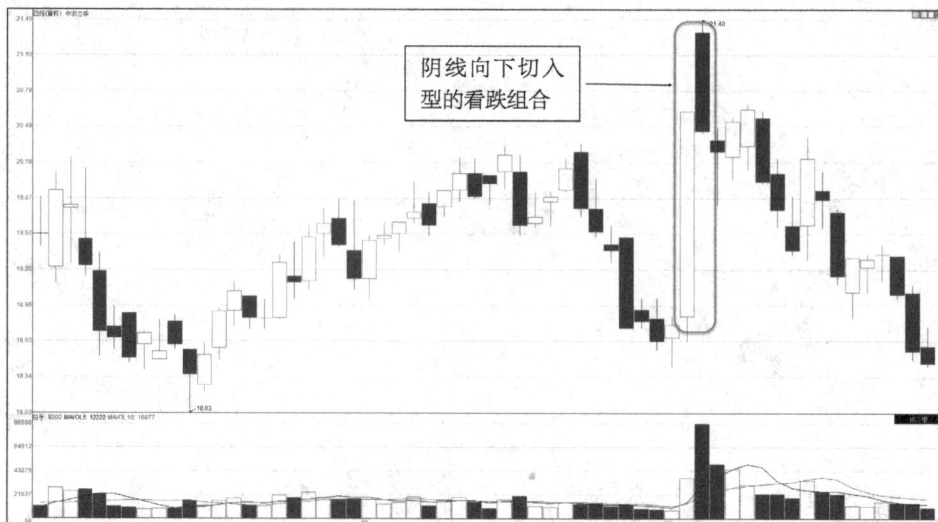

图 5-10　中农立华 2019 年 8 月至 10 月走势图

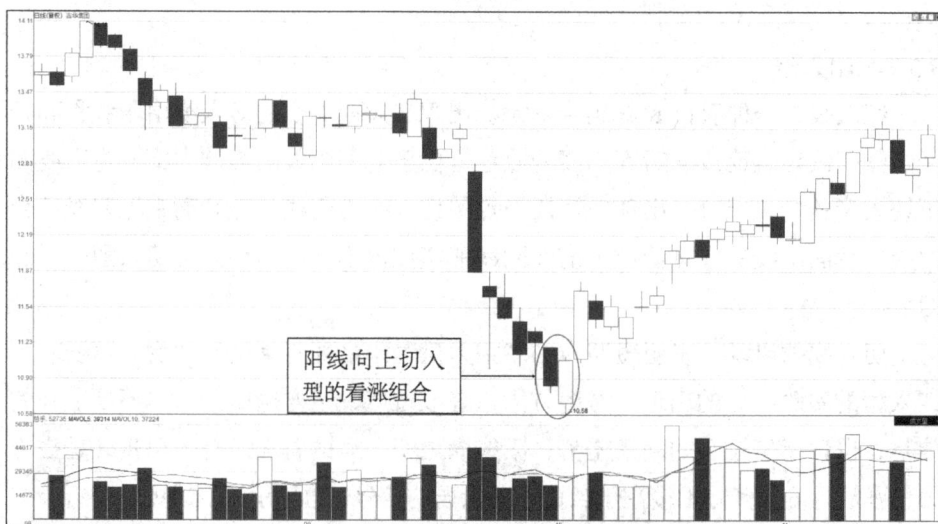

图 5-11　吉华集团 2018 年 8 月至 11 月走势图

5.3.8　错位线

错位线可以分为向下错位型与向上错位型。向下错位型组合是前阳后阴的双日 K 线组合，后面阴线低开低走，且收盘价低于前面阳线的开盘价，呈向下破位状态。向下错位型组合常出现在短期大涨后的高点，是空方力量突然转强的信号之一，多预示着一波快速下跌走势将出现，是卖出信号。

图 5-12 为三安光电 2019 年 7 月至 10 月的走势图。个股在短期大涨后的高点出现了向下错位型组合，前一根阳线代表着多方力量较强；然而，次日出现的低开低走型阴线则标志着市场抛压突然增强，空方力量占据了上风，是一波快速下跌走势或将出现的信号，此时宜卖出以规避价格深幅回落的风险。

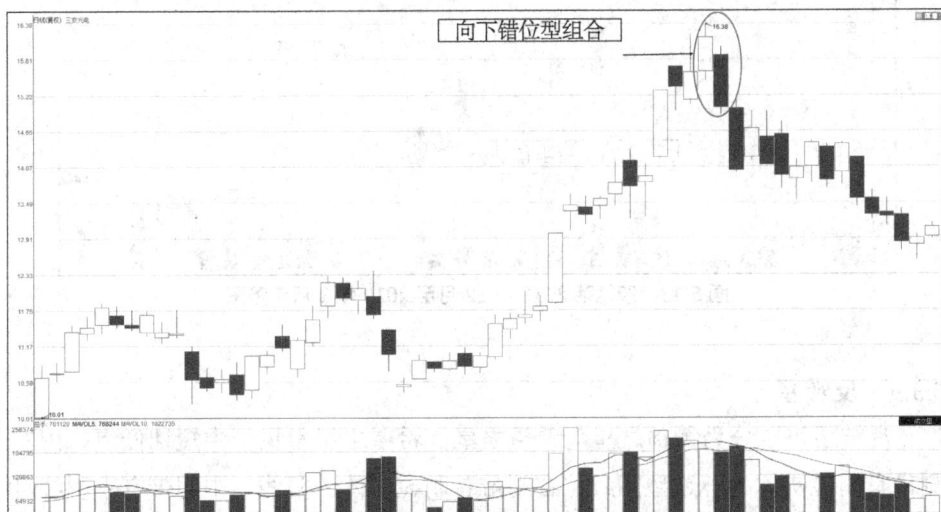

图 5-12 三安光电 2019 年 7 月至 10 月走势图

向上错位型组合是前阴后阳的双日 K 线组合，后面阳线高开高走，且收盘价高于前面阴线的开盘价，呈向上突破状态。向上错位型组合常出现在短期大跌后的低点，是买盘资金突然大力入场的信号之一，多预示着一波快速上涨走势将出现，是买入信号。

图 5-13 为康德莱 2018 年 12 月至 2019 年 3 月的走势图。个股在短期低点出现了向上错位型组合，这是多方力量突然转强的信号，预示着上涨走势或将展开，投资者可买股入场。

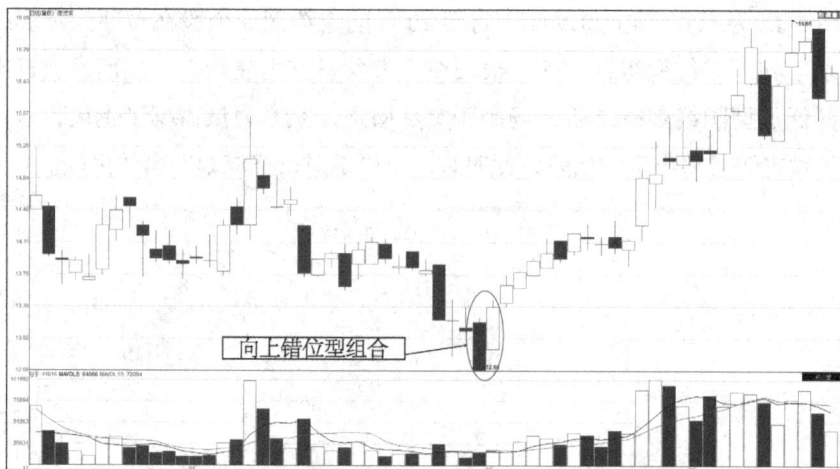

图 5-13　康德莱 2018 年 12 月至 2019 年 3 月走势图

5.3.9　反转星

反转星可以分为黄昏之星与希望之星。希望之星常见于中短期低点，由左侧带有明显实体的下跌型阴线，右侧带有明显实体的阳线，中间带有下影线且实体较短的一根或多根 K 线 3 部分组成，是空方抛压转弱而买盘承接力转强的信号，预示着上涨走势即将展开。

图 5-14 为国泰集团 2019 年 2 月至 6 月的走势图。个股在中短期的低位区间持续地横向整理，期间出现了希望之星的形态，这是多空力量对比格局开始转变的标志，预示着个股难以破位下行，反弹行情或将出现，是买入信号。

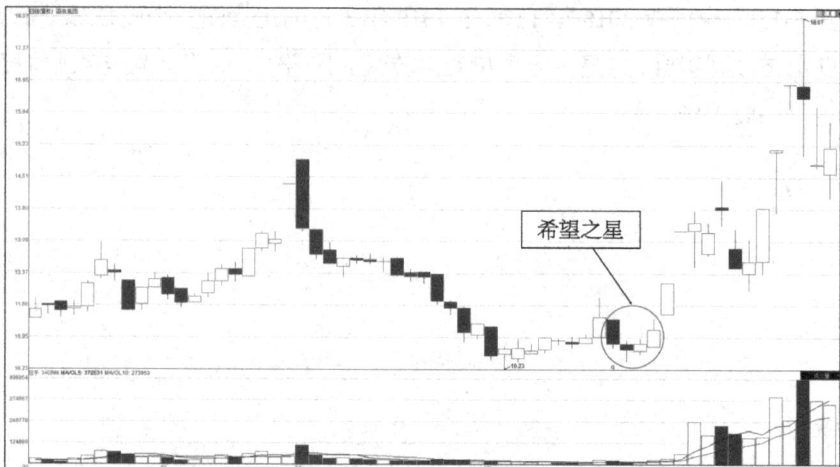

图 5-14　国泰集团 2019 年 2 月至 6 月走势图

黄昏之星常见于中短期高点，由左侧带有明显实体的上涨型阳线，右侧带有明显实体的阴线，中间带有上影线且实体较短的一根或多根 K 线 3 部分组成，是多方上攻遇阻而空方力量转强的信号，预示着下跌走势即将展开。

图 5-15 为分众传媒 2019 年 7 月至 9 月走势图，此股在持续上涨后的高点出现了黄昏之星的组合形态，它预示了股价中短期内会反转向下，是一个看跌信号。

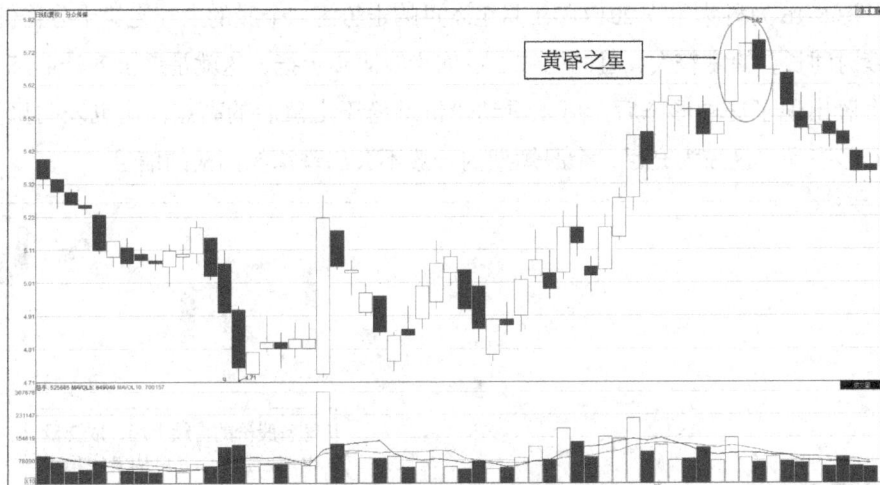

图 5-15　分众传媒 2019 年 7 月至 9 月走势图

5.4　常见的量价共振信号

单独的成交量放大或缩小的现象并不具有明确的市场含义，但是，在结合价格波动的基础上，成交量的缩放就可以很好地反映市场多空力量的变化，而且成交量的变化往往先于股价波动，这就是我们常说的"量在价先"。量在价先的原理虽然简单易懂，但是还是需要投资者掌握丰富的量价形态知识。在本节中，我们以较为经典的量价配合形态为指引，为随后结合江恩理论进一步阐述量价共振信号打下基础。

5.4.1　趋势量能之量价齐升

量价齐升是指随着价格的持续上扬，成交量也呈同步放大的状态，即价格的上扬与量能的放大存在着同步、正向的关系。

量价齐升形态体现了价格的持续上扬有不断放大的量能作为支撑，这是多方力量强劲、后续买盘充足的信号。一般来说，若个股累积涨幅不大，且大盘整体氛围较好，则个股的这种量价齐升形态可以作为其能够跑赢大市、升势将持续的标志。

图5-16为科华生物2019年1月至4月的走势图。个股的上升走势十分稳健，持续时间长，幅度较大，且同期的5日均量线同步上扬，这就是量价齐升形态。在个股出现了这种形态后，可以看到股价站稳于上涨后的高点，这也表明量价齐升形态是买盘较为充足，个股短期内一般不会出现深幅回落的信号。

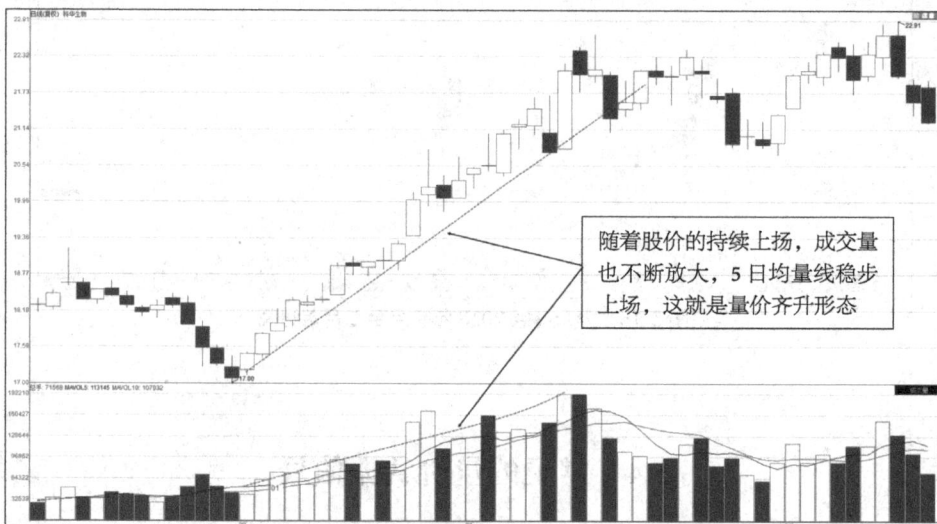

随着股价的持续上扬，成交量也不断放大，5日均量线稳步上场，这就是量价齐升形态

图5-16　科华生物2019年1月至4月走势图

但是，由于同期的市场环境较强，个股虽然有着良好的量价齐升形态，但在高位盘整后并没有再步入升势，而是随大盘走跌。通过图5-16也可以看出，个股的量价形态虽然标志着升势的持续，但也要有市场的配合才能形成量价共振，进而延续升势。

5.4.2　趋势量能之量价背离

量价背离多出现在大幅上涨后的高位区，是升势即将反转的信号。这种量价形态是指在一波上涨走势中，股价虽然创出了新高，但这一波上涨时的成交量均量却明显小于前一波上涨，即成交量没有随着股价的上涨而同步放大。

量价背离形态的出现是买盘入场力度明显减弱的信号，若此时个股的累积涨幅较大，则表明上涨动力不足，趋势反转下行的概率较大。

图 5-17 为凯恩股份 2016 年 10 月至 2017 年 4 月的走势图。个股在一波上涨走势中成交量相对缩小，这是后续买盘入场力度严重不足的标志，且此时的个股累积涨幅较大，量价背离形态的出现预示了升势或将见顶。在实盘操作中，投资者宜逢高减仓，锁定利润。

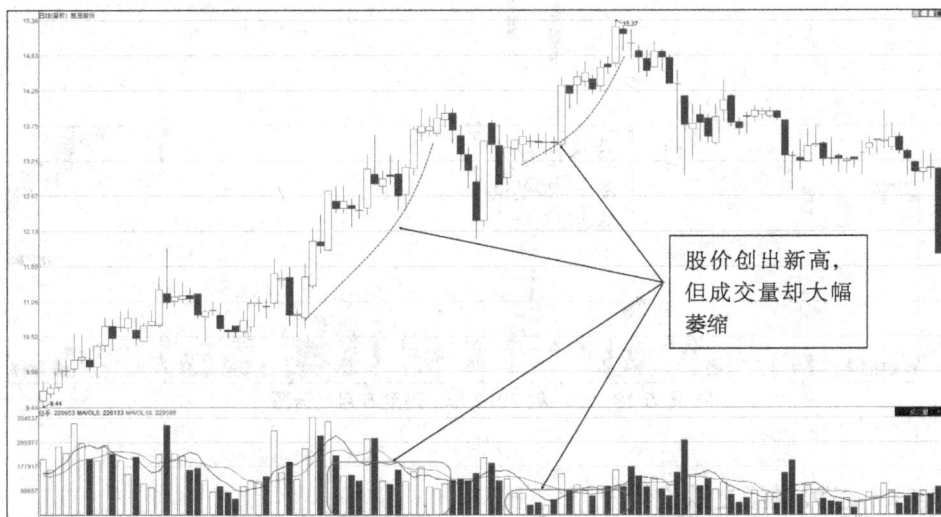

> 股价创出新高，但成交量却大幅萎缩

图 5-17　凯恩股份 2016 年 10 月至 2017 年 4 月走势图

5.4.3　趋势量能之顶部放（缩）量

顶部区是升势终结的地方，多方力量已经不再占据主导地位，此时的多空双方交锋或激烈，或平淡。激烈的交锋会导致量能放大，但由于抛压较重、买盘力度不够，股价难以实现有效突破，这对应着顶部区放量震荡、升势被打破的形态特征，该形态持续时间往往较短。

平淡的交锋多源于同期较好的市场环境，以及大多数投资者仍看涨后市。虽然如此，但由于推动性买盘力度较弱，股价无法继续上涨，这对应着缩量滞涨的形态特征，该形态持续时间往往较长。

图 5-18 为七匹狼 2019 年 1 月至 5 月的走势图。个股在高位区持续地横向震荡，从形态特征来看，其震荡走势并无特别之处，上升走势虽然较弱，但整体升势形态并未被打破。但是，同期的成交量却呈相对放大状态，这表明此震荡

区间的多空交锋力度较大、多空分歧加剧，结合个股前期的持续上涨走势来看，这个震荡区间有成为顶部区的可能。在实盘操作中，投资者宜逢震荡反弹之机卖出离场，规避趋势见顶的风险。

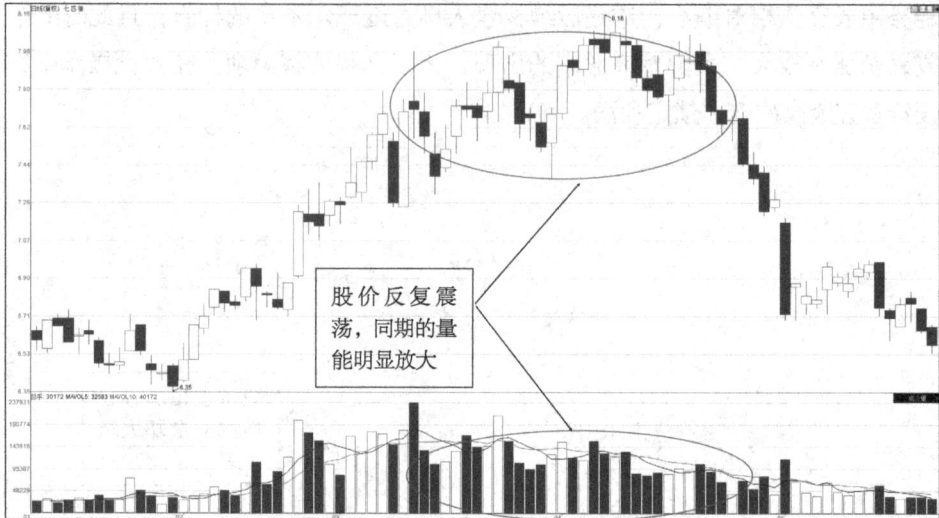

股价反复震荡，同期的量能明显放大

图 5-18　七匹狼 2019 年 1 月至 5 月走势图

5.4.4　趋势量能之跌途缩量

上涨趋势能够持续推进源于买盘的加速入场，这体现为量价齐升形态。下跌趋势则正好相反，它不是因为卖盘的加速离场，而是因为买盘的入场力度极弱。此时，少量的卖盘就可以轻易使股价降低，体现在量能上就是下跌途中的整体式缩量。

一般来说，只要这种整体式缩量形态出现明显变化，且股价累积跌幅不够深，则跌势就难以见底。在实盘操作中，投资者不可过早抄底入场，特别是那些没有业绩支撑的个股，其累积跌幅往往极深、事先很难预料。

图 5-19 为亿帆医药 2018 年 1 月至 10 月的走势图。个股在高位区持续震荡之后开始破位下行并步入跌途，在整个下跌过程中，成交量始终保持着相对缩量的状态，这种持续性的缩量下跌形态正是跌势持续推进的标志。在实盘操作中，投资者不可盲目抄底入场。

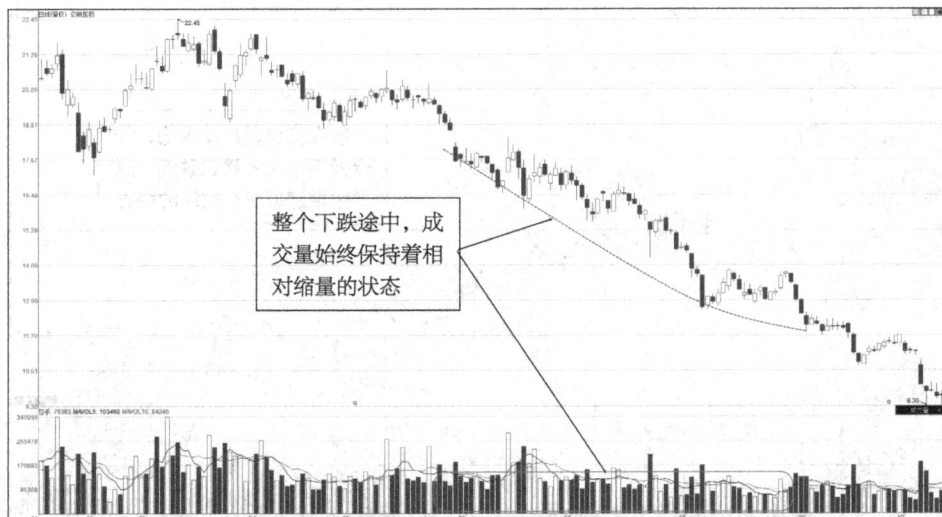

整个下跌途中，成
交量始终保持着相
对缩量的状态

图 5-19　亿帆医药 2018 年 1 月至 10 月走势图

5.4.5　趋势量能之底部放量

对于下跌趋势的结束，底部区是一个重要的位置点，此时个股的累积跌幅
巨大，且处于明显的低估状态，但这并不是我们买入的理由，因为若跌势没有
结束，则低迷的市场交投、恐慌的市场氛围仍会进一步推动价格向下。从技术
面来看，底部区应是吸引买盘持续入场，多空力量对比格局发生转变的区域，
体现在盘面形态上就是：相对温和且持续时间较长的放量，价格止跌企稳，以
及打破原有下跌形态。

图 5-20 为联创电子 2018 年 2 月至 2019 年 2 月的走势图。个股在长期下跌之后，
于低位区出现了放量企稳走势，这是典型的底部放量形态。虽然量能放大的效
果不是十分明显，但却具有很强的持续性，且股价走势完全打破了原有的下跌
形态。通过量价变化，可以预计中期底部正在构筑，在实盘操作中，投资者可
以在震荡走势中逢低买入布局。

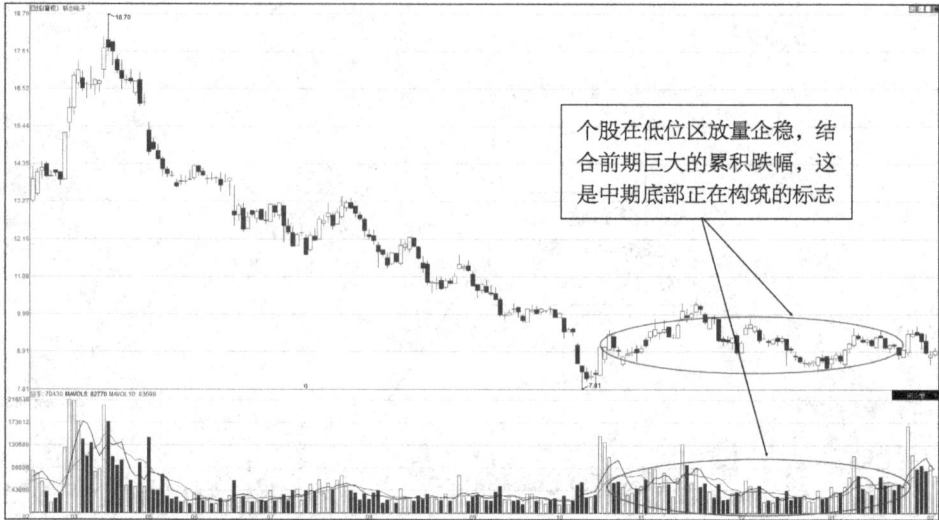

图 5-20　联创电子 2018 年 2 月至 2019 年 2 月走势图

5.4.6　波段量能之脉冲式放量

脉冲式放量也被称为间歇式放量、凸量这是一种十分常见、实用性极高的放量形态。其形态特征是：个股在量能大小相对平稳的情况下，于某个交易日（或连续两个交易日）突然大幅度放量，放量水平一般为之前均量水平的 3 倍以上；在随后的交易日，量能大小又突然恢复如初。量能的放大与缩小没有一个循序渐进的变化过程，从形态上来看，如同脉冲信号的跳跃一般，故称之为脉冲式放量。

对于脉冲式放量来说，若个股当日收于阴线，则它的市场含义很简单，就是卖盘突然大量涌出，而随后的突然性缩量可以理解为被套盘惜售、不忍离场所致。如果个股中短期的下跌幅度不大，则随着卖盘的进一步涌出，价格将再度下行。若个股当日收于阳线，则较难判断，因为此时的个股多处于短线上涨走势中或是盘整后的突破点位。

但是，从出现过脉冲式放量上涨形态的个股来看，这种量价形态多对应短期的见顶，因为脉冲式放量上涨形态蕴含了两方面的市场信息：一是当日的放量效果过于鲜明，这极大地消耗了短期内的多方力量，使市场短期内处于超卖状态；二是随后量能突然缩小表明后续买盘无力跟进，而上涨需要充足的买盘来推动。短期高点又是获利抛压较重的点位，因此，个股随后出现深幅回落走势的概率大增。上涨当日的脉冲式放量效果越鲜明（即当日放量幅度越大），则随后的回落幅度往往越深，在短线操作中应注意规避风险。

　　图 5-21 为佛塑科技 2019 年 1 月至 5 月的走势图。个股在长期盘整之后开始向上突破，K 线突破形态良好，但突破日的量能却呈脉冲式放大的形态，量能的放大效果具有跳跃性，不具有连续性，这使突破行情难以持续，价格走势出现反转、再度跌回盘整区的概率大增。在实盘操作中，投资者不宜追涨入场。

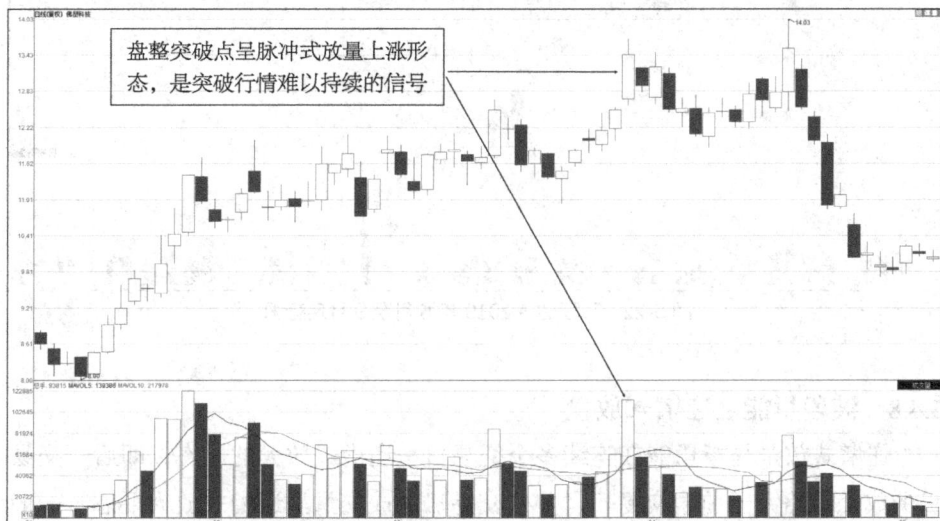

图 5-21　佛塑科技 2019 年 1 月至 5 月走势图

5.4.7　波段量能之间隔式放量

　　间隔式放量可以看作是脉冲式放量的一种变形，出现在上涨波段的间隔式放量更具有实战性。它是指在一波上涨走势中，多次出现脉冲式放量形态，从而使得量能的放大效果具有鲜明的"间隔性"。

　　间隔式放量多出现于低位反转走势中。由于行情刚刚反转，买盘入场力度不足，但个股受题材驱动或由大盘上涨带动，从而使得多空交锋过程没有明显的连续性。这种量能形态的出现表明买盘入场的持续性并不强，同时也限制了反弹的幅度。对于持股者来说，此时宜逢高减仓；对于场外投资者来说，此时不宜追涨。

　　图 5-22 为飞亚达 A 2019 年 6 月至 9 月的走势图。在低位区整理之后，个股开始反转上行，但上涨波段却呈间隔式放量形态。一般来说，这种量能形态极

大地限制了股价的上升空间，此时应注意规避股价再度回落的风险。

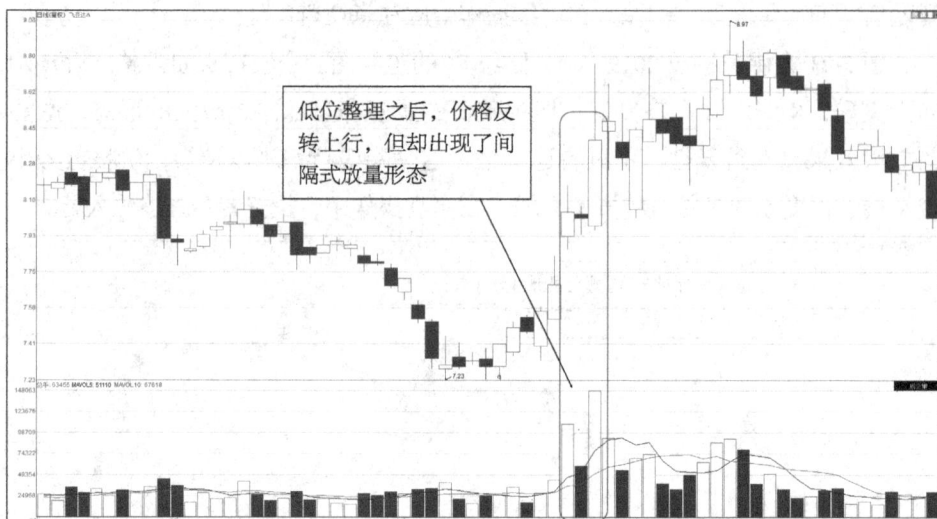

低位整理之后，价格反转上行，但却出现了间隔式放量形态

图 5-22　飞亚达 A 2019 年 6 月至 9 月走势图

5.4.8　波段量能之递增式放量

递增式放量是指量能在连续多个交易日呈递增式放大的形态，即后一交易日的成交量略大于前一交易日，多个交易日的成交量呈递增式放大形态。一般来说，量能的递增式放大效果至少要维持 4 个交易日以上才能称之为递增式放量。

在实际应用中，"后一日的成交量略大于前一交易日"这种严格意义上的递增并不多见，只要能够在连续数个交易日出现 5 日均量线逐步上扬的形态，就可以认为这种量能形态属于递增式放量。

递增式放量形态常对应一波快速上涨走势，是买盘加速入场的标志。递增式放量直接反映了占优一方的优势在持续增加，但由于成交量是双向交易的结果，所以它同时也表明另一方力量在不断增强。一旦递增式放量无法维持，就表明某一方占优势的局面将反转，价格走势在短期内转向的概率大增，这也可以说是"物极必反"的原理。

图 5-23 为协鑫能科 2018 年 12 月至 2019 年 3 月的走势图。个股在一波快速上涨的过程中，成交量逐级放大，这是典型的递增式放量。当量能达到短期峰值时，股价的短期涨幅也较大，个股出现深幅回落走势的概率大增，此时应注意规避股价高点回落的风险。

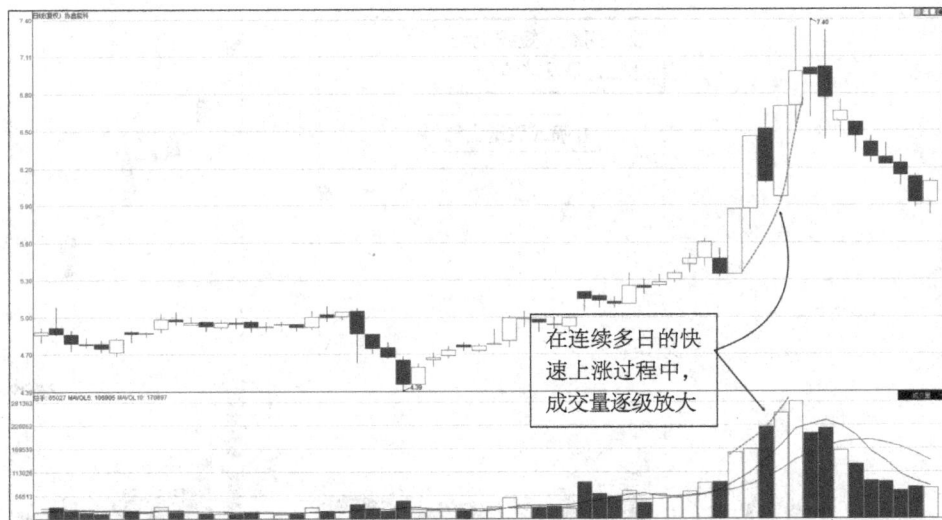

在连续多日的快速上涨过程中，成交量逐级放大

图 5-23 协鑫能科 2018 年 12 月至 2019 年 3 月走势图

5.4.9 波段量能之井喷式放量

井喷式放量是量能连续多日大幅度放出的形态，它常对应高位区的一波急速上涨走势，是多方力量集中释放、加速推动升势的体现。但是，由于井喷式放量形态的出现也极大地消耗了短期内的市场潜在买盘资金，且股价又正处于中短期高点，随着后续买盘入场力度减弱，价格走势出现急速反转的概率较大，此时应注意规避高位风险。一般来说，井喷式放量形态越鲜明，表明多方力量释放越充分，随后的回落幅度往往也越深，是高风险的短线见顶信号。

图 5-24 为财信发展 2019 年 2 月至 5 月的走势图。个股在高位区横向整理之后，出现了一波强势突破行情，个股连续收于阳线，同期的成交量连续多日呈大幅度放出状态，放量水平远高于整理区的均量水平，这就是井喷式放量上涨形态。这种急速的上攻走势彰显了多方力量的强大，但也是多方力量过度释放的信号，由于短期的大涨，投资者此时应注意规避股价突然反转下行的风险。

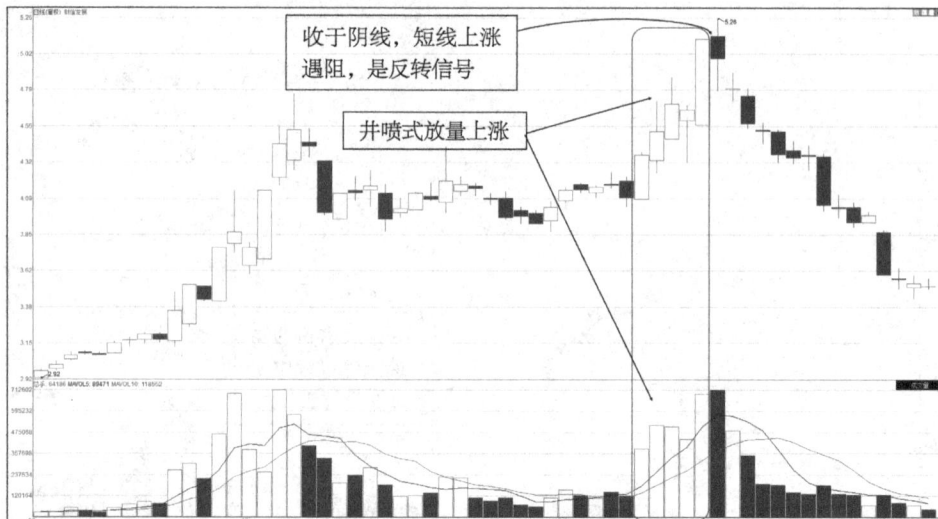

图 5-24　财信发展 2019 年 2 月至 5 月走势图

图中标注：收于阴线，短线上涨遇阻，是反转信号

井喷式放量上涨

5.4.10　波段量能之堆量滞涨

堆量是一种特殊的放量形态，有着鲜明的形态特征。在堆量期间，个股放量幅度较大，每个交易日的放量幅度接近，且能持续一段时间。堆量是多空双方交锋十分激烈的标志，一般来说，容易引发股价的快速波动。如果股价快速上涨，则对应上面讲到的井喷式放量；如果股价快速下跌，则对应放量下跌形态。但也有一种特殊情况，就是在堆量期间，股价重心未发生明显变化，整体呈横向震荡形态，这就是堆量滞涨。

对于堆量滞涨形态，我们可以这样理解：既然持续的量能放大都无法有效推升价格，那么，这必然是市场抛压十分沉重的信号；而大幅度的放量又较大地消耗了短期内的市场潜在买盘资金，严重削弱了多方力量。"涨时要放量，跌时则无量"是市场的常态，因此，在随后买盘入场力度减弱的情况下，即量能缩小时，买盘势必难以承接卖盘的压力，个股易出现深幅回落走势。

图 5-25 为盾安环境 2017 年 4 月至 7 月的走势图。在短期高点，个股出现了横向震荡走势，期间的量能明显放大，每个交易日的盘中振幅较大。从局部的量能形态来看，这是典型的堆量滞涨，也是短期内买盘力量被快速消耗的标志，预示着价格走势即将出现深幅回落。

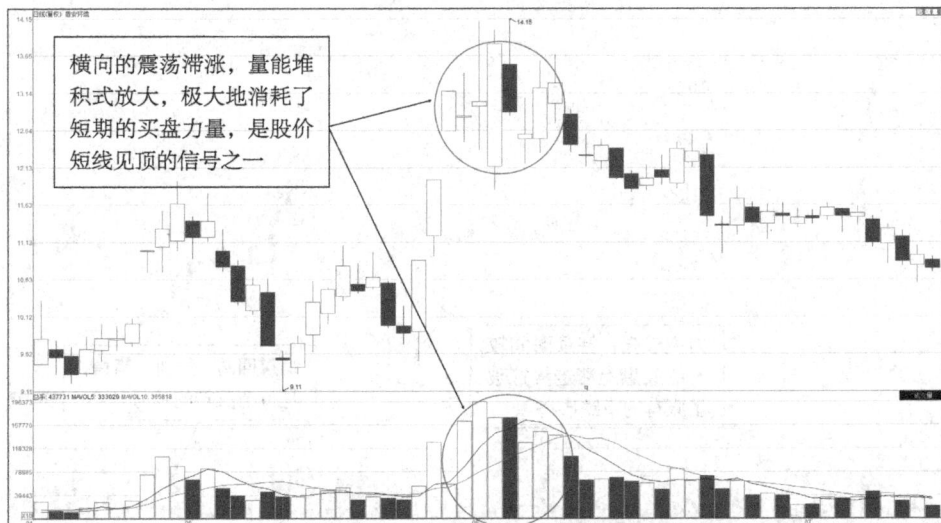

图 5-25　盾安环境 2017 年 4 月至 7 月走势图

5.4.11　波段量能之回探缩量

回探缩量是一种结合放量上涨来综合分析个股后期走势的局部量价形态。它是指在股价的一波深幅回落走势中，成交量较之前的上涨波段来说出现了明显缩减，且缩量效果越鲜明，则回探缩量的市场含义越明确。

回探缩量出现在升势形成的初期，或是中长期低位区的上涨波段之后，是个股上涨动力初步恢复、市场抛压大幅减轻的信号，一般预示着随后的整体走势仍以上升为主。下面，我们结合一个案例加以说明。

图 5-26 为巨轮智能 2018 年 6 月至 2019 年 1 月的走势图。个股在中长期的低位区出现了一波强势且持续时间较长的反弹行情，打破了原有的下跌形态，且这一波上涨伴有量能的明显放大，这是买盘开始持续入场的信号。但趋势能否发生转变，则要观察在随后的走势中，个股是否面临着较重的逢高抛压。

如图 5-26 中标注所示，个股虽然在反弹高点出现了一波深幅回落走势，但整个回落期间的量能却大幅度萎缩，这是典型的缩量下跌形态。如果它出现在高位区的破位走势中，则是买盘无意入场、跌势形成的信号；但如果出现在低位区的放量上涨波段之后，则可看作是抛压大大减轻、市场惜售情绪较浓的标志，也预示着市场多空格局正在发生转变，股价有望反弹，投资者可逢回落低点买股布局。

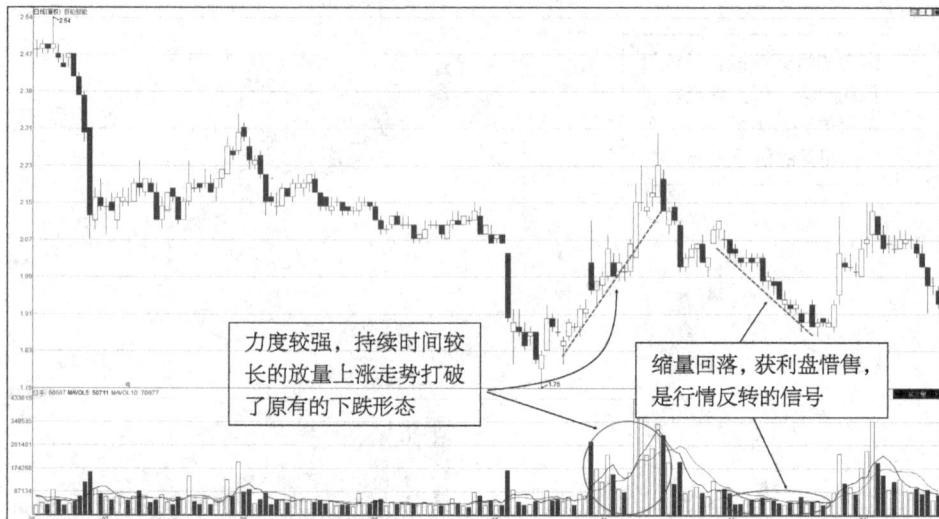

图 5-26　巨轮智能 2018 年 6 月至 2019 年 1 月走势图

通过本例可以看出，同样的量价形态在不同的趋势运行阶段，它的市场含义也是不尽相同的。只有依据个股的整体走势，并结合之前的量价配合关系来综合分析，才能更好地确定其市场含义，从而把握低买高卖的时机。

5.4.12　波段量能之回调日极度缩量

缩量形态总是不如放量形态鲜明、醒目，但却能反映出多空交锋的细节，特别是局部多个交易日的走势，可以帮助我们分析空方的抛压有多强，市场的运行方向是否会发生改变等。

一般来说，个股在连续几日放量上扬之后，若随后以连续小阴线的形式出现缩量回落走势，且缩量效果极为鲜明（相对于前几日上涨时的量能大小而言），这就是回调日极度缩量形态。这种量价形态是市场抛压极轻，短期上涨走势有望延续的信号，特别是在个股累积涨幅较小的低位区，这种量价形态创造了较好的回落买入时机。

另外，值得注意的是，在低位区的缓慢上扬走势中出现的回调日极度缩量形态往往还与主力资金有关，是个股后期上涨潜力较大的信号之一。

图 5-27 为联创电子 2019 年 5 月至 8 月的走势图。在从低位区开始的持续上涨走势中，个股两次出现回调日极度缩量形态，缩量效果十分鲜明，市场浮筹抛压极轻，是个股中短期内上涨潜力较大的标志，投资者可逢回调时买股布局。

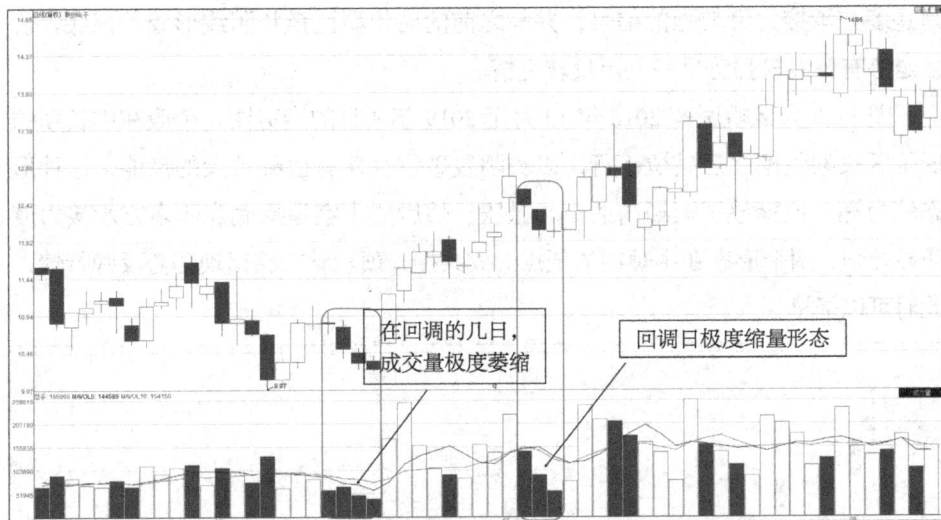

图 5-27 联创电子 2019 年 5 月至 8 月走势图

5.5 K 线与量能共振底组合

传统的技术分析方法往往局限于单一的技术形态，运用这种方式所找到的波段高低点往往具有一定的不确定性，即可能受限于市场环境或者反转幅度。而共振现象则较好地解决了这个问题，它将多种因素限定在相同的时间范围来进行综合比对，这样既提高了预测价格走势转向的成功率，又留出了较为充裕的转向空间，更值得中短线投资者参与。本节中，我们结合前面几节的基础知识，以 K 线与量能共振形成的阶段底为着手点，来看看如何把握阶段性低点的买入时机。

5.5.1 破位型巨量 + 十字星共振底

长阴线且伴有盘整后的向下破位，本应是卖盘大量涌出、抛压沉重的信号，但也要结合股价的位置区间来判定。如果这种形态出现在中长期的低位区，则此时的大幅度放量能够有效地消耗掉短期内的空方力量，价格走势随后出现阶段底的概率较大。

在破位型巨量长阴线之后，如果跌势放缓且出现了带有长下影线的十字星，则是多方承接力量转强的信号，并与之前的破位型巨量长阴线形成共振底。价格走势有望迎来强势反弹甚至反转行情。

图 5-28 为亿帆医药 2018 年 12 月至 2019 年 3 月的走势图。个股在中长期的低位区长期整理之后破位下行，以长阴线破位且伴有巨幅放大的量能，这种形态较为充分地释放了短期内的市场抛压。随后的十字星探底表明多方承接力度明显转强，两个形态在中短期的低点形成共振，预示着或将出现强势反弹行情，此时可以择机买入。

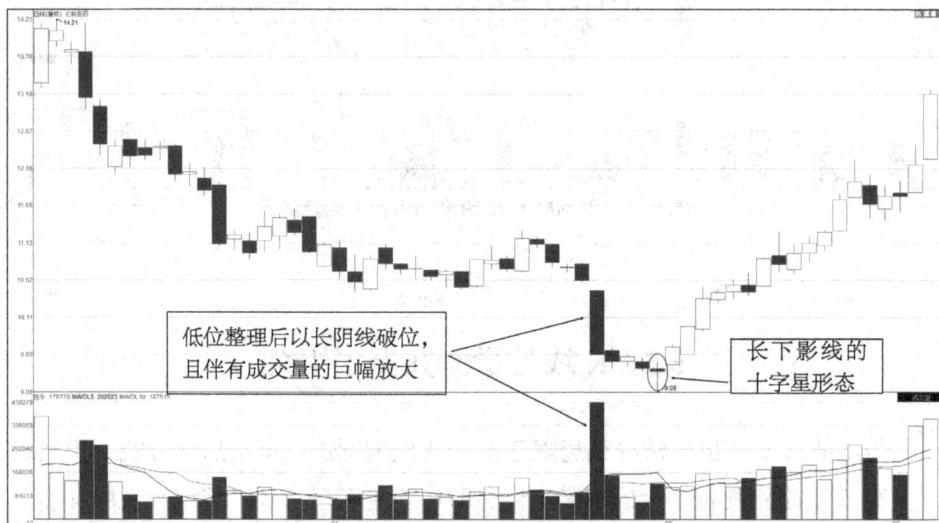

低位整理后以长阴线破位，且伴有成交量的巨幅放大

长下影线的十字星形态

图 5-28　亿帆医药 2018 年 12 月至 2019 年 3 月走势图

在"破位型巨量＋十字星"的共振底组合中，如果没有出现十字星，而是出现了长下影线的 K 线形态，则它与十字星有着相同的市场含义，也是多方承接力量明显转强的标志，依旧可以与"破位型巨量"组合成局部共振底。

图 5-29 为天厦智慧 2018 年 6 月至 10 月的走势图。个股在中长期的低位区出现了"破位型巨量＋长下影线"的组合形态，它们形成了短期共振底，预示着强势反弹行情或将展开，是买入信号。

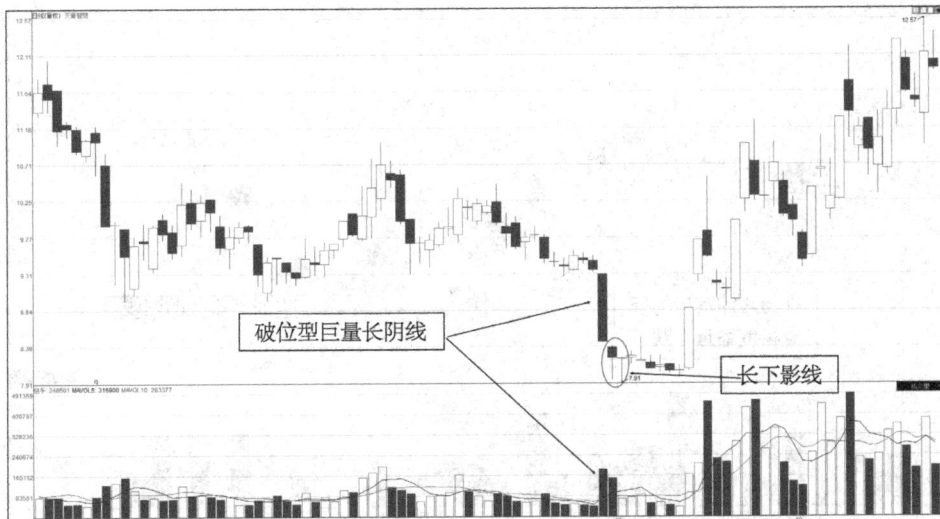

图 5-29　天厦智慧 2018 年 6 月至 10 月走势图

5.5.2　缩量加速 + 下影阳线共振底

在短期回落幅度较大的情况下，若个股再度出现缩量式快速下跌，则表明此时的市场抛压已减轻，股价快速下行的主要原因是承接盘力度太弱，但个股此时已进入短期内的超卖状态。如果个股随后能够企稳且出现带有长下影线的阳线，则表明买盘承接力度明显转强，结合之前的缩量加速形态，便构成了一个短期共振底。

图 5-30 为久立特材 2018 年 9 月至 11 月的走势图。个股在短线深幅回落后的低点再度加速下跌，但下跌时呈缩量状态。随后个股在数日的整理走势中出现了有长下影线的阳线，表明多方承接力度正快速转强。这两种形态构成的短期共振底预示着反弹行情或将展开，此时可以择机买入。

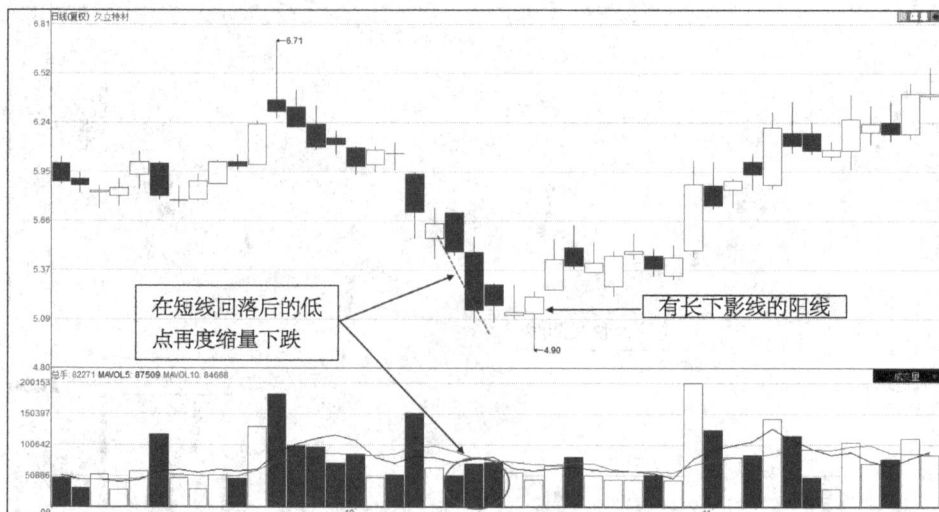

图 5-30　久立特材 2018 年 9 月至 11 月走势图

5.5.3　低点放量 + 长实体阴孕线共振底

阴孕线出现在短期低点是多方力量开始转强的信号。如果出现阴孕线的同时伴有放量，无论是阴线当日的放量还是阳线当日的放量，那么都是多方力量转强的进一步确认信号。因为阴线当日的放量代表空方力量充分释放（体现为放量长阴线），短期再度向下的压力减轻；阳线当日的放量则表明买盘入场力度突然增强，是多方力量快速转强的标志。这样，"低点放量"与"阴孕线"就组成了短期共振底，股价随后有望迎来大幅度回升。

图 5-31 为鲁北化工 2018 年 12 月至 2019 年 2 月的走势图。个股在短期深幅回落后的低点出现了有放量长阴线的阴孕线，长阴线当日的放量表明短期内空方抛压的充分释放，这样的共振底组合预示着价格回升走势即将展开。

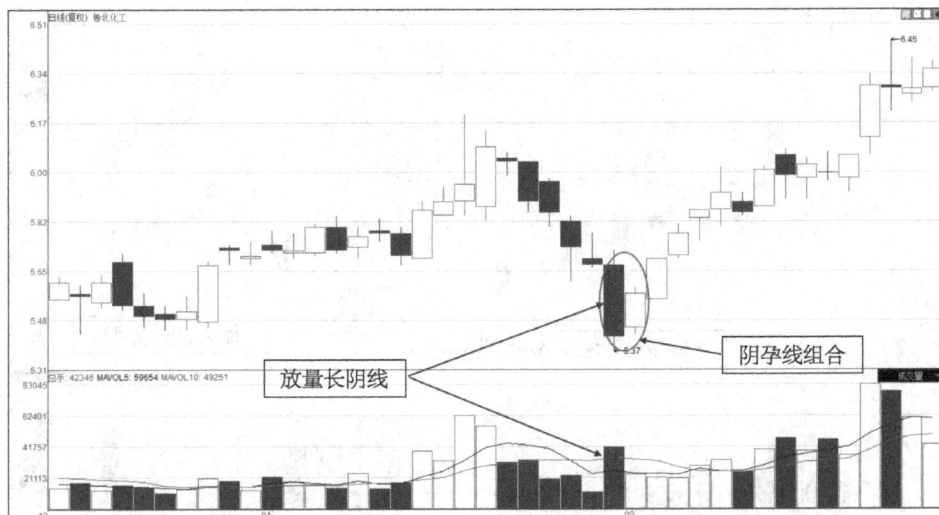

图 5-31 鲁北化工 2018 年 12 月至 2019 年 2 月走势图

5.5.4 单针探底 + 缩量长阴回探共振底

单针探底出现在短期低点，表明多方承接力度转强，其中，阳线型单针探底形态的上涨倾向更强。但由于多空分歧，低点位的反弹走势往往较为缓慢，此时若出现有长阴线下探的阶段性低点，我们可以关注它的量能大小。一般来说，如果呈缩量形态，则表明空方抛压较轻，当日出现长阴线可能是因为大盘震荡或买盘跟进速度不够，这是一种具有上涨含义的回探，可与之前出现的单针探底形态构成局部共振底。

图 5-32 为京天利 2019 年 3 月至 6 月的走势图。个股在深幅回落后的低点先出现了阳线型的单针探底，随后以缩量长阴线形态再度回探低点。在短期低点出现的这两种形态均具有上涨含义，并构成了共振底组合，投资者可以择机买入布局。

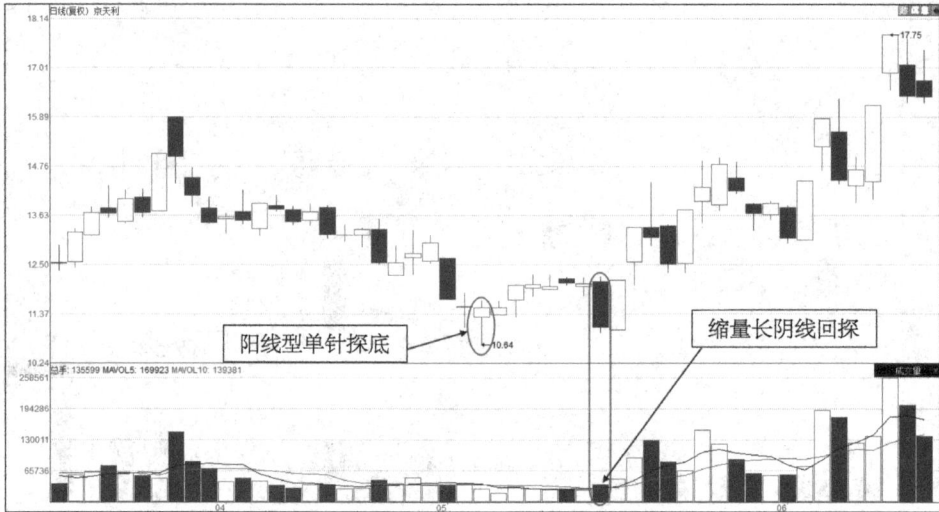

图 5-32　京天利 2019 年 3 月至 6 月走势图

5.5.5　放量型稳健攀升＋持续回落缩量共振底

放量型的 45° 角攀升最具持续性，也彰显了买盘不断入场的市况，但在低位区的上涨波段往往被视作反弹，因此，随后出现持续且幅度较大的回落走势也极为常见。如果在持续回落的过程中，个股始终呈鲜明的缩量状态，则说明之前参与此个股的大多数买盘资金并没有获利离场，筹码的锁定程度较高，可以将个股这一回落走势定性为回调，而不是结束反弹行情后再入跌势。一般来说，当价格回落幅度不小于之前上涨幅度的 1/2 时，我们可以结合短期反转组合形态来把握入场时机。

图 5-33 为东方日升 2018 年 10 月至 2019 年 1 月的走势图。个股在低位区先是出现了一波持续力较强、幅度较大的放量上涨走势，随后股价开始回落，整个回落过程的成交量大幅缩减，表明空方抛压不重，此时投资者可以择机入场。如图 5-32 中标注所示，在回落幅度已较大的情况下，出现了放量型的看涨抱线形态，这就是缩量回落走势或将结束，新一轮上升行情即将出现的信号，也是中短线买股布局的时机。

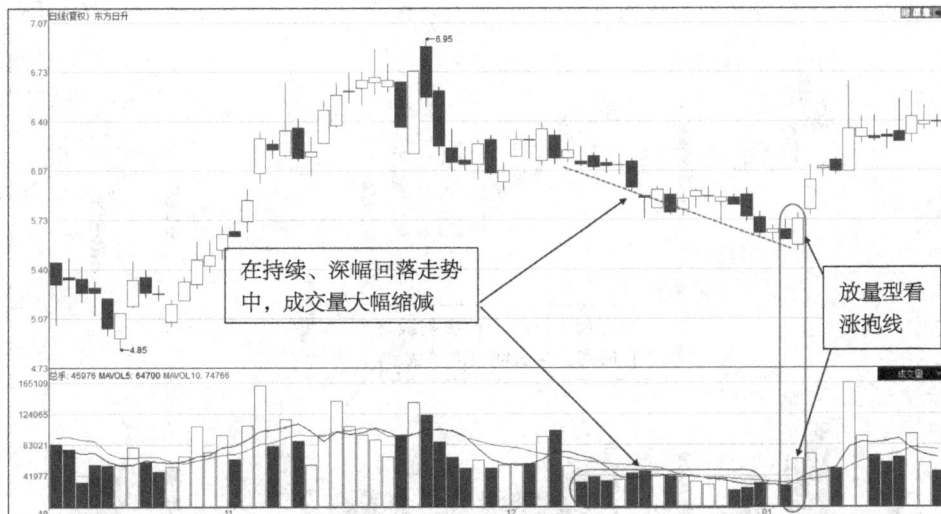

图 5-33 东方日升 2018 年 10 月至 2019 年 1 月走势图

5.5.6 反复影线 + 极度缩量共振底

在短期低点，如果个股反复出现带有影线（无论是上影线还是下影线）的 K 线，则表明多空双方在此位置区的交锋较为激烈。一般来说，激烈的交锋会引发放量，但如果呈现为缩量且当日多收于带影线的阳线，则表明少量的买盘入场就可以导致股价下行，而影线的出现又表明多方在此位置点的入场意愿较强。随着后续买盘入场力度的增强，出现强劲的反弹上扬走势的概率较大，在实盘操作中，投资者宜逢低买股布局。

图 5-34 为海特高新 2019 年 3 月至 5 月的走势图。在短期大幅下跌后的低点，个股连续 3 日收于长影阳线形态，第 1 日为下影十字星，第 2 日为上影阳线，第 3 日上影十字星。结合价格的局部走势来看，此位置点的多方承接意愿较强。这 3 个交易日的量能又大幅度缩减，表明只需少量买盘入市就可以让个股止跌企稳。随着个股企稳，后续买盘资金有望加速入场，在反复影线与极度缩量的共振下，强势的上扬行情有望展开，此时宜实施中短线买股操作。

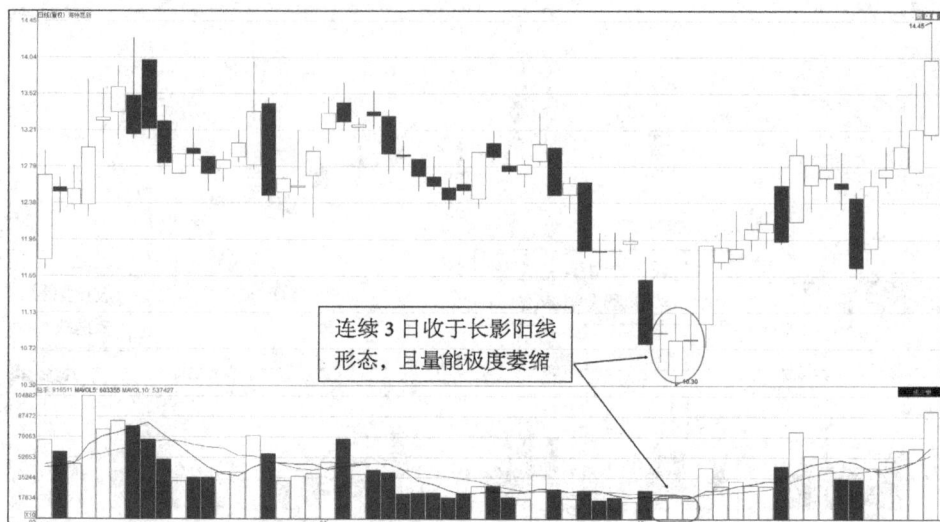

连续3日收于长影阳线
形态，且量能极度萎缩

图 5-34　海特高新 2019 年 3 月至 5 月走势图

5.5.7　长针探底 + 当日巨量共振底

在低位整理走势中，若出现明显的放量，则表明多空分歧十分明显，买盘入场力度较强，持股者抛售意愿也较强。如果此时再出现下影线较长的单针探底形态，一般来说，它只有在大幅度放量时才能彰显出多方入场力度的强弱，并预示价格随后的走势，因为这时的放量表明了虽然股价在盘中向下破位，但却引发了更多的买盘入场，这是多方力量充足，下行空间被封堵的标志。这样，长针探底与当日巨量构成了共振底组合。

图 5-35 为航天电器 2018 年 11 月至 2019 年 2 月的走势图。从图中可以看到，在短期大跌后的低点整理过程中，成交量整体性放大，表明多空分歧十分剧烈。随后个股出现阳线型单针探底形态，且当日伴以巨量放出，从而构成了 K 线与量能形态的共振底，价格将大幅度上升。

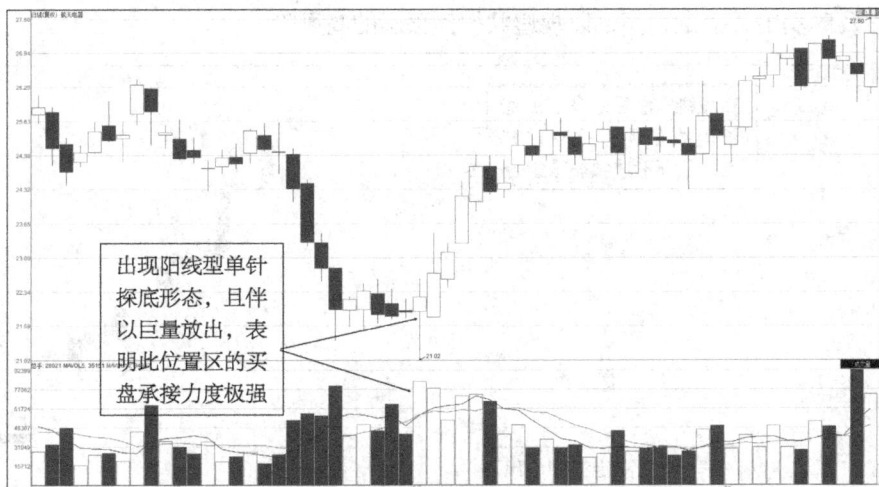

出现阳线型单针探底形态，且伴以巨量放出，表明此位置区的买盘承接力度极强

图 5-35 航天电器 2018 年 11 月至 2019 年 2 月走势图

5.6 K 线与量能共振顶组合

共振底提示中短线买入时机，由于 K 线形态与量能的共振作用，当共振底组合形态出现时，其预示的上升幅度往往较单一形态所预示的更大；共振顶提示中短线卖出时机，它是风险的信号。当共振顶组合形态出现时，个股随后的下跌幅度往往极大，更应引起投资者的重视，因为在股市中生存的首要原则就是保护本金。

5.6.1 长阳线 + 递增式或脉冲式量能共振顶

长阳线是当日交锋结果为多方完胜的标志，在相对低点或行情启动初期出现的长阳线蕴含上涨含义。但是，在短线大涨后的高点再度出现的长阳线往往是多方力量透支的信号。若出现长阳线的当日又伴有具有下跌含义的脉冲式量能形态或递增式量能形态，则两者形成共振，价格随后出现深度回落的概率大增，此时是短线卖出时机。

图 5-36 为中航机电 2019 年 7 月至 10 月的走势图。在一波上涨走势中，个股量能呈递增式放大的形态特征。随后，在此基础上量能又突然性地大幅放出，呈脉冲式的特征，且个股当日收于长阳线，股价的阶段性涨幅较大。这是短线高点的共振顶组合，预示着上攻走势告一段落，股价随后或将深幅回落，持股

者宜及时卖出，锁定利润，以规避共振顶预示的高风险。

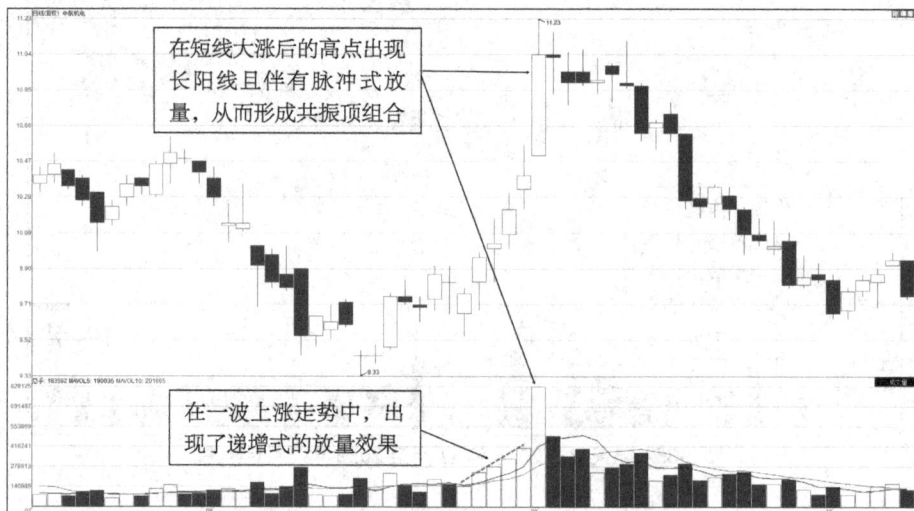

图 5-36　中航机电 2019 年 7 月至 10 月走势图

　　这种共振顶组合既常见于一波创新高的快速上涨走势，也常见于长期震荡区的突破位置点。当其出现在突破位置点时，无论个股的短线涨幅是大是小，个股随后快速回落或返回震荡区间的概率都是很大的，投资者此时应注意规避追涨风险。

　　图 5-37 为海特高新 2019 年 3 月至 7 月的走势图。在长期震荡区的突破位置点，个股出现了"长阳线 + 脉冲式放量"的共振顶组合，这是突破行情难以持续的信号。在短期操作中，投资者宜逢高卖出，而不是追涨买入。

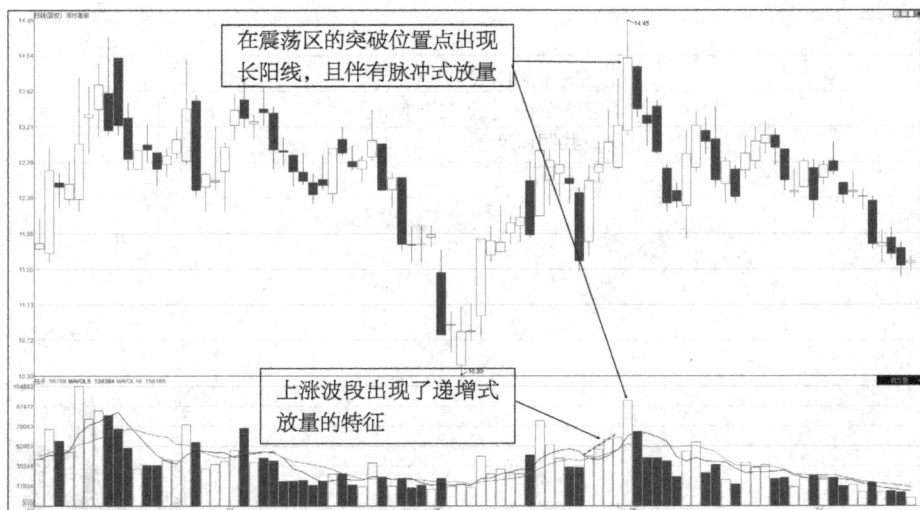

在震荡区的突破位置点出现
长阳线，且伴有脉冲式放量

上涨波段出现了递增式
放量的特征

图 5-37　海特高新 2019 年 3 月至 7 月走势图

对于此组合形态来说，"长阳线 + 脉冲式放量"是核心。虽然在这两个案例中，在此组合出现前均有递增式放量形态出现，但它并不是关键，也不是构成共振顶的必然因素。

5.6.2　下影线 + 凸量共振顶

当下影线出现在持续上涨后的高点时，则表明个股的盘中抛盘压力大增，虽然获得了买盘的有效承接，但却彰显了较强的市场抛售意愿。如果出现下影线的当日还有明显的放量，则可进一步确认此位置点的抛盘压力较大。凸量与下影线可形成共振顶，并导致价格大幅度下跌。

图 5-38 为多喜爱 2018 年 9 月至 2018 年 12 月的走势图。个股在持续上涨后的高点连续再次出现了下影线较长的单根 K 线，这两根 K 线都是空方盘中抛压较重的信号，且第 2 根 K 线出现时还伴有单日凸量即"脉冲式放量"。K 线与量能均为下跌信号，两者形成共振，预示着深幅回落走势或将出现，持股者此时应卖出离场，以锁定利润。

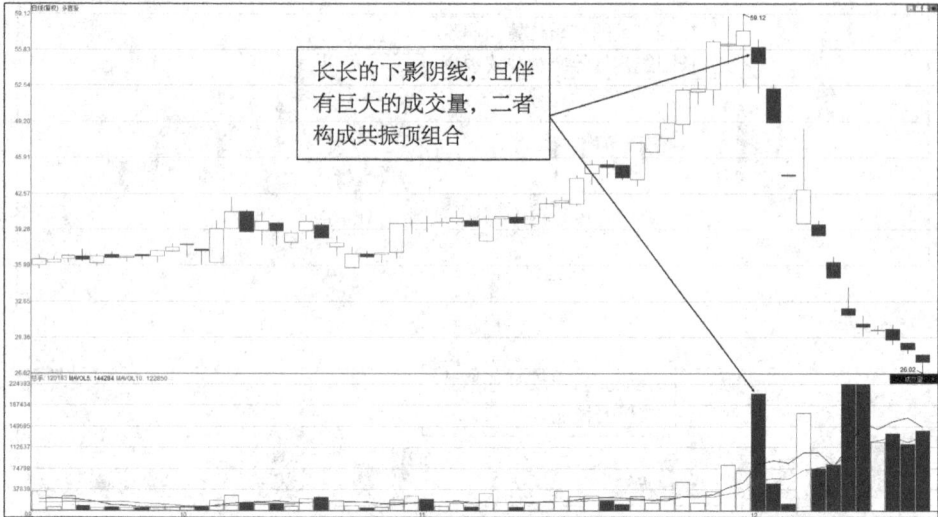

长长的下影阴线，且伴有巨大的成交量，二者构成共振顶组合

图 5-38 多喜爱 2018 年 9 月至 2018 年 12 月走势图

5.6.3 长阳线 + 倍增式巨量共振顶

倍增式巨量是指个股在原有放量的基础上再进一步放量，且放量幅度接近之前放量的 2 倍，放出的量能成倍增长。倍增式巨量出现后，成交量基本会达到中短期内的峰值。巨幅放大的成交量很难维持，次日一般会出现较大幅度的缩量，从而使当日的放量效果呈现脉冲式形态，这种量能形态出现在短期高点是一个下跌信号。如果个股当日收于长阳线则可进一步确认多方力量过度释放，且长阳线也使得个股短线上涨幅度增大，为随后的价格回落创造了空间。因此，在短线高点出现的长阳线与倍增式巨量形态均具有下跌含义，它们构成了共振顶组合，预示着股价或将大幅度回落，持股者宜卖出以规避风险。

图 5-39 为苏宁易购 2019 年 2 月至 5 月的走势图。在一波短线上涨走势中，个股出现了"长阳线 + 倍增式巨量"的组合。此时的短线涨幅已较大，且两种形态均蕴含下跌信息，它们可形成共振顶，预示着短线上涨的结束及随后深幅回落的开始。

对于倍增式巨量来说，如果个股当日不是收于长阳线，而是收于带有影线（上影线或下影线）的阳线，则同样可以构成共振顶组合。而且带有长上影线的阳线所预示的短线下跌走势往往更迅速，短期波动风险更大，持股者应在识别这种共振顶形态后的第一时间卖出离场，以规避深幅回落的风险。

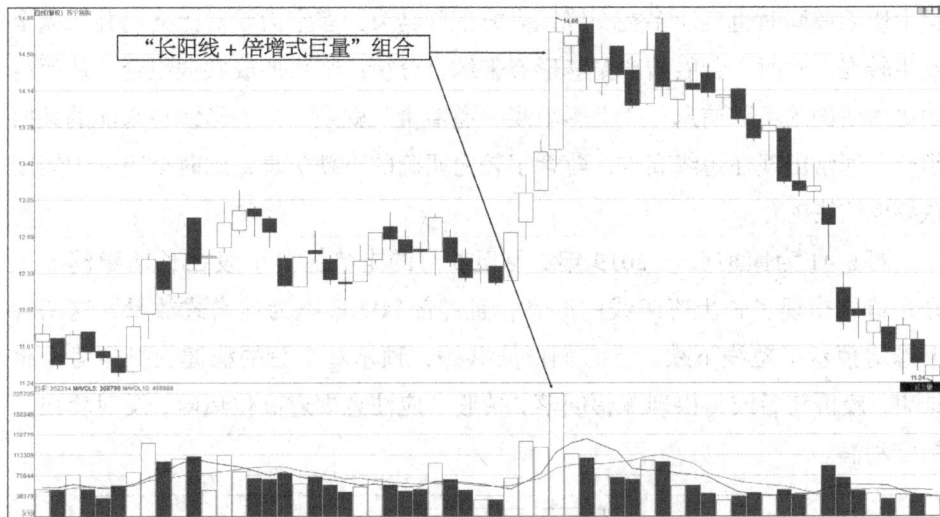

图 5-39 苏宁易购 2019 年 2 月至 5 月走势图

图 5-40 为鲁北化工 2019 年 3 月至 5 月的势图。个股在短线上涨走势中出现了"上影阳线＋倍增式巨量"的共振组合，预示着深幅回落即将开始，此时持股者宜及时卖股离场。

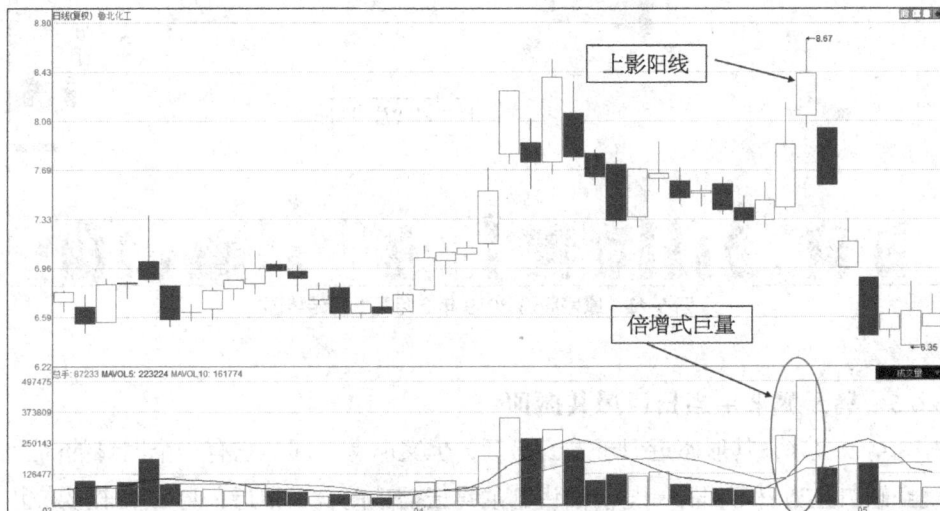

图 5-40 鲁北化工 2019 年 3 月至 5 月势图

5.6.4 上影阳线＋递增量共振顶

当上影阳线出现在短线高点时，上影线越长，则短线下跌的信息越明确。

但上影阳线同时也表明多空交锋以多方获胜结束，多空力量对比格局并未完全发生转变。此时，若能结合量能形态来综合分析，则可形成共振组合，从而得到更为明确的下跌信息。"上影阳线＋递增量"就是一种上影线与量能的共振组合，通常出现在短线高点，蕴含了较为明确的下跌信息，此时个股的中短期跌幅也往往较大。

图 5-41 为康盛股份 2019 年 2 月至 5 月的走势图。个股在长期稳健的上升走势中出现了长上影阳线的形态，且局部量能形态为递增式放量，这两种形态均预示了短线下跌。当它们形成共振，预示着个股的稳健上扬走势即将结束，股价随后或将出现深幅回落，持股者应注意规避高位风险，及时卖出，锁定利润。

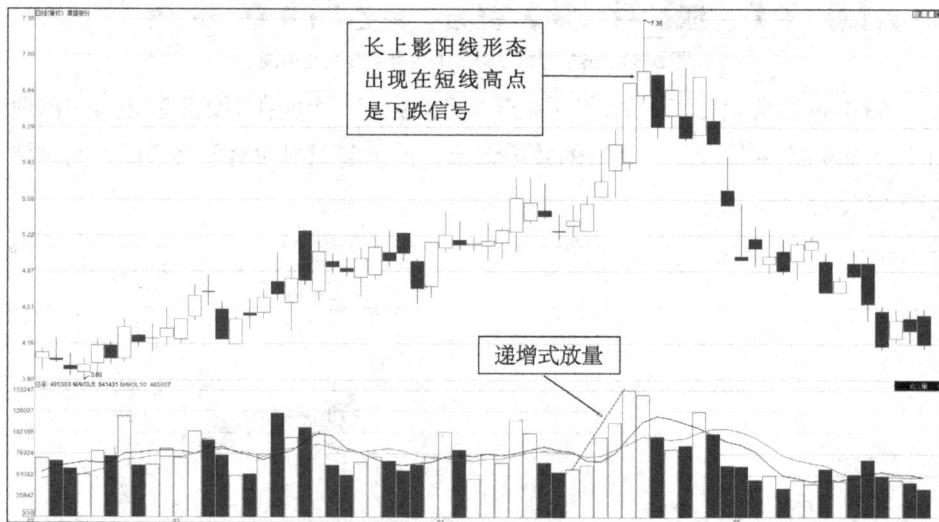

图 5-41　康盛股份 2019 年 2 月至 5 月走势图

5.6.5　乌云飘来＋当日巨量共振顶

乌云飘来，其形态近似于乌云盖顶，但又略有不同，它有一个明显的向上跳空缺口且当日不回补。与前面讲到的乌云盖顶的含义相近，乌云飘来形态也是预示短线下跌的 K 线形态。如果出现乌云飘来形态的阴线时，当日明显放量，甚至是巨量，则表明市场抛压极为沉重。

乌云飘来和当日巨量构成了短期共振顶组合，由于向上缺口仍未回补，个股仍处于短期高点，因此短线下跌空间依旧较大。从大量出现这种共振顶组合形态的个股走势来看，次日大幅度低开低走的概率较大，是短线快速、深幅回落的高风险信号，持股者宜第一时间卖出。

图 5-42 为麦克奥迪 2019 年 5 月至 8 月的走势图。个股在长期盘整之后，以长阳线向上突破。虽然突破形态优异，但市场的多空力量对比格局往往瞬息即变，次日股价高开低走且收于阴线就表明多方上攻遇阻，而当日的巨量则彰显了市场抛压的沉重。两种形态形成共振，也预示了突破行情的快速折返。在实盘操作中，持股者应第一时间卖出，以规避短线快速下跌的风险。

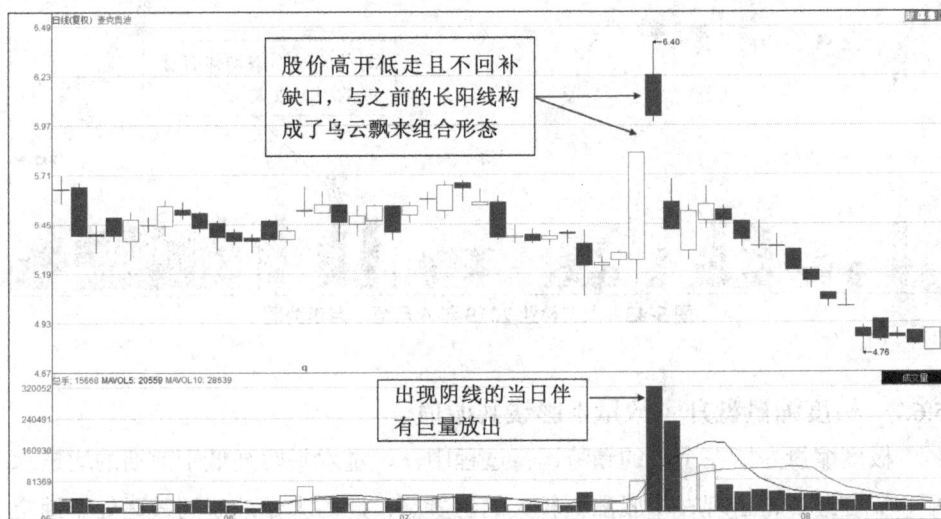

图 5-42　麦克奥迪 2019 年 5 月至 8 月走势图

5.6.6　阴孕线 + 长影线放量共振顶

当阴孕线出现在上涨后的高点时，它是一种看跌组合，但这种组合形态较为常见，出现时并不一定代表价格下跌，此时若能结合其他的下跌信号综合分析，则可进一步提升成功率。长影线代表多空双方的盘中交锋较为激烈，当其出现在短线高点时，具有下跌含义。这样，阴孕线与长影线就构成了共振组合，在持续上涨走势中，其具有可扭转价格走势的较强动能，也预示着上涨走势的终结与深幅下跌走势的开始。

图 5-43 为永安林业 2019 年 4 月至 7 月的走势图。在一波持续上涨走势中，个股虽然上涨得较为稳健，但在上涨途中却先后出现了阴孕线与具有长上影线的 K 线形态，且均伴有量能的相对放大，这表明空方抛压沉重。两种预示着下

跌的K线形态形成共振，K线形态与放大的量能也形成共振，个股上涨走势遇阻，转向下跌的概率大增。在实盘操作中，持股者应卖出以规避风险。

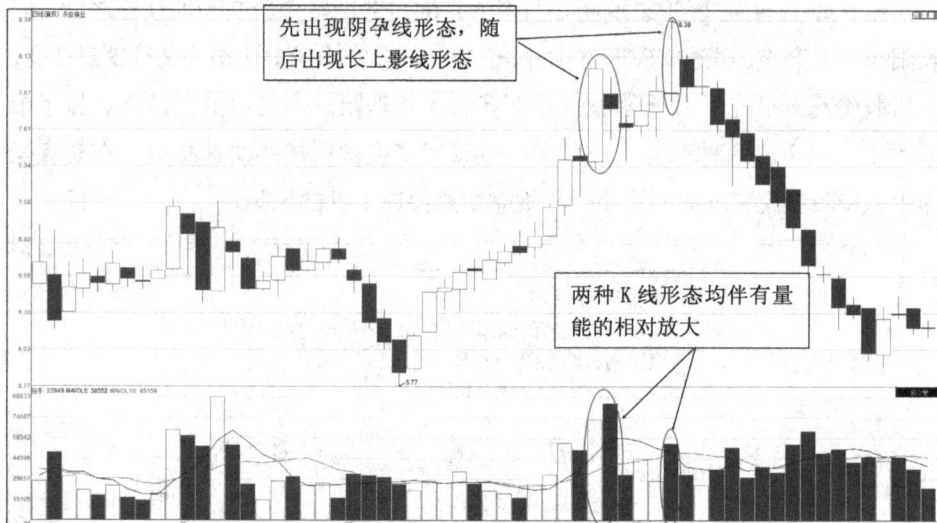

图 5-43 永安林业 2019 年 4 月至 7 月走势图

5.6.7 极度缩量盘升 + 放量下影线共振顶

极度缩量是指在个股的趋势运行过程中，均量水平明显低于前期的均量水平。极度缩量常出现在个股涨幅较大的位置区，此时大量的获利筹码处于锁定状态，市场浮筹较少，个股上涨时虽然阻力较轻，但买盘入场力度也极弱。这种极度缩量下的上涨往往是有主力资金参与的信号，而一旦主力资金开始出货，由于缺乏承接盘，个股出现快速、深幅下跌的概率较大。这类个股也蕴藏着较大的风险，特别是没有基本面支撑，处于明显高估状态的个股。

在极度缩量盘升状态下，若个股出现了放量型的长下影线形态，则表明有资金在盘中出货。下影线代表抛盘从盘中涌出，而放量则表明资金卖出力度较强。如果抛售资金源于主力，则个股随后易跌难涨，股价快速下跌的概率也随着时间的推移而不断增大。在实盘操作中，不宜短线参与，而中长线持股者则应尽早卖出，以规避股价破位下行的风险。

图 5-44 为达安基因 2018 年 6 月至 10 月的走势图。个股的盘升走势呈极度缩量状态，随着走势的持续，可以看到多次出现鲜明的长下影线放量形态。极

度缩量盘升与长下影线放量均是下跌信号，两者形成共振，预示着中短期破位下跌走势即将出现，是风险来临的信号，持股者应及时卖出。

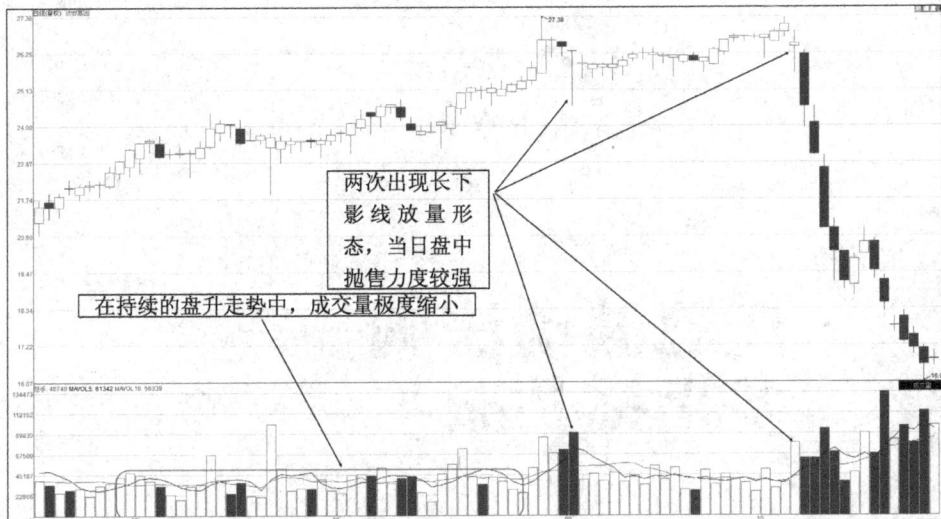

两次出现长下影线放量形态，当日盘中抛售力度较强

在持续的盘升走势中，成交量极度缩小

图 5-44 达安基因 2018 年 6 月至 10 月走势图

第 6 章

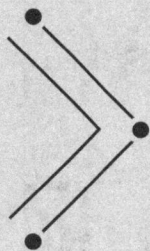

江恩波动法则——
多指标共振

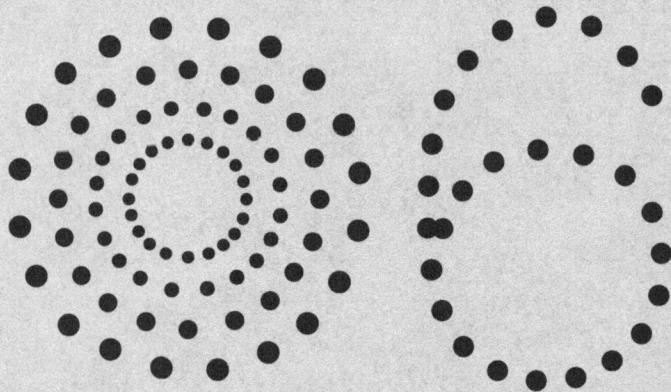

在江恩的波动法则中，这一条是最为重要的："当 K 线系统、成交量、均线系统、KDJ 指标、MACD 指标、布林线指标等多种技术指标均发出买入或卖出信号时，将引发技术性的共振。"由于 K 线系统与成交量不同于传统的技术指标，它们是技术分析的核心要素，更侧重于形态的展现，因此，我们在上一章中进行了单独的讲解。

除此之外，其他提及的"均线系统、KDJ 指标、MACD 指标、布林线指标"则有着技术指标的共性，比如有相应的数学函数定义指标，有着清晰的指标线，依据指标线或指标值的变化来分析多空力量转变等。这些技术指标以数学量化的方式反映了市场或个股的不同侧面，若能以江恩波动法则为基础，将它们所发出的买卖信号统一起来，则对于实盘交易的指导性极强。本章中，我们以指标的原理及买卖信号为基础，以波动法则为依托，看看它们是如何相互配合，从而形成阶段性的共振底与共振顶的。

6.1 指标共振点基础知识

技术指标是一种经典的技术分析方法，它虽然不像量价分析那样普及，但对于善用指标的技术派投资者，特别是初学者来说，却往往有着不错的实战效果。这是因为在很多时候，量价分析带有一定的主观性。分析同样的量价形态，如果不能准确地结合个股走势的特点，就可能得出错误的结论。因此，对于那些量价分析功底不够深的投资者来说，利用简单且具有量化特性的指标来实施操作，不失为一种好的策略。

6.1.1　什么是技术指标

技术指标是技术分析方法的量化表现，它基于某一原理，将股市或个股的行为本身呈现出来的盘面数据信息转化为具体可见的指标线、指标值。这些指标线。指标值是市场某一侧面特征的量化信息。

对于技术指标来说，它有两个核心点，一个是指标的设计原理。例如，这个指标主要用于反映趋势，还是反映短线波动；这个指标依据道氏理论的趋势原理，还是依据波浪理论的循环浪原理，并通过数学函数将这些原理表达出来。另一个是指标的输入输出方式。指标的输入参数是一些基本的盘面交投数据，例如开盘价、收盘价、最高价、最低价及成交量，不同的技术指标会使用不同的交易数据；指标的输出参数则是具体的指标值，以及由指标值连接而成的平滑曲线。

6.1.2　技术指标的分类

依据指标的设计原理，技术指标有反映趋势运行的，有反映超买超卖的，有反映动能大小的，有反摆动情况的，等等。一般来说，我们可以将其分为以下几个种类：趋势类指标、摆动类指标、能量类指标、成交量类指标、大盘类指标、区间指标、特色指标以及其他指标等。

1. 趋势类指标

趋势类指标源于道氏理论所阐述的趋势运行规律，趋势运行规律的核心观点是：一旦市场的趋势形成，价格仍有沿这一趋势运行的动力，在市场中我们常可以看到这种价格沿主方向持续运行的情况。

顺应趋势可以轻松获利，无视趋势则将亏损累累。趋势根据其方向性可以分为 3 种：上升趋势、下跌趋势和横盘震荡趋势。

趋势的运行过程往往要经历形成、发展、加速、转向等环节，过程中的每个环节都有自己独特的运行特点。趋势类指标以移动平均线为基础，根据目前趋势所处的阶段（上升阶段、平台阶段、下降阶段）及当前价格处于趋势线的位置来做出买卖指导。正因为趋势形成及延续具有一个较长的时间跨度，所以反映这种趋势的趋势类指标普遍具有稳定的特点，受到很多投资者的青睐。

趋势类指标主要包括移动平均线（MA）、指数平滑异同移动平均线（MACD）、三重指数平滑移动平均指标（TRIX）和瀑布线（PBX）等。

2. 摆动类指标

摆动类指标是一类侧重于揭示价格短期波动特点的指标，它以统计学中"向平衡点回归"的思想为依据。统计学认为处于变化中的事物有向"平衡位置"回归的倾向，特别是当其位置远远偏离了平衡点时，这种回归倾向更强。基于这一思想，摆动类指标根据某一时间段内的价格波动区间及某一时间点处于这一波动区间的价格的位置情况，来指出市场当前所处的状态是超买还是超卖，并以此指示价格的短期波动方向。

摆动类指标更适合用于分析趋势方向不明朗的震荡走势。由于摆动类指标较为灵敏，所以其能很好地预示短期波动的高低点，适宜指导波段交易。但是，在一个大的上升或下降趋势中，由于"平衡位置"会不断发生变化，此时摆动类指标往往会变得较为迟钝，不能如实反映价格的真实走势。可以说，结合趋势类指标是应用摆动类指标来准确判断出目前的大市行情的前提。

一般来说，由于摆动类指标涉及相关的统计学理论，所以其设计原理大都较为复杂，我们在实战中只需知道它的使用方法就可以了。摆动类指标主要包括随机指标（KDJ）、乖离率（BIAS）、相对强弱指标（RSI）等，其中最为常用的是随机指标（KDJ）。

3. 能量类指标

多方或空方能量的大小决定了价格走势沿某一方向运行的持续力度，能量类指标是用于分析市场多空能量变化情况的指标。当多方能量较强时，能量类指标会提示我们进行买股操作；当空方能量较强时，能量类指标则提示我们进行卖股操作。

能量类指标通过某种方法来研判市场买盘与卖盘的入场力度大小，市场做多能量或做空能量的情况，并以此为着手点来预示价格的走势。能量类指标主要包括人气意愿指标（BRAR）、中间意愿指标（CR）、容量比率指标（VR）和心理线指标（PSY）等。

4. 成交量类指标

成交量类指标，顾名思义，是指以成交量为核心数据，将成交量的变化情况以指标曲线的方式直观、清晰地呈现出来。

成交量的增加或萎缩都表明了一定的价格发展趋势，正是量的变化才促使股价不断发生变化，量能的形态往往可以预示个股的走势。由于成交量类指标主要以成交量这一数据为核心，并不是以价格作为指标的直接参数，因此在使用成交量类指标时，投资者应结合可以反映股价走向的趋势类指标进行综合判断。成交量类指标主要包括成交量（VOL）、均量线和能量潮（OBV）等。

5. 大盘类指标

前面所讲的指标都是通用型的，既可以反映个股运行情况，也可以反映大盘运行情况。大盘类指标属于专门指标，仅用于反映大盘运行情况。大盘类指标的分析对象是大盘指数或板块指数等，主要用于反映市场的整体运行情况。

大盘类指标主要包括涨跌家数对比（A/D）、涨跌比率（ADR）、腾落指数（ADL）等。例如，对于 ADR 这个指标，它实时地反映了股票市场中上涨股票数量和下跌股票数量的比值。通过 ADR 数值的变化，我们可以把握当前市场多空力量的变化情况，进而对市场的涨跌走势进行预判。

6. 区间指标

区间指标主要用于反映某一时间段内的统计数据，例如换手率、累积成交量、累积涨幅或跌幅等。常用的区间指标主要有区间换手率、区间累积涨跌幅度、区间累积成交量和区间累积成交额等。

7. 特色指标

不同的股票行情软件都有自己的特色指标，很难将其列入以上指标类型中，它们可以看作是以上基础类型指标的有益补充。例如，LEVEL2 系列指标就是以独特的 LEVEL2 数据为依托，还有一些专业行情软件中的指标，如指南针、钱龙指标系列等。这些独具特色的指标从不同的侧面着手，也反映了市场或个股的多空对比情况，由于其独特的设计原理，往往深得技术指标派投资者的喜爱。

8. 其他指标

除了上面提到的趋势类、摆动类、能量类、成交量类、大盘类等经典类型的指标外，还有一些指标不属于上述范畴，它们是基于一些独特的交易理念而创造出来的。例如，通道类指标是基于"股价在通道之中运行"这一理念而创造的，较为典型的通道类指标有布林线指标和麦克指标；停损类指标则是基于股市设置停损价位的模型而得出的。可以说，任何一种较为独特的操盘理念都可以转化为定量的指标表现形态。

6.2 移动平均线基础知识

移动平均线（Moving Average，MA）是依据道氏理论中的"平均成本"概念，并借助于数学中的移动平均方法而发明的一种趋势类指标。它的主要作用就是直观、清晰地展示投资者的平均持仓成本及持仓成本的变化情形，并依据持仓成本的变化来指示趋势运行情况。

在整个指标体系中，MA 是很多趋势类指标的基础，其他很多趋势类指标（例如 MACD）都是建立在 MA 的基础之上的。可以说，MA 是我们应首先了解并掌握的。

6.2.1 MA 的原理

趋势运行情况最直接、明晰的表现方式就是市场平均持仓成本的发展方向。对于持仓成本来说，有两个关键点：一是"要取平均值"，只有平均值才能反映市场整体；二是要兼顾不同的时间周期，短期与中期、长期的市场平均持仓成本并不相同，了解短期持仓成本与中长期持仓成本之间的关系也是要点之一。

MA 的设计原理就是以"市场平均持仓成本的发展方向"为核心，通过直观的指标线来呈现短期、中期和长期的市场平均持仓成本的变化情况，进而展示趋势运行情况。

MA 可以很好地呈现持股者的平均持仓成本的变化情况，因而可以较为准确地呈现趋势运行情况。如果我们可以结合 MA 的走向及市场估值状态的变化等因素来综合分析，则所得出的结论将更为准确。

除此之外，我们也应注意，平均持仓成本的变化情况只适用于反映当前的趋势运行情况，虽然趋势形成之后有着较强的惯性使其在原有轨道上运行，但趋势也会出现转折。因此，我们还应密切关注后续的买卖盘交锋情况，看看是否出现了多空力量此消彼长的情况。多空力量的变化情况也可以通过平均持仓成本曲线来反映，短期曲线较为灵敏，中长期曲线则较为稳定。在实际应用中，将不同周期的 MA 相结合，既可以使我们很好地识别当前趋势，也可以在一定程度上帮助我们把握趋势的转向。

6.2.2　MA 的计算方法

MA 是如何反映市场平均持仓成本的变化情况，进而反映趋势运行情况的呢？这个问题就涉及了 MA 的计算方法。

MA 通过将若干个交易日的持仓成本进行算术平均，进而得到这一时间周期的平均持仓成本。在选取某个交易日的持仓成本数据时，一般以当日的收盘价 C_n 为计算依据。

下面以 C_n 来代表第 n 日的收盘价，以时间长度为 5 日的均线 MA5 为例说明计算方法，第 n 日的 5 日均线 MA5 在当日的数值为：

$$MA5_{(n)} = （C_n + C_{n-1} + C_{n-2} + C_{n-3} + C_{n-4}）÷ 5$$

计算得出每个交易日的指标数值，并将这些数值连成平滑曲线，便得到了我们经常见到的 MA。除了 5 个交易日这一常用的短时间周期外，其他常用的时间周期还有 10 日、15 日、20 日、30 日、60 日、120 日等。在实盘操作中，我们可以主要关注 5 日均线 MA5、15 日均线 MA15、20 日均线 MA20 和 30 日均线 MA30。其中，MA5 较为灵敏，有助于我们及时发现趋势变化信号，也可以指导短线操作；MA20 与 MA30 较为稳定，可以指示中期走势。

这些时间周期长短不一的均线共同组成了均线系统，通过均线的排列形态、均线与均线之间的交叉及位置关系，我们可以更好地展开趋势性的操作。

6.2.3　格兰维尔均线系统知识

关于 MA 的用法，美国证券分析家格兰维尔进行了系统性的总结，归纳了 4 个买入信号与 4 个卖出信号，它们较为系统、全面地展示了均线系统的买卖时机，是我们学习、运用均线时应掌握的重点之一。

图 6-1 展示了格兰维尔移动均线的 8 个买卖信号，图中有较细的实线与较粗的虚线两条曲线。一般来说，实线代表短期均线 MA5，虚线代表中期均线 MA30（或 MA60）。两条曲线之间的位置及交叉关系，向我们展示了均线系统在趋势运行的各个阶段发出的买卖信号。

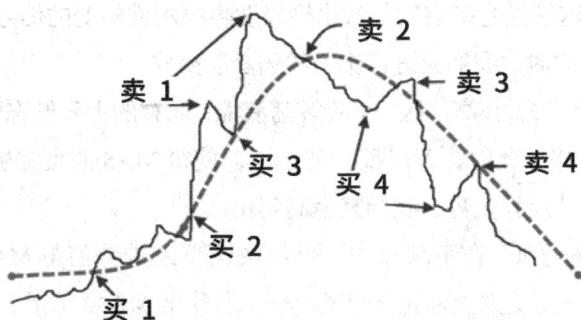

图 6-1 格兰维尔移动均线的 8 个买卖信号

（1）买入信号 1。在中长期的低位区，由于多方力量并不占据主导地位，此时的 MA5 位于 MA30 下方。若出现 MA30 开始走平。且随后 MA5 向上交叉并穿越 MA30 的形态，则表明多方力量在低位区积蓄完毕，已开始发动攻势，是上升行情即将出现的标志，也是升势形成初期发出的买入信号。

（2）买入信号 2。在升势开始后，此时的 MA5 于 MA30 上方运行，但多方力量的优势局面不明显，涨势十分缓慢，因中短期内获利抛压的影响，MA5 向下跌破 MA30，趋势运行再度陷入不明朗的状态。随后，若 MA5 再度上行，且有交叉穿越 MA30 的倾向时，则表明之前的回落走势仅是一波短期回调，新一波上涨走势即将展开，这可以看作是升势中的追涨买入信号。

（3）买入信号 3。在上升途中，短期内的一波快速上涨后，MA5 向上远离 MA30，这是短期内多方力量快速释放的结果，但由于涨速过快导致获利抛压明显增强，市场已处于超买状态，股价有再度向下靠拢 MA30 的倾向。当一波回落走势使得 MA5 跌至 MA30 附近，并且 MA30 对 MA5 形成了有效支撑时，此时可以看作是升势中的回调买入时机。

（4）买入信号 4。在下跌途中，MA5 于 MA30 下方运行，短期内的快速、深幅下跌使得 MA5 向下明显远离了 MA30，这时的市场处于短期超卖状态，被套盘惜售情绪明显，短期内的抛压已得到充分释放。此时，只需少量的买盘入场推动，个股即可迎来一波强势反弹，这是下跌途中博取反弹行情的买入时机。

（5）卖出信号 1。在上升途中，短期内的一波快速上涨后，MA5 向上远离 MA30，这时的市场处于短期超买状态，有回调释放获利抛压的需要，此时也是中短线逢高卖出的时机。

（6）卖出信号 2。在累积涨幅较大的高位区，如果 MA5 由上方向下滑落并跌破了 MA30，这往往是多空力量对比格局发生根本性转变的信号，也是中期顶部出现的信号，此时，我们应进行中长线的卖股操作。

（7）卖出信号 3。在高位区，个股震荡滞涨，原有的上升形态已被完全打破，股价重心震荡下移。此时，若出现一波上涨，使得 MA5 向上突破了 MA30，一般来说则只是一波反弹走势，我们宜逢高卖出。

（8）卖出信号 4。在下跌途中，一波快速下跌走势使得 MA5 向下远离了 MA30。随后，一波反弹上涨走势使得 MA5 上升至 MA30 附近，但 MA30 一般会对其构成压制，此时便为下跌途中出现反弹高点的卖出时机。

6.3　MA 共振信号

MA 的共振信号就是 MA 发出的买卖信号。若 MA 发出的买入信号与其他指标发出的买入信号同时出现，则构成共振买入时机；若卖出信号同时出现，则构成共振卖出时机。本节中，我们以 MA 对趋势运行情况的反映为基础，结合 MA 之间的交叉、生命线 MA20 的用法等内容，来看看常见的 MA 共振信号有哪些。

6.3.1　MA 的排列与趋势

当价格处于升势（或跌势）中时，时间周期长短不一的多条 MA 以多头排列（或空头排列）形态向我们展示当前的趋势运行状态。

当趋势处于上涨之中时，其形态特征是：较短周期的 MA 会位于较长周期的 MA 的上方，且整个均线系统呈向上发散状态。这种排列形态也是升势中市场持仓成本变化情况的体现。在升势中，后续入场的买盘不断推升价格，因此，后入场的买盘的持仓成本要高于之前入场的买盘，相应地，短期的市场平均持仓成本也自然较高。正是基于充足的后续买盘推动，升势才能持续地运行下去，这是升势的典型状态，通过 MA 的排列形态得以直观呈现。

与之相反的是跌势。当趋势处于下跌之中时，其形态特征是：较短周期的 MA 会位于较长周期的 MA 的下方，且整个均线系统呈向下发散状态。这种排列形态也是跌势中市场持仓成本变化情况的体现。在跌势中，价格走势呈震荡下移状，因此，后入场的买盘的持仓成本要低于之前入场的买盘，相应地短期的市场平均持仓成本也自然较低。

图 6-2 为宝鹰股份 2019 年 3 月至 11 月的走势图。图中由细到粗的 4 条 MA 分别是 MA5、MA10、MA20 和 MA30，其时间周期有短有长，组成了一个完备的均线系统。依据均线系统的不同排列形态，我们可以较好地观察市场平均持仓成本的变化情况。

个股在此期间先后出现了空头排列与多头排列形态。空头排列形态出现在高位盘整走势之后，是破位行情展开、跌势出现的信号；多头排列形态出现在低位长期震荡之后，是突破行情展开、升势出现的信号。

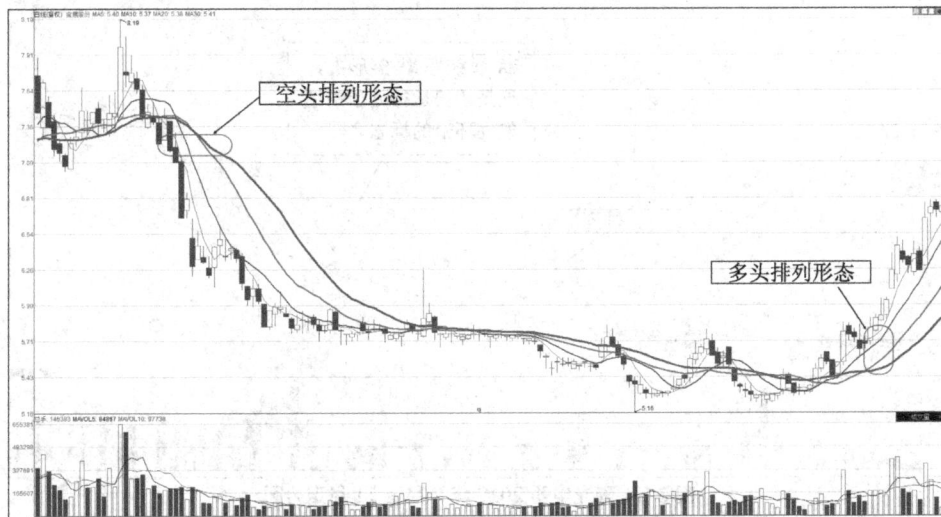

图 6-2 宝鹰股份 2019 年 3 月至 11 月走势图

6.3.2 趋势中继的 MA 的形态

在趋势运行的过程中，MA 的多头排列（或空头排列）形态会因价格的上下波动而不再明显，此时的短期 MA 与中期 MA 或靠拢，或交叉，但这并不是趋势转向的信号。在更多的时候，这只是趋势运行过程中的震荡或整理环节的开始。在实盘操作中，利用均线形态的一些典型特征，可以帮助我们识别趋势运行过程的中继环节。

在上升（或下跌）趋势中，MA 的黏合形态代表着趋势的短暂整理环节，此时，短期 MA 会由上向下（或由下向上）靠拢中期 MA，从而使得多条 MA 相互靠近并黏合在一起，这是一种特殊的 MA 组合形态，也是趋势处于中继整理环节的直观体现。

图 6-3 为国光电器 2019 年 7 月至 11 月的走势图。个股自低位区开始震荡上扬，且 MA 系统开始呈多头排列形态，表明个股当前处于上升趋势中。在累积涨幅不大的位置点，股价小幅度回落并开始整理，此时的短期 MA 开始向下靠拢中期 MA，呈现黏合形态，这是中继整理环节的标志之一。

在个股累积涨幅不大，市场整体环境趋好的情况下，MA 的这种排列形态也可以看作是升势中的回调买入信号。

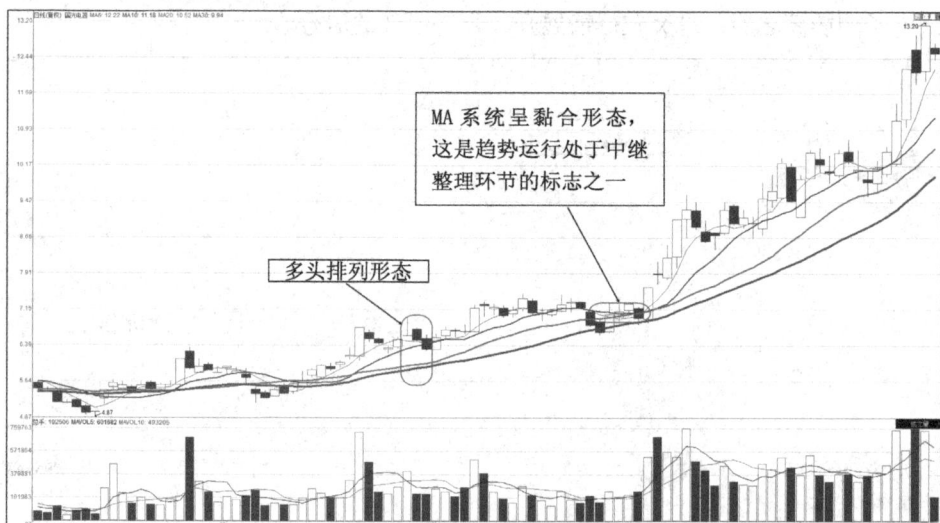

图 6-3　国光电器 2019 年 7 月至 11 月走势图

MA 的黏合形态代表着价格反向波动幅度不大，多为小幅度的整理环节。但在趋势运行的中继环节，也会出现幅度较大的震荡走势，这会彻底打破原有的 MA 排列形态，使周期长短不一的多条 MA 相互交叉、缠绕。此时，我们可以借助于更具稳定性的中期均线 MA30 或 MA60 来分析，如果 MA30 或 MA60 的延伸方向依旧与原有趋势一致，则在中期操作中应仍以顺势为主；如果 MA30 或 MA60 开始走平或反方向运行，则应结合累积涨跌幅度以及股价与 MA30 或 MA60 之间的位置关系来进行综合分析。

一般来说，在累积涨幅不大（或刚刚展开）的上升趋势中，此时的 MA30 或 MA60 走平或下倾并不代表升势的终结，只要股价不能长时间位于 MA30 或 MA60 下方，则随后继续步入升势的概率依旧很大；在累积跌幅不大（或刚刚展开）的下跌趋势中，此时的 MA30 或 MA60 走平或上行并不代表跌势的终结，只要股价不能长时间站稳于 MA30 或 MA60 上方，则随后继续步入跌势的概率依旧很大。下面，我们结合一个案例加以说明。

图 6-4 为浙江交科 2018 年 12 月至 2019 年 6 月的走势图。个股在下跌途中出现了一波持续时间长、幅度较大的上涨走势，打破了原有 MA 的空头排列形态，此时的 MA30 也转向上行。由于中短期上涨幅度较大，积累了较多的获利抛压，且趋势反转也不是一蹴而就的，所以此时的趋势运行方向不明朗。在实盘操作中，投资者不宜追涨，宜观望。

随着横向震荡的持续，可以看到 MA30 再度出现下倾迹象，且股价也长时间位于 MA30 下方，这表明随着震荡行情的延续，空方力量再度占据了主导地位，新一轮下跌行情或将展开。

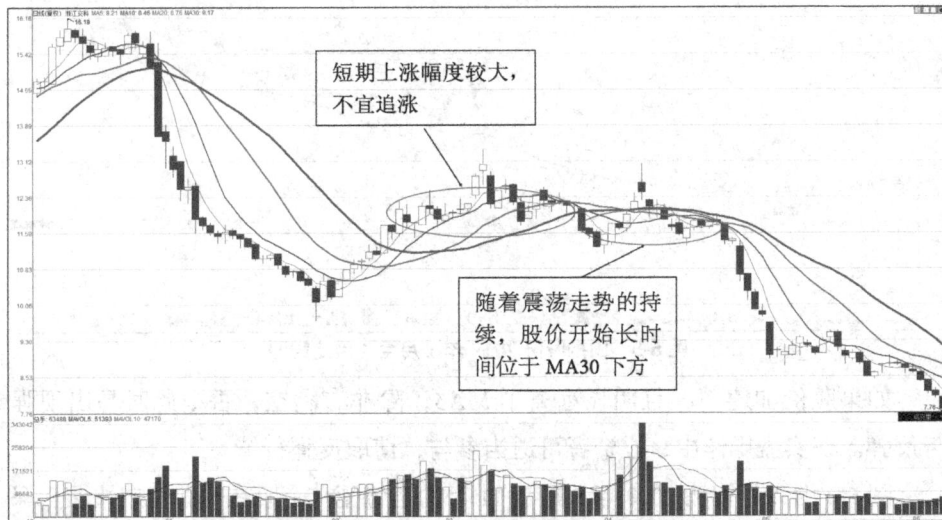

图 6-4 浙江交科 2018 年 12 月至 2019 年 6 月走势图

MA 可以很好地呈现趋势，但 MA 系统形态的变化速度却较为缓慢，若仅依据多空排列形态的变化来把握买卖时机，则获得的信息往往会严重滞后。除了 6.2.3 中列出的格兰维尔 8 个买卖信号外，在后面的小节中，我们又总结了几种较为实用的交易方法，它们可以看作是 MA 所发出的共振信号。

6.3.3 股价加速远离 MA5 共振信号

MA5 代表着短期内的市场平均持仓成本。如果股价加速上涨且明显远离 MA5，除非有利多或热点题材的持续驱动，否则这种上涨是较难站稳于高位区的，价格走势因获利抛压而出现深幅回落的概率较大，此时宜锁定利润，卖股离场。

图 6-5 为山推股份 2019 年 1 月至 4 月的走势图。在横向整理之后，个股开始突破上扬，但由于个股的突破速度过快，股价远离了 MA5，且没有明显的利多驱动，所以这种突破行情是较难持续的，容易引发突破行情的反转。在实盘操作中，投资者不宜追涨，而应卖出。

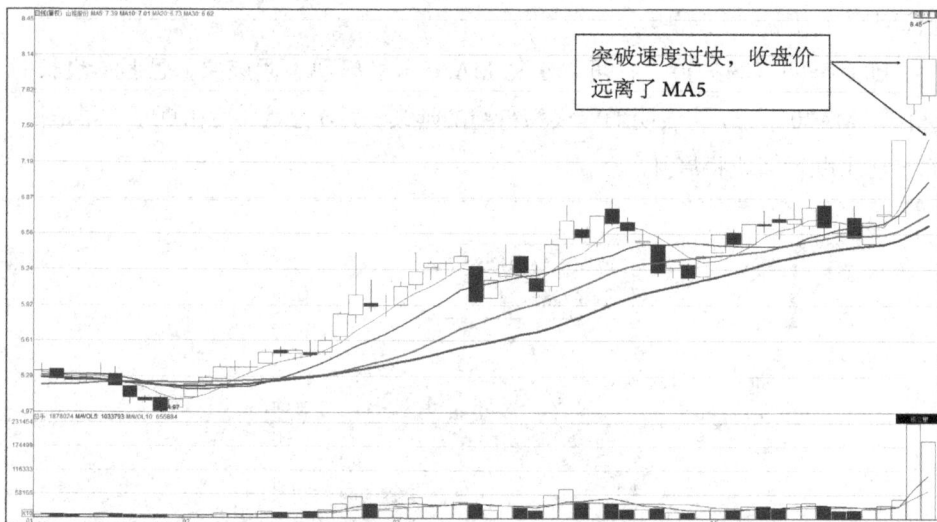

突破速度过快，收盘价远离了 MA5

图 6-5　山推股份 2019 年 1 月至 4 月走势图

如果股价加速下跌且明显远离了 MA5，除非有利空，否则此时易出现强势反弹。在实盘操作中，投资者可适当参与，博取反弹行情。

图 6-6 为先导智能 2018 年 8 月至 11 月的走势图。个股在一波短期快速、深幅的下跌走势中，出现了股价向下远离 MA5 的情形，且这并非利空所致。随后，基于股价回归靠拢 MA5 的倾向，个股出现了一波强势的反弹行情。

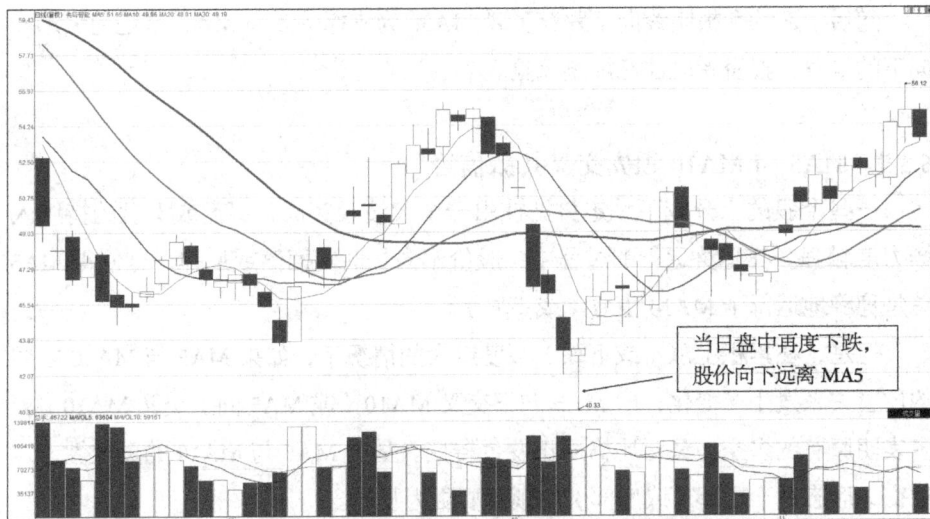

当日盘中再度下跌，
股价向下远离 MA5

图 6-6　先导智能 2018 年 8 月至 11 月走势图

6.3.4　靠拢后的方向性共振信号

持续的横向震荡往往使得周期长短不一的多条 MA 靠拢在一起，这是多空力量均衡的标志，但是这种均衡一旦打破，往往就是一轮大规模的上升或下跌行情出现的标志。

图 6-7 为安阳钢铁 2019 年 1 月至 5 月的走势图。个股在升势中出现了长时间的横向震荡走势，多条 MA 开始聚拢在一起，MA30 明显走平，表明趋势即将转向。

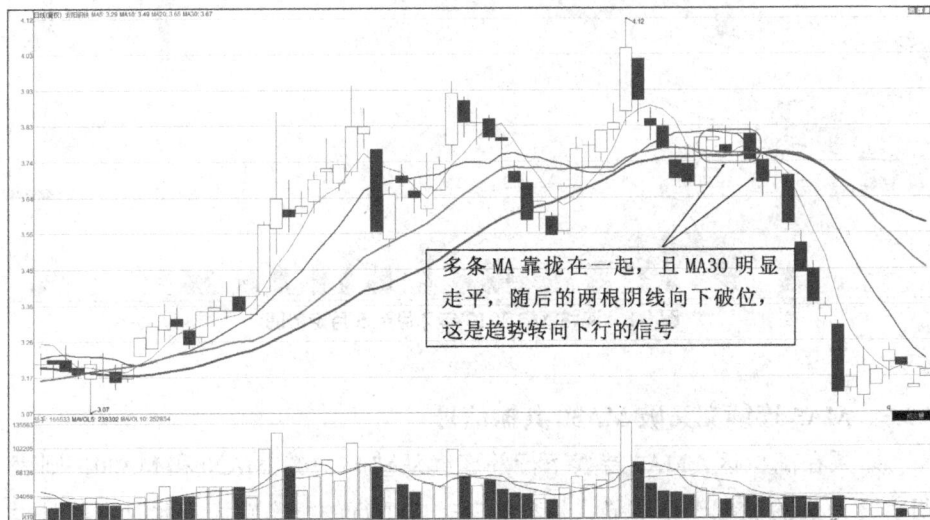

多条 MA 靠拢在一起，且 MA30 明显
走平，随后的两根阴线向下破位，
这是趋势转向下行的信号

图 6-7　安阳钢铁 2019 年 1 月至 5 月走势图

随后，连续两根阴线向下跌穿了以 MA30 为支撑的多条 MA，这是趋势选择向下的信号，投资者应注意规避风险。

6.3.5　MA5 与 MA10 领先交叉共振信号

一些个股的上升或下跌走势往往由一个大波段完成，买盘或卖盘的持续入场力度较强。在趋势运行的过程中，股价不会长时间回落或反弹，这使得 MA5 总是稳稳地运行于 MA10 上方（或下方）。

但是，在累积上涨（或下跌）幅度过大的情况下，如果 MA5 与 MA10 之间的位置关系发生了变化，即 MA5 向下交叉 MA10（或 MA5 向上交叉 MA10），多表明原有的多空力量对比格局正发生转变。基于 MA5 与 MA10 的灵敏性，这种交叉形态对于顶部（或底部）的预示要更为及时。

图 6-8 为鸿路钢构 2019 年 2 月至 5 月的走势图。个股在持续上升过程中，MA5 一直稳稳站于 MA10 上方，但在累积涨幅较大的位置区，出现了 MA5 向下交叉 MA10 的形态，这是升势见顶的提示，投资者应注意规避趋势转向的风险。

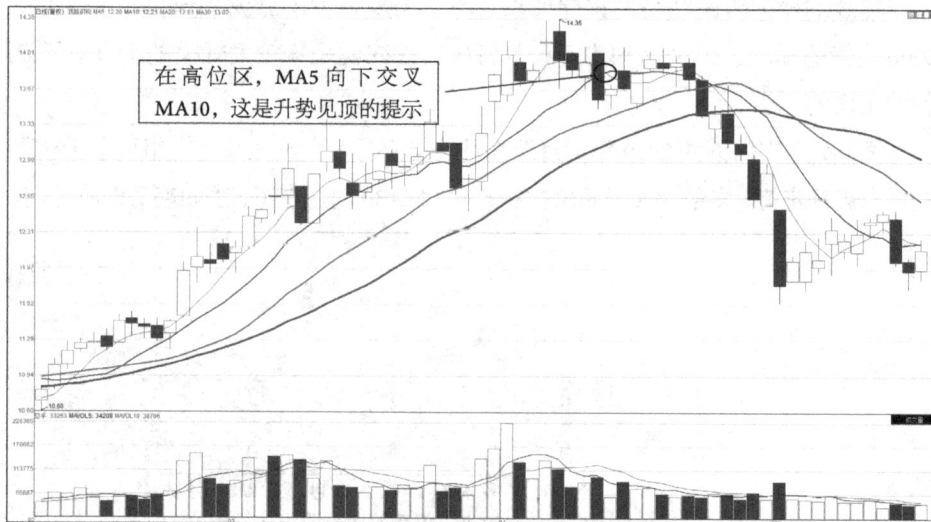

图 6-8　鸿路钢构 2019 年 2 月至 5 月走势图

6.3.6　MA5 连续交叉破 MA30 共振信号

如果在高位区，MA5 持续下行并连续跌破 MA10、MA20 和 MA30，则表明空方力量的优势十分明显，趋势加速转向下行的概率较大，此时宜及时卖出；如果在低位区，MA5 持续上行并连续突破 MA10、MA20 和 MA30，则表明多方力量的优势十分明显，趋势加速转向上行的概率较大，此时可适当追涨入场。

图 6-9 为青松股份 2019 年 1 月至 6 月的走势图。在高位区的一波回落走势中，出现了 MA5 持续下行并连续跌破 MA10、MA20 和 MA30 的形态，这是空方力量明显占优的标志，表明下跌趋势初步形成，并有加速下跌的倾向，此时宜及时卖出。

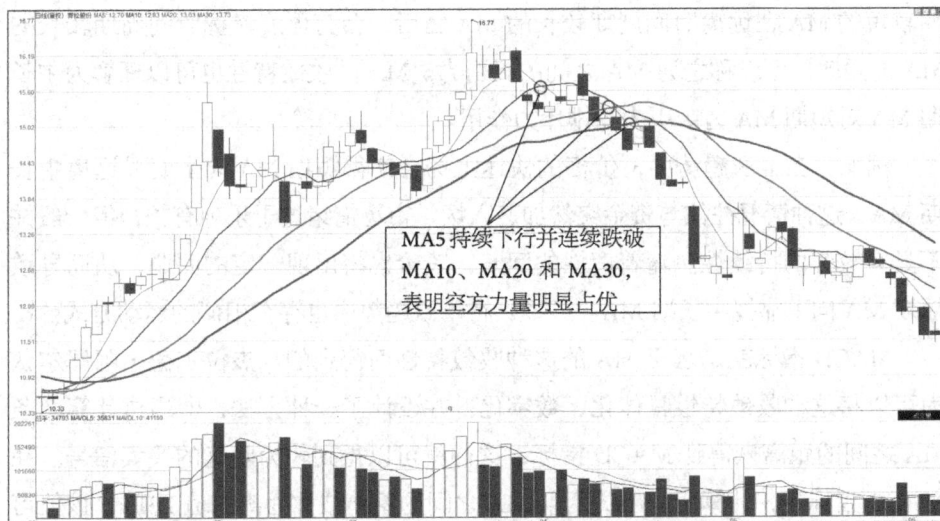

图 6-9 青松股份 2019 年 1 月至 6 月走势图

6.4 MACD 共振信号

MA 更适用于升势或跌势相对明朗的情形，此时利用 MA 可以做出较为理想的买卖决策。但是，在价格走势处于横盘整理阶段的时候，MA 往往会发出不准确的信号，那么有没有一种指标能弥补这一不足呢？

杰拉条德·阿佩尔（Gerald Appel）于 1979 年提出的指数平滑异同移动平均线（Moving Average Convergence Divergence，MACD）指标，因其独特的设计原理，既继承了 MA 呈现趋势的稳定性，又兼具了反映价格短期波动的灵敏性，从而使其在整个指标体系中占据着极为重要的地位，其所发出的买卖信号也较为稳定、准确。

6.4.1 MACD 指标的原理

美国证券市场的优秀技术分析师杰拉尔德·阿佩尔（Gerald Appel）对 MA 进行了深入的研究，并发现了 MA 的一种特性——"收敛特性"，即时间周期相距较大的不同的 MA 在运行中会随着价格的波动而呈现出一种相互聚合、分离、再聚合的特性。简单来说，收敛特性就是指，当时间周期较短的 MA 与时间周期较长的 MA 相互靠拢或黏合在一起时，时间周期相对较短的 MA 会有再度远离时间周期较长的 MA 的动力与倾向，可以称之为 MA 之间的排斥力；时间周期较短的 MA 在远离时间周期较长的 MA 之后，会有再度靠拢时间周期较长的 MA 的倾向，可以称之为 MA 之间的吸引力。MA 的收敛特性也可以理解为中长期 MA 对短期 MA 有吸引力与排斥力作用。

例如，在上涨趋势中，价格的快速上扬会使得短期 MA 向上明显远离中长期 MA，这种情况往往与资金突然加速入场、市场情绪过于乐观有关，但一般并不具有较强的持续性。随着理性的回归，股价也将出现一定的回调，从而导致短期 MA 向下靠拢中长期 MA。同理，在下跌趋势中也存在相似的运动方式。

MACD 指标就是基于 MA 的这种收敛特性而得到的。杰拉尔德·阿佩尔认为可以将这种收敛特性具体化、数字化，并设计了一种方法，即通过计算两条 MA 之间的距离来得到 MACD 指标，这样就可以得到较为明确的买卖信号。在 MACD 指标中，计算所得出的两条 MA 之间的距离被称为离差值 DIFF，该值可以反映两条 MA 的偏离程度，且可以作为研判价格波动的依据。

6.4.2 MACD 指标的计算方法

MACD 指标主要由 3 部分构成，即移动平均线（EMA）、离差值（DIFF）和离差平均值（DEA）。其中，DIFF 是核心，DEA 是辅助。

MACD 指标在股票行情软件的相应指标窗口中是以"MACD（12，26，9）"这样的形式呈现的。其中，"26"即 26 个交易日，是计算 MACD 指标时的慢速移动均线，"12"即 12 个交易日，是计算 MACD 指标时的快速移动均线。在得出计算结果后，由于要将数值连成平滑的曲线，所以 9 日就是进行平滑处理时所设计的时间周期。

计算时，快速移动均线用 EMA1（时间周期为 12 日）表示，慢速移动均线用 EMA2（时间周期为 26 日）表示。DIFF 是快速移动均线（EMA1）和慢速移动均线（EMA2）的差值。DEA 是 DIFF 的移动平均线，在实际应用中可将 DIFF 的变化方式及它与 DEA 的交叉关系作为分析依据。

1. 计算收盘价的移动平均值，分别以 12 日、26 日为时间周期

EMA1=EMA（收盘价，12）=【2×当日收盘价 +（12-1）× 上一日的 EMA1 数值】/（12+1）。

EMA2=EMA（收盘价，26）=【2×当日收盘价 +（26-1）× 上一日的 EMA2 数值】/（26+1）。

将每个交易日的 EMA1 数值用平滑的曲线连接起来，可以得到一条周期为 12 日的移动平均线，用同样的方法可得到一条周期为 26 日的移动平均线。

2. 计算 DIFF

DIFF=EMA1 – EMA2。

DIFF 的正负情况反映了两条移动平均线之间的位置关系，DIFF 的绝对值大小则反映了它们之间的偏离情况。

3. 计算 DIFF 的 9 日 EMA

DEA=EMA（DIFF，9）。

对 DIFF 进行平滑处理有两个好处。一是可以消除曲线运行中的偶然性噪音，使其表现得更为稳定；二是可以结合 DIFF 曲线，以指标的通用设计方法来指导实战。

4. 计算 MACD 数值

MACD=（DIFF-DEA）×2，其数值大小是 DIFF 与 DEA 差值的 2 倍，放大了曲线之间的偏离情况。通过将 MACD 指标值以柱状线的形式输出，可以将 DIFF 线与 DEA 线之间的分离聚合情况立体化、形象化。

当柱状线位于 0 轴上方时，用红色表示；当柱状线位于 0 轴下方时，用绿色表示。这样，数值的正负、变化都会变得更直观，这有助于我们了解 DIFF 曲线的变化情况。可以说，柱状线是使用 MACD 指标的关键要素之一。

6.4.3 0 轴的相对位置与趋势

我们知道，在上升趋势中，MA 的典型特征是多头排列形态，在下跌趋势中则为空头排列形态，MACD 指标是以 MA 为基础的，所以它也有反映趋势这一特点。

在上升趋势中，时间周期相对较短的 MA 较为稳定地运行于时间周期相对较长的 MA 上方，而 MACD 指标中的 DIFF= EMA（12）– EMA（26），因此，在上升趋势中出现的 MA 多头排列形态会导致 DIFF 线稳定地站于 0 轴上方。虽然期间可能因价格回调或整理而使得 MA 多头排列形态被破坏，但这是暂时的，DIFF 线即使出现了跌破 0 轴的情况，随后也能够较快地再度上行并站于 0 轴上方。

图 6-10 为宝信软件 2018 年 12 月至 2019 年 10 月的走势图。在个股步入上升趋势后，可以看到 MACD 指标线一直稳健地运行于 0 轴上方。在上升途中，个股出现了持续时间较长的横向震荡走势，价格有所调整，也使得 MACD 指标线向下跌破了 0 轴，但其在 0 轴下方的运行时间并不长；随后，当个股重拾升势时，MACD 指标线再度稳健地站于 0 轴上方。可以说，MACD 指标线与 0 轴之间的这种稳定关系较好地呈现了趋势运行情况，可以为我们的中长线操作提供指导。

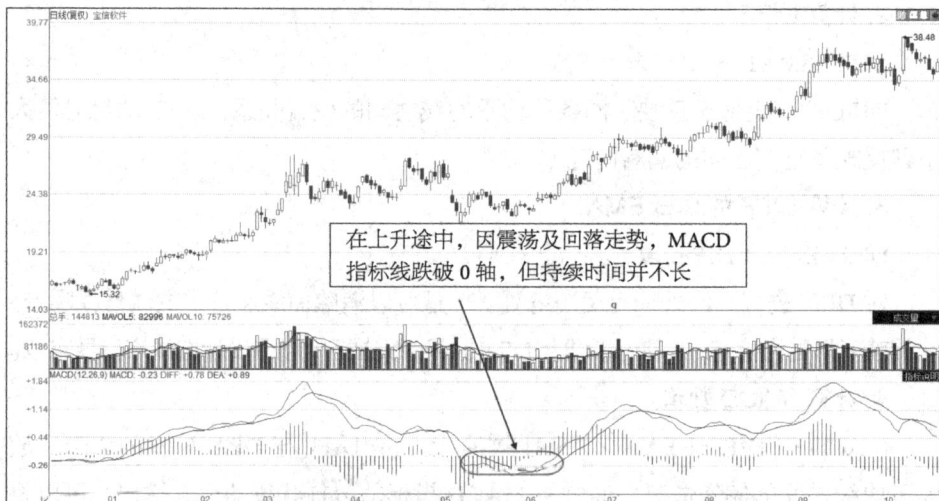

> 在上升途中，因震荡及回落走势，MACD 指标线跌破 0 轴，但持续时间并不长

图 6-10 宝信软件 2018 年 12 月至 2019 年 10 月走势图

在下跌趋势中，时间周期相对较短的 MA 长久地运行于时间周期相对较长的 MA 的下方，MA 的空头排列形态会导致 DIFF 线长时间位于 0 轴下方。虽然期间可能因价格反弹或整理而使得 MA 空头排列形态被破坏，但这是暂时的，DIFF 线即使出现了突破 0 轴的情况，随后也会因反弹行情结束而再度向下跌破 0 轴。

图 6-11 为南京化纤 2019 年 4 月至 11 月的走势图。可以看到，期间的 MACD 指标线持续运行于 0 轴下方，这是它对下跌趋势的直观反映，是我们把握趋势运行情况的一种方法。整个下跌过程漫长且下跌力度大，只要 MACD 指标线不能向上有效突破 0 轴，且个股累积跌幅不够深或未能有效降低下跌风险，就不宜轻易抄底入场。

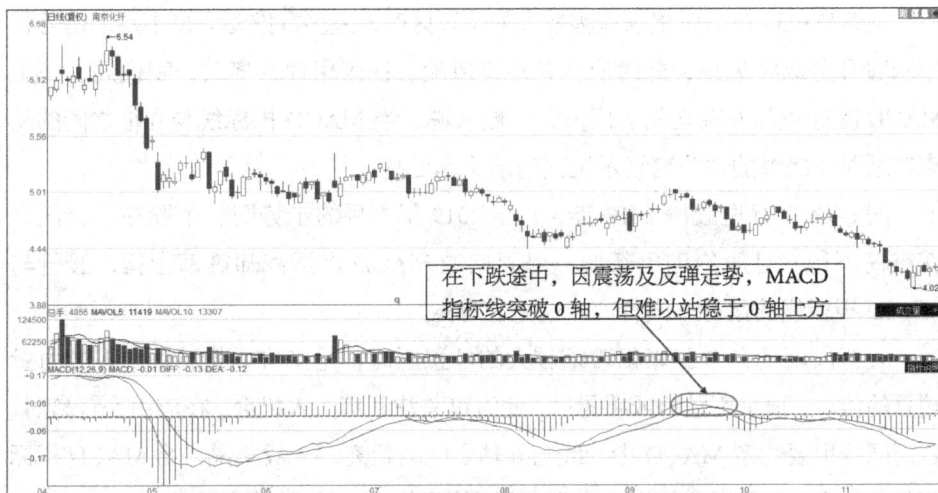

在下跌途中，因震荡及反弹走势，MACD指标线突破 0 轴，但难以站稳于 0 轴上方

图 6-11 南京化纤 2019 年 4 月至 11 月走势图

6.4.4 背离形态下的共振信号

MACD 指标的背离形态主要有两种表现情形：一种是顶背离，预示着升势的见顶；一种是底背离，预示着跌势的见底。下面我们结合两个不同的案例，来看看这两种背离形态是如何提示顶部区与底部区的。

图 6-12 为百联股份 2018 年 11 月至 2019 年 6 月的走势图。个股在高位区仍在震荡上扬，且股价创出新高，但同期的 MACD 指标线却震荡下行，股价与MACD 指标线的运行方向背离，这是顶背离。

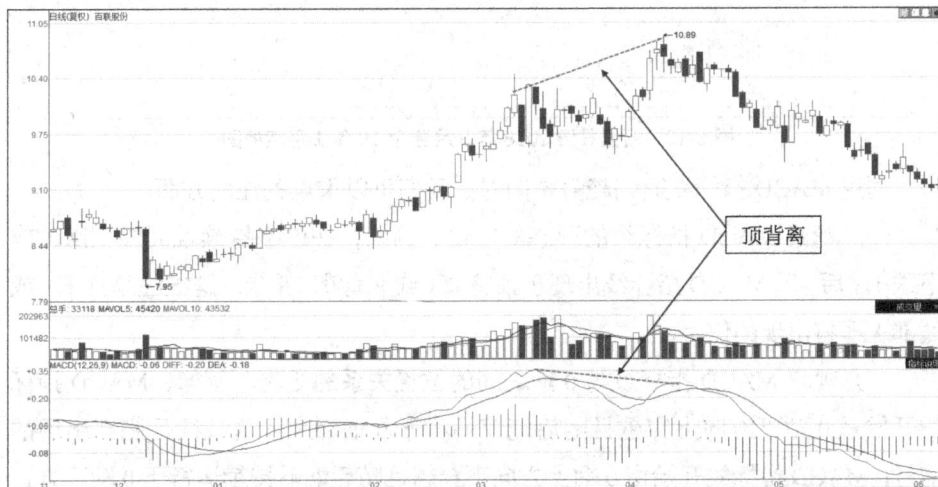

顶背离

图 6-12 百联股份 2018 年 11 月至 2019 年 6 月走势图

顶背离出现在个股累积涨幅较大的位置区时，是多方推动力量不足的信号，预示着升势或将见顶，此时应注意规避风险。在应用顶背离时，我们还应注意MACD指标线与0轴之间的距离，一般来说，当MACD指标线与0轴之间的距离较远时，此时的顶背离预示见顶的准确率更高。

图6-13为万里股份2018年5月至2019年1月的走势图。个股在低位区仍在震荡下行，且股价创出新低，但同期的MACD指标线却震荡上行，股价与MACD指标线的运行方向背离，这是底背离。

底背离出现在个股累积跌幅较大的位置区时，是空方力量减弱、多方力量转强的信号，预示着跌势或将见底，此时可关注底部买入机会。在应用底背离时，我们同样也要注意MACD指标线与0轴之间的距离，一般来说，当MACD指标线与0轴之间的距离较远时，此时的底背离预示见底的准确率更高。

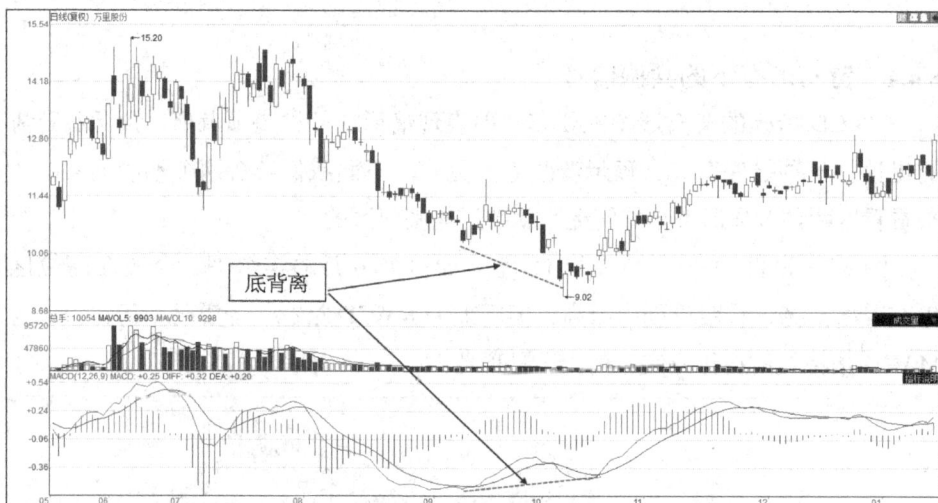

图6-13　万里股份2018年5月至2019年1月走势图

利用MACD指标线研判趋势转向时，我们可以重点关注两方面。

一是观察MACD指标线的形态的变化。例如，在价格持续且大幅上涨（或下跌）之后，若MACD指标线出现了顶背离（或底背离）形态，这往往是顶部（或底部）即将出现的信号。

二是观察MACD指标线与0轴之间的位置关系的变化。例如，MACD指标线开始从0轴下方向上穿越且随后能够站稳于0轴之上，这往往是底部出现的信号；MACD指标线开始由0轴上方向下穿越且随后能够持续运行于0轴下方，则是顶部出现的信号。

在实盘操作中，我们应结合 MACD 指标线的形态与价格走势这两点要素来进行综合分析，以此得出的结论才更为准确，而这也是江恩波动法则的核心思想。

6.4.5　一次交叉下的共振信号

MACD 指标线的交叉形态是指 DIFF 线向上（或向下）交叉 DEA 线的形态。向上交叉时，称为金叉，是多方力量明显转强的信号；向下交叉时，称为死叉，是空方力量明显转强的信号。但在实际应用时，并非每一次出现的金叉或死叉都是买卖信号，我们要结合 MACD 指标线与 0 轴之间的距离，以及价格走势特点来进行综合分析。

当 MACD 指标线在 0 轴上方且远离 0 轴的位置点出现死叉形态时，代表短期高点的市场抛压较强，这是深幅回落走势或将出现的信号；当 MACD 指标线在 0 轴附近出现死叉形态时，多表明整理走势即将结束，空方力量开始占优，这是破位行情或将出现的信号。

图 6-14 为宁波中百 2019 年 1 月至 5 月的走势图。个股在短线大涨后出现了整理走势，此时的 MACD 指标线出现死叉形态且距离 0 轴较远，MACD 指标线有靠拢 0 轴的倾向，且死叉形态代表空方力量转强，这表明一波深幅下跌走势或将出现，此时宜卖出离场。

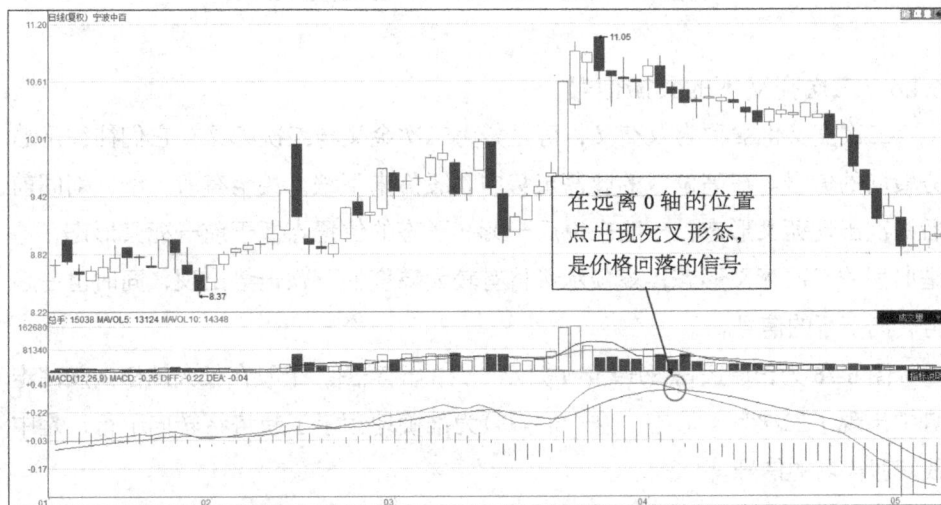

图 6-14　宁波中百 2019 年 1 月至 5 月走势图

当 MACD 指标线在 0 轴下方且远离 0 轴的位置点出现金叉形态时，代表短期低点的市场买盘力量增强，是反弹或反转行情有望出现的信号；当 MACD 指标线在 0 轴附近出现金叉形态时，多表明整理走势即将结束，多方力量开始占优，是新一轮上攻行情或将出现的信号。

图 6-15 为创业环保 2019 年 2 月至 7 月的走势图。个股在深幅下跌后的低位区出现整理走势，期间的 MACD 指标线出现金叉形态，且远离上方的 0 轴，这表明随后出现反弹行情的概率较大，投资者此时可以适当抄底买入。

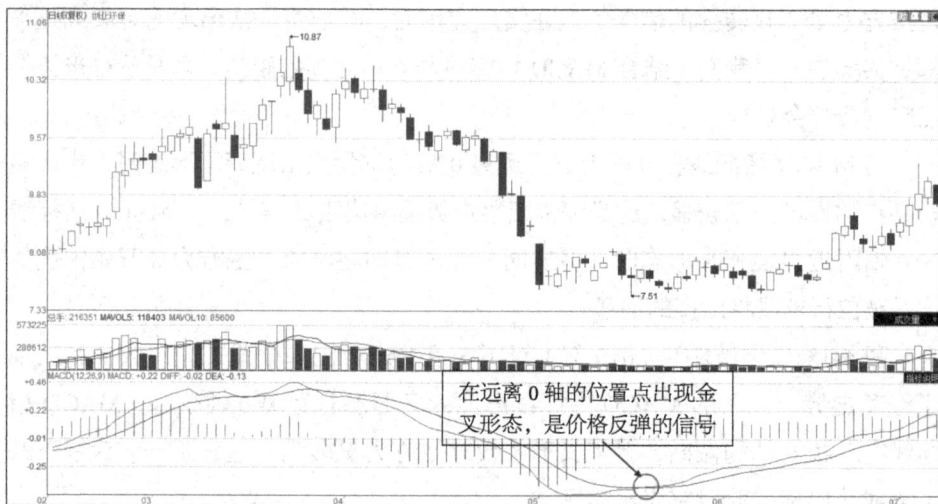

图 6-15　创业环保 2019 年 2 月至 7 月走势图

6.4.6　二次交叉下的共振信号

二次交叉也被称为双交叉，可以分为二次金叉与二次死叉，它们往往是趋势转向的信号。在高位区的震荡走势中，股价未下跌，甚至有所上涨，期间前后两次出现死叉形态，一般来说后一死叉形态的位置点低于前一死叉形态，这是典型的二次死叉形态，多预示着将有较大幅度的下跌走势出现，同时也是趋势转向下行的信号。

图 6-16 为银座股份 2019 年 1 月至 5 月的走势图。个股在长久的横向震荡走势中出现了二次死叉形态，这一形态较为准确地预示了趋势将转向下行，是中线卖股离场的信号。

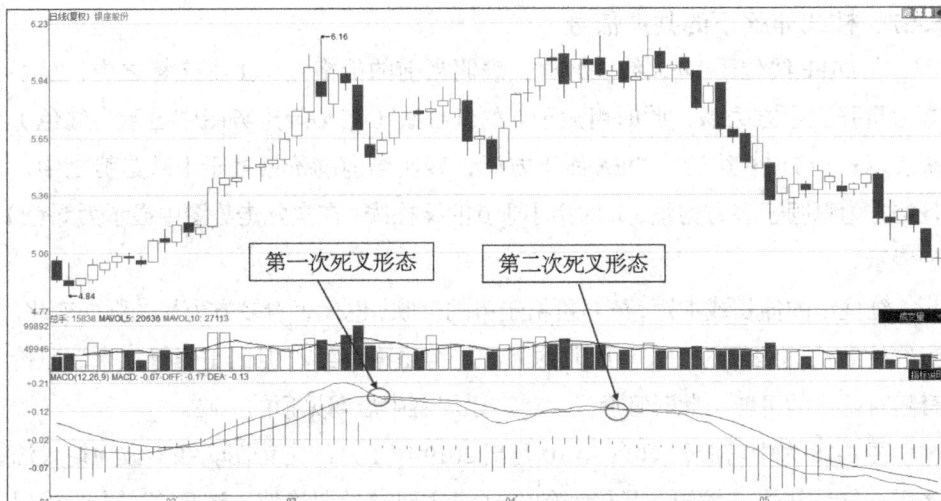

图 6-16　银座股份 2019 年 1 月至 5 月走势图

在低位区的震荡走势中，股价未上涨，甚至有所下跌，期间前后两次出现金叉形态，一般来说后一金叉形态的位置点高于前一金叉形态，这是典型的二次金叉形态，多预示着将有较大幅度的上涨走势出现，同时也是趋势转向上行的信号。

图 6-17 为星湖科技 2018 年 11 月至 2019 年 3 月的走势图。个股在低位区的横向震荡走势中出现二次金叉形态，预示了一轮较大规模的上升行情即将展开，是买入信号。

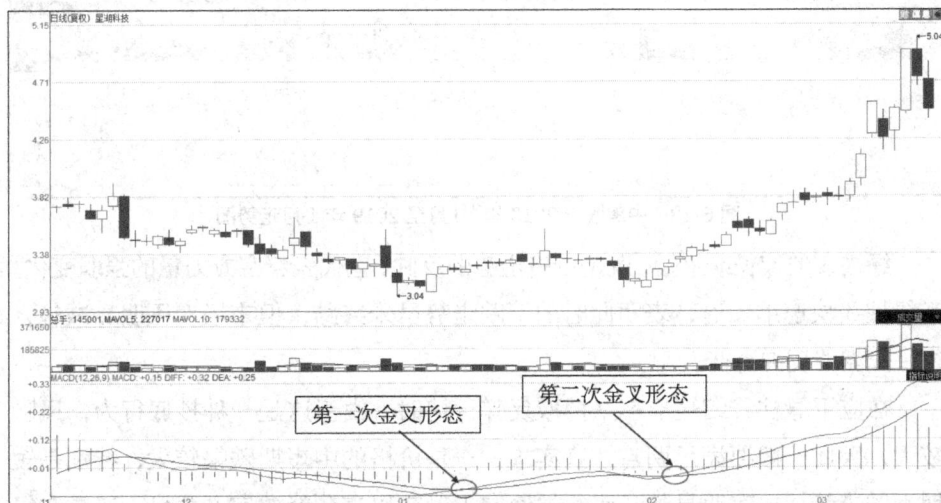

图 6-17　星湖科技 2018 年 11 月至 2019 年 3 月走势图

6.4.7 柱线伸缩下的共振信号

当 DIFF 线位于 DEA 线上方时，表明当前的价格处于上涨走势之中，且多方力量强于空方力量，此时用大于 0 的红柱线（在实际走势图中显示为红色）来表示；当 DIFF 线位于 DEA 线下方时，表明当前的价格处于下跌走势之中，且空方力量强于多方力量，此时用小于 0 的绿柱线（在实际走势图中显示为绿色）来表示。

红柱线的伸长或缩短，既是价格走势的反映，也代表着多方力量的强弱变化。当红柱线快速缩短时，表明此时的上涨走势虽未终结，但已是强弩之末，股价有随时调头的可能，此时宜逢高卖出，以规避中短期见顶的风险。

图 6-18 为中房股份 2018 年 10 月至 2019 年 1 月的走势图。在一波短期大涨之后，红柱线快速缩短，且近期的红柱线达到中长期峰值，这是多方力量难以再度增强，正由强转弱的信号；个股中短期见顶的概率大增，这是卖出信号。

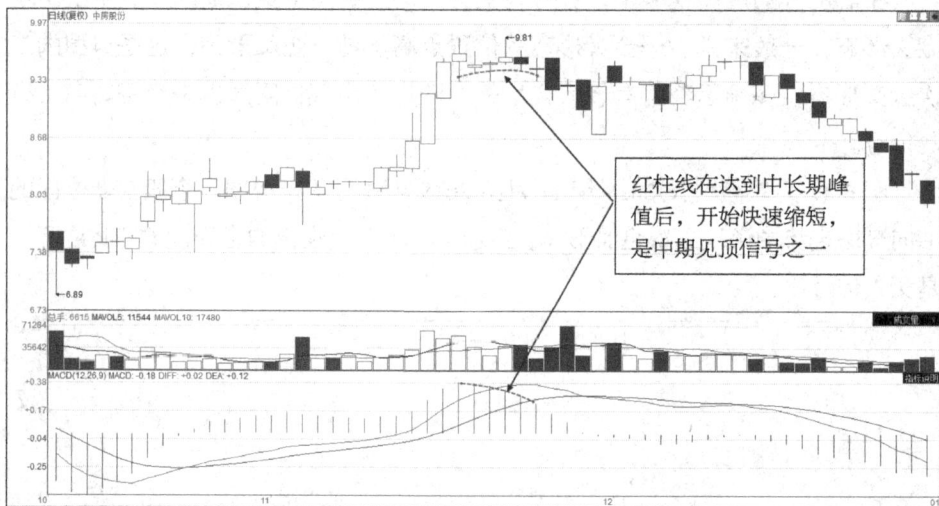

图 6-18 中房股份 2018 年 10 月至 2019 年 1 月走势图

绿柱线的伸长或缩短，既是价格走势的反映，也代表着空方力量的强弱变化。当绿柱线快速缩短时，表明此时的下跌走势虽未终结，但市场卖压明显减轻，往往酝酿着反弹行情。

在应用绿柱线缩短形态来博取反弹行情时，由于这是一种抄底行为，风险较大，因此一般要满足两点才宜实施：一是价格的中短期跌幅较大，特别是短期下跌走势，要有明显的长阴线加速向下形态以充分释放空方力量；二是在绿柱线缩短的过程中价格未出现明显反弹，仍处于短期低点。

图 6-19 为览海投资 2019 年 2 月至 5 月的走势图。在个股深幅下跌的过程中，可以看到绿柱线不断伸长，这是空方力量不断加强、下跌走势加速的信号，此时不可随意确定低点，应静待多方力量转强。随后，个股连续几日出现企稳走势，期间的绿柱线快速缩短，这是短期内多方力量开始转强的信号。由于此时的股价仍处于阶段性低点，反弹空间相对充足，因此在短线操作中投资者可适当参与买入，博取反弹行情。

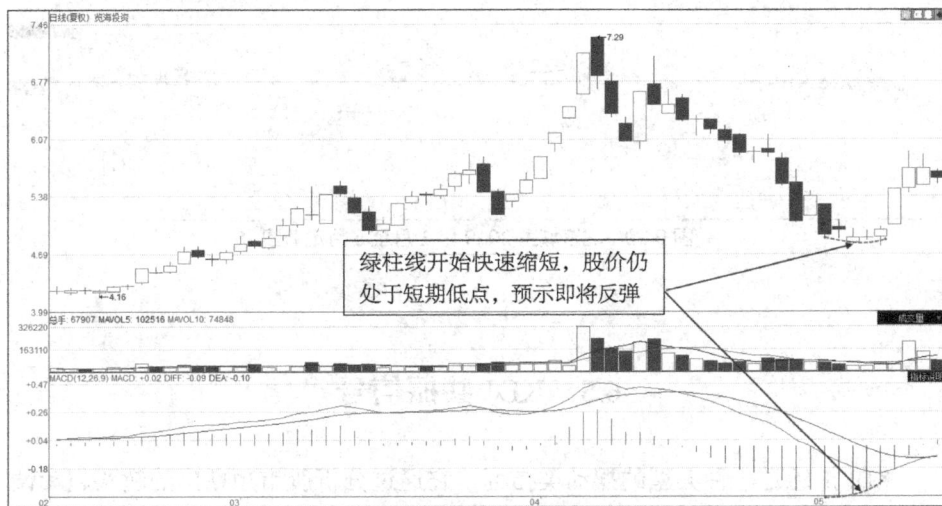

图 6-19 览海投资 2019 年 2 月至 5 月走势图

柱线的长短代表了多方（或空方）力量的强弱，在分析趋势运行时，它可以帮助我们了解个股的上涨动力（或下跌动力）是否充足，进而把握趋势的运行情况。下面，我们结合一个案例来看看柱线长短的变化是如何预示趋势即将见顶的。

图 6-20 为北京城乡 2019 年 1 月至 5 月的走势图。在个股起初的稳健攀升走势中，我们可以看到红柱线从整体来看是不断伸长的。但随着上涨的延续，在高位区的新一波上涨走势中，红柱线的均值却远远低于前期的上涨波段，这代表多方推动力量已明显减弱，此时的上涨既是因为趋势的惯性作用，也是因为抛压较轻，但并非多方力量充足的原因。

一旦卖压显现，当前的买盘力量是难以有效承接的，个股难以站稳于高位区，毕竟随着涨幅的增大，获利盘会明显增多。因此，红柱线均值的这种变化，可以看作是升势或将见顶的信号之一。

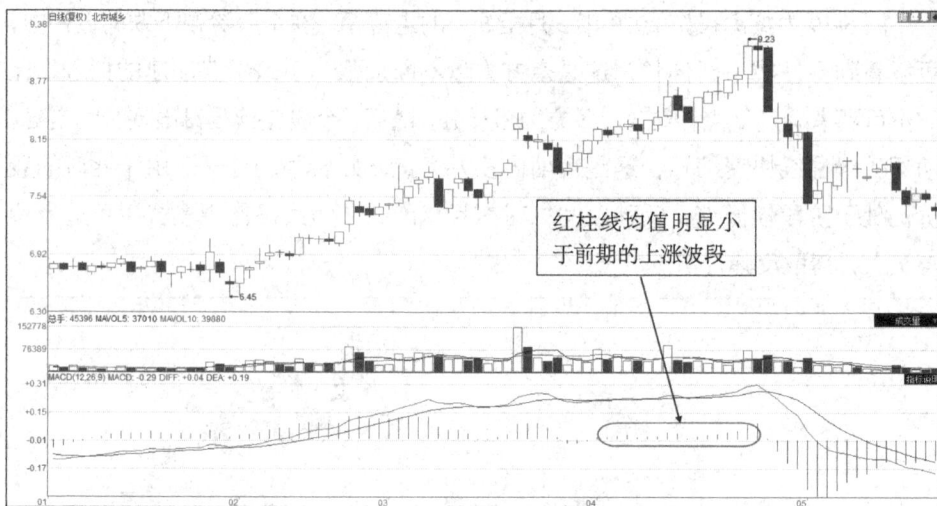

图 6-20　北京城乡 2019 年 1 月至 5 月走势图

6.5　KDJ 共振信号

　　KDJ 指标是一种典型的摆动类指标，它通过分析股市短期内的超买超卖情况来分析价格短期波动情况，适用于横向震荡的盘整行情，它与我们前面介绍的 MA、MACD 等可以呈现趋势运行的一类指标有着完全不同的设计理念。正是基于其独特的设计原理与适用范围，将其纳入多指标共振的研究中将收效显著。

6.5.1　KDJ 指标的原理

　　MA 的设计是以股价的收盘价作为参数的，而收盘价这个数据过于单一，无法呈现价格的盘中波动幅度，反映不了多空交锋的情况。因此，在一段行情中，价格的上下波动幅度很难通过 MA 来呈现。

　　乔治·蓝恩（George Lane）是股票市场中的技术分析大师，他最先认识到了这些缺点，所以基于全新的设计理念，创造了 KDJ 指标。KDJ 指标主要用于研究最高价、最低价与收盘价之间的偏离关系，同时，KDJ 指标也融合了动量观念、强弱指标和 MA 的一些优点。KDJ 指标的数值，可以用来考查当前价格在波动过程中偏离正常价格区间的程度。

在设计原理方面，摆动类指标引入了"平衡位置"这一概念，主要用于研判趋势不明朗的震荡行情。基于股价向平衡位置靠拢的理念，KDJ 指标认为：一定幅度的上涨就是卖出的理由，这是因为市场此时往往会进入超买状态；一定幅度的下跌就是买入的理由，这是因为市场此时往往会进入超卖状态。通过观察价格在短期内与平衡位置的偏离程度，来作为分析价格波动的依据。

平衡位置会随着股价重心的变化而不断移动，KDJ 指标只是提示短期内的偏离情况，并不指示趋势运行情况。因此，在 KDJ 指标窗口中，我们可以看到其指标线上下来回震荡，并没有明确的方向性。

6.5.2　KDJ 指标的计算方法

在 KDJ 指标窗口中，无论行情是上升、下降还是平台震荡，我们都会看到 KDJ 指标线在一个平衡位置的两侧来回波动。这一形态正反映了 KDJ 指标的设计原理，即无论是向上还是向下的价格波动，价格都将向其平衡位置靠拢。

那么，如何把这一理念转化为具体的指标公式呢？KDJ 指标通过研究最高价、最低价与收盘价之间的偏离关系，依托最高价、最低价及当日收盘价来计算出 K 值和 D 值。计算出每个交易日的 K 值、D 值，并将 K 值连成快速的 K 线，将 D 值连成慢速的 D 线，以此来进行研判。除此之外，KDJ 指标又引入了考查二者位置关系的 J 线。下面，我们来看看 KDJ 指标的计算方法。

1. 计算反映多空力量对比情况的未成熟随机值 RSV

RSV=（今日收盘价－最近 9 天的最低价）/（最近 9 天的最高价－最近 9 天的最低价）×100。（注：KDJ 指标一般取 9 日为时间周期，这是一个较短的时间周期。）

2. 计算 K 值、D 值与 J 值

当日 K 值 =2/3× 前一日 K 值 + 1/3× 当日 RSV 值。

当日 D 值 =2/3× 前一日 D 值 + 1/3× 当日 K 值。

（注：进行平滑计算时选用 3 天作为周期，式中的平滑因子 1/3 和 2/3 是经过反复测试后选定的。）

若无前一日 K 值与 D 值，则可分别用平衡值 50 来代替。

J 值 =（3× 当日 K 值）－（2× 当日 D 值）。

最早的 KDJ 指标只有两条线，即 K 线和 D 线，所以也被称为 KD 指标。K

值和 D 值可以用来判断股价偏离平衡位置的情况，在分析中，通过将 K 值连成快速线 K 线，D 值连成慢速线 D 线来共同进行研判。随着指标分析技术的不断发展，后来引入了辅助指标 J 值。J 值的作用是反映 K 值和 D 值的乖离程度，从而能够领先 K 值、D 值找出短期内的顶部或底部，进而提高 KDJ 指标的灵敏度。

6.5.3　KDJ 极限值下的共振信号

数值 50 是 KDJ 指标的平衡位置，慢速的 D 线数值能够较好地反映股价偏离短期平衡位置的情况，即呈现短期内市场是否进入了超买超卖状态。

一般来说，若价格的短期上涨导致 D 值接近或超过了 80，往往表明市场进入了超买状态，宜逢高卖出；若价格的短期下跌导致 D 值接近或低于 20，往往表明市场进入了超卖状态，宜逢低入场。简单来说，D 值超过 80 是超买，低于 20 是超卖。

但是，由于超买超卖信号往往领先于价格走势，所以当 D 值超过 80 或低于 20 时，若此时的价格短期波动幅度不大，则可进一步观察。D 值的状态可作为提示信号，让我们提前做好买卖准备，因为即使个股短期内进入了超买超卖状态，也并不一定预示着价格走势会马上反转，很多时候，基于惯性作用，股价还能继续沿原有方向再运行一段时间。

图 6-21 为株冶集团 2018 年 11 月至 2019 年 5 月的走势图。如图中标注所示，个股在两次短线大涨后均出现了 D 值超过 80 的情况，这是个股处于超买状态的标志，投资者应注意逢高减仓以规避股价回落的风险。

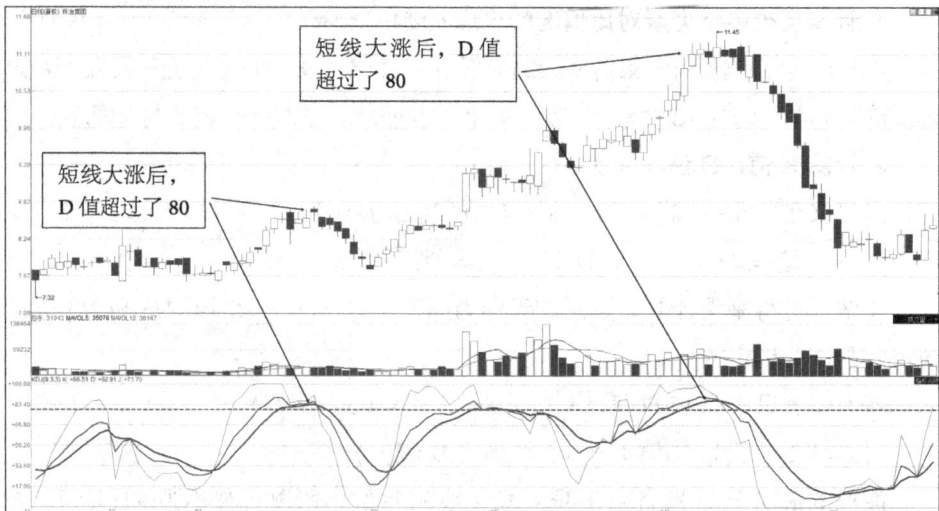

图 6-21　株冶集团 2018 年 11 月至 2019 年 5 月走势图

值得注意的是，当 D 值第一次超过 80 时，这种超买状态仅是短线调整的信号。随后，价格走势重回升势并大幅上涨，可以看出 KDJ 指标并不能反映趋势运行情况，所以实盘中，对于代表着大方向的趋势运行情况，投资者应结合其他技术手段来分析。

6.5.4 一次交叉下的共振信号

与 MACD 指标的交叉形态相似，KDJ 指标也有金叉与死叉形态，其用法也较为相似。不同的是，对于 KDJ 指标来说，由于它侧重于反映股价的短期偏离程度，因此，在平衡位置点 50 附近出现的交叉形态并不是买卖信号。下面，我们结合案例来看看 KDJ 指标的一次交叉、二次交叉形态所发出的买卖信号。

图 6-22 为汇鸿集团 2018 年 11 月至 2019 年 3 月的走势图。KDJ 指标在低位区出现了 D 线向上交叉 K 线的金叉形态，且股价也处于震荡中的低点，这种金叉形态预示着短期内或有震荡上升走势出现，是短线买入信号。

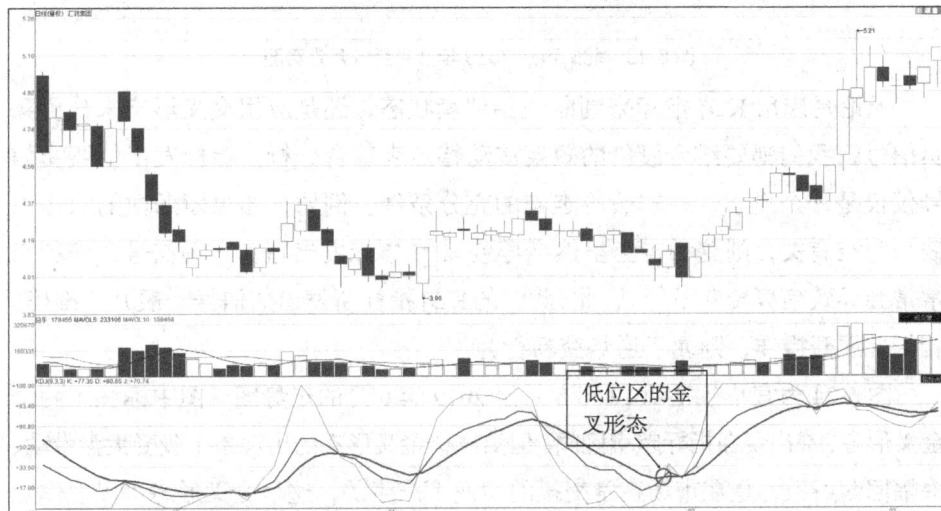

图 6-22 汇鸿集团 2018 年 11 月至 2019 年 3 月走势图

6.5.5 二次交叉下的共振信号

图 6-23 为北矿科技 2019 年 2 月至 5 月的走势图。在一波震荡上扬走势中，股价虽然创出了短期新高，但 KDJ 指标却两度出现死叉形态，且第二个死叉形态的位置明显低于前一个，这是典型的 KDJ 指标二次死叉形态，其市场含义与

MACD 指标的二次死叉形态基本一致，都是卖出信号。只不过，MACD 指标的二次死叉形态往往是趋势转向下行的信号，而 KDJ 指标的二次死叉形态仅是提示短期内的深幅调整。

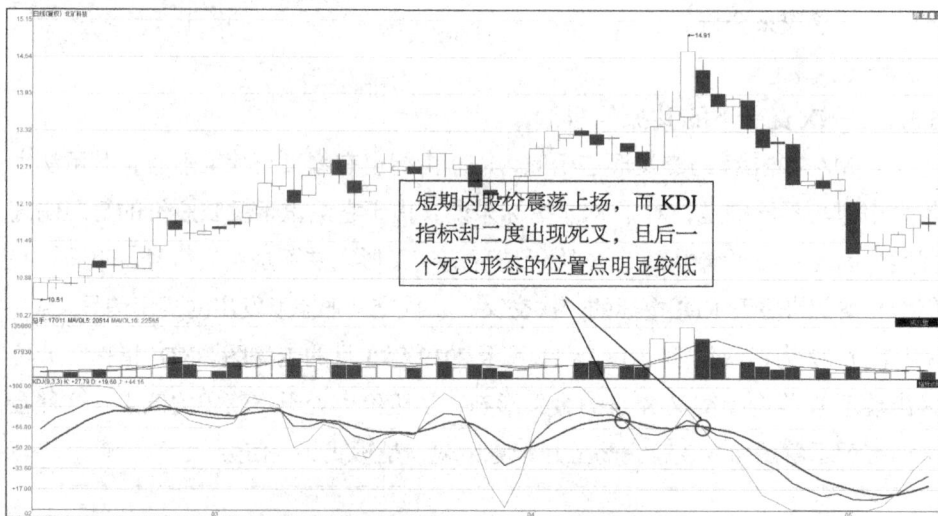

短期内股价震荡上扬，而 KDJ 指标却二度出现死叉，且后一个死叉形态的位置点明显较低

图 6-23　北矿科技 2019 年 2 月至 5 月走势图

　　无论是应用 KDJ 指标来判断超买超卖状态，还是应用交叉形态来分析买卖信号，我们都要结合股价的短期波动特点来综合分析。指标发出的买卖信号仅仅是一个提示，并非股价走向的充分条件。例如，如果短期内的深幅下跌与利空有关，则这种走势虽然会导致 KDJ 指标发出超卖入场信号，但利空常常会导致趋势转向下行。因此，此时的 KDJ 指标所发出的信号一般并不准确，若依此展开操作，则属于逆势交易行为。

　　图 6-24 为宜华生活 2018 年 8 月至 2019 年 6 月的走势图。图中标注了两个金叉形态，都出现在指标超卖区间。但第一个金叉形态的出现是个股受大盘带动、深幅回落所致，是在市场正常交投的情况下产生的，这个金叉形态可以视作短线入场的信号之一；第二个金叉形态的出现则是个股利空所致，此时的个股或将步入下跌趋势，短期内因下跌而形成的金叉形态并不是超卖状态下的入场信号。

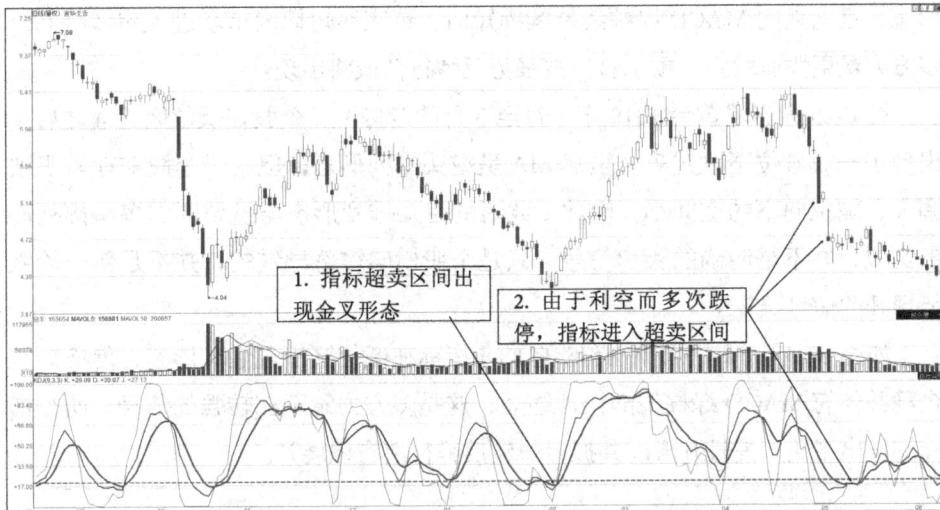

图 6-24　宜华生活 2018 年 8 月至 2019 年 6 月走势图

6.6　多指标共振底（顶）组合

本章中，我们讲解了几种常见的指标，包括 MA、MACD、KDJ，这些指标有主要呈现趋势运行情况的，有兼具中短期的，也有纯粹反映短线波动的，适用于不同的行情阶段。在分析市场运行情况时，当前的价格走势往往很难判定，如果能结合江恩波动法则，就能将这些指标的优势集中发挥出来。虽然每一种指标所发出的买卖信号都具有一定的准确率，但是，当几种指标发出相同的买卖信号时，此时提示的买卖时机无疑更为准确。本节中，在前几节的基础上，以江恩波动法则为依托，我们将总结关于这种几种指标的具体共振形态。

6.6.1　KDJ 金叉 + 柱线共振底

"KDJ 金叉 + 柱线"是结合了两种指标的共振形态。在多种指标的共振中，最为常见的就是两种指标共振，因为指标越多，在相同的时间发出方向相同的买卖信号的概率就越低，所以只要此时其他指标没有发出相反的信号，就可以认为指标出现了共振形态。

KDJ 指标十分灵敏，往往领先于价格而动。在 KDJ 指标于低位区出现金叉形态，且同期的 MACD 绿柱线持续缩短时，这表明短期内市场进入超卖状态，多方力量更快速增强，预示着一波强势反弹行情或将出现。

图 6-25 为赤峰黄金 2019 年 1 月至 5 月的走势图。个股在低位区整理之后，出现了一波破位下跌走势。虽然 MA 呈空头排列形态，但由于个股前期累积跌幅大、破位向下的空间小，因此，此时的空头排列形态与盘整区的多头排列形态类似，并不是明确的买卖信号，只是个股横向震荡导致的，并不是新一轮跌势展开的信号。

如图 6-25 中标注所示，此时的 KDJ 指标在低位区出现金叉形态，价格短线企稳并伴有 MACD 绿柱线的快速缩短，这是多方力量正在转强的信号，两个指标均发出了买入信号并形成共振，一波反弹行情有望展开。

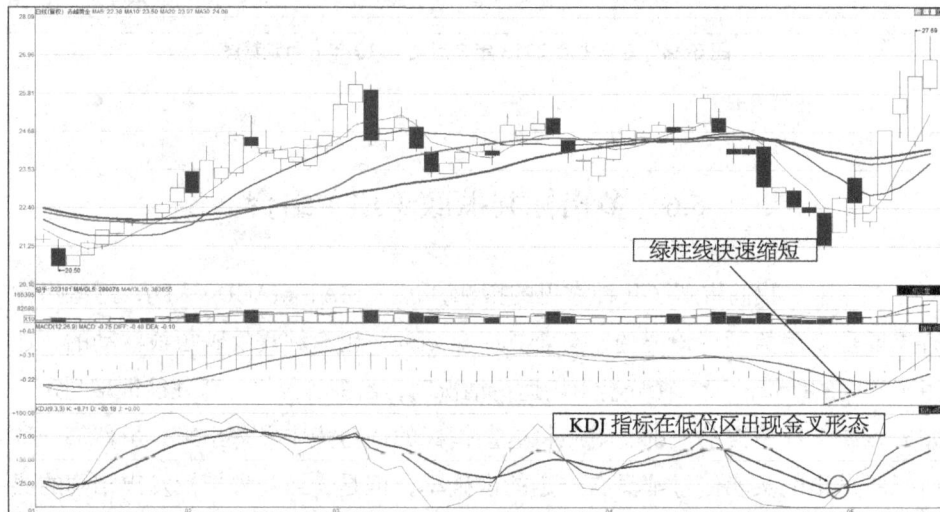

图 6-25 赤峰黄金 2019 年 1 月至 5 月走势图

6.6.2 KDJ 领先三金叉共振底

金叉形态是 MA、MACD、KDJ 指标中常见的买入信号。就短期走势来说，MA 的金叉形态较为特殊，主要是指短期均线 MA5 向上交叉 MA10。KDJ 领先三金叉共振底是指灵敏的 KDJ 指标于低位区率先出现金叉形态，随后 MACD 与 MA 出现金叉形态。3 个指标在相近的时间里先后发出买入信号，形成共振，预示着反弹上涨走势出现的概率较大。

图 6-26 为金陵饭店 2018 年 9 月至 2019 年 3 月的走势图。个股在一波深幅回落走势后，出现了 KDJ 指标低位金叉、MACD 指标金叉、MA 金叉的三金叉组合形态，它们形成共振买入组合，预示着一波强势反弹行情即将展开。

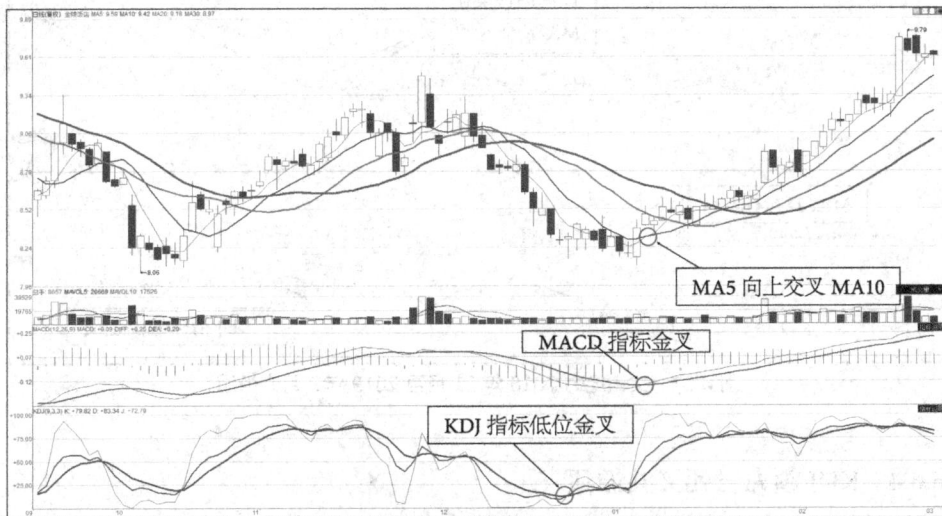

图 6-26 金陵饭店 2018 年 9 月至 2019 年 3 月走势图

6.6.3 双金叉 + KDJ 金叉 + 汇聚点共振底

这是一种结合 MACD 指标双金叉、KDJ 金叉与 MA 聚合（或黏合）形态的共振组合。在中长期的低位区，由于 MACD 指标的双金叉是趋势转向上行的信号，因此，这种共振组合常常预示着一轮较大幅度的上升行情即将展开。

图 6-27 为文山电力 2018 年 11 月至 2019 年 3 月的走势图。在低位区的震荡走势中，MACD 指标二度出现金叉形态，此时的指标线开始突破 0 轴，是升势或将出现的信号。期间，KDJ 指标出现低位金叉形态，在短期波动中提示股价有反弹空间。值得注意的是 MA 的聚合形态，长期的震荡整理使得多空力量趋于平衡，此时出现的连续阳线突破了 MA 聚合区间，这是趋势方向选择的信号。3 种指标形成共振，其中两种为趋势性信号，预示着较大规模的上涨走势或将展开，此时宜买入布局。

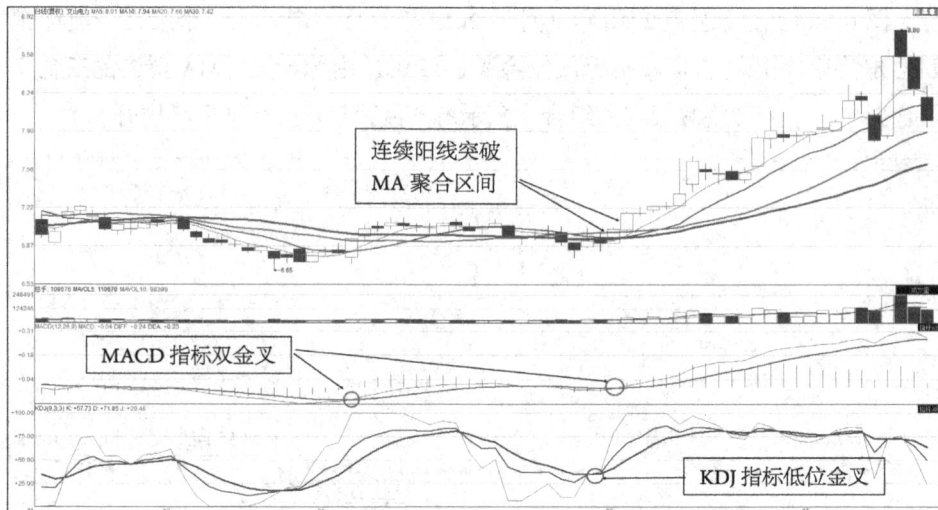

图 6-27 文山电力 2018 年 11 月至 2019 年 3 月走势图

6.6.4 KDJ 领先三死叉共振顶

死叉形态是 MA、MACD、KDJ 指标中常见的买入信号。就短期走势来说，MA 的死叉形态较为特殊，主要是指短期均线 MA5 向下交叉 MA10。KDJ 领先三死叉共振顶是指灵敏的 KDJ 指标于高位区率先出现死叉形态，随后 MACD 与 MA 出现死叉形态。3 个指标在相近的时间里先后发出卖出信号，形成共振，预示着破位下跌行情出现的概率较大。

图 6-28 为四创电子 2019 年 2 月至 5 月的走势图。个股在中短期大涨后的高点横向整理，期间出现 KDJ 指标高位死叉、MACD 指标死叉、MA 死叉的三死叉组合形态，它们形成共振卖出组合，预示着破位下跌走势即将展开。

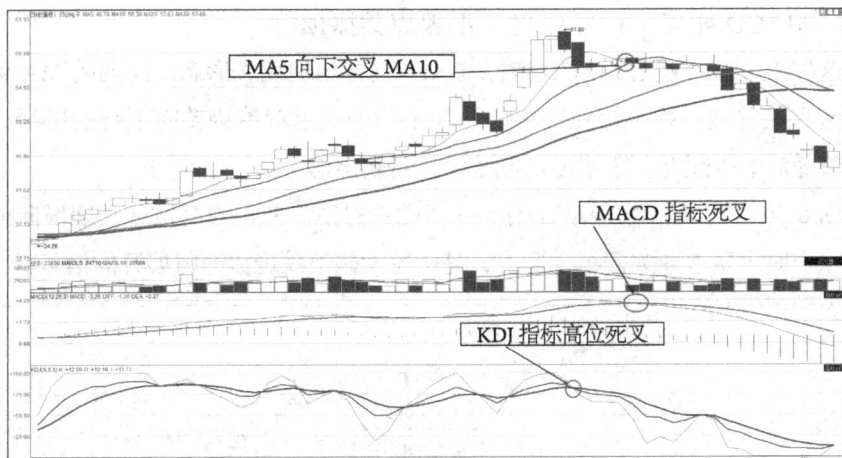

图 6-28　四创电子 2019 年 2 月至 5 月走势图

6.6.5　股价偏离 + 柱线 + 超买共振顶

这种组合是指股价短期上涨远离了短期均线 MA5，这是一个短线回落信号；同期的 MACD 红柱线开始缩短，或达到峰值后无法进一步放大；KDJ 指标进入短期超买区间。这 3 种形态均为短线卖出信号，但如果个股的中短期涨幅较大，则可能因共振作用而引发趋势反转，并造成巨大的中短期下跌幅度。

图 6-29 为航民股份 2019 年 2 月至 5 月的走势图。个股在中短线大涨后的高点出现股价向上远离 MA5，红柱线达到近一年的峰值且无法放大，KDJ 指标进入超买区间的组合形态，形成了高点共振，预示着股价走势将反转下行。

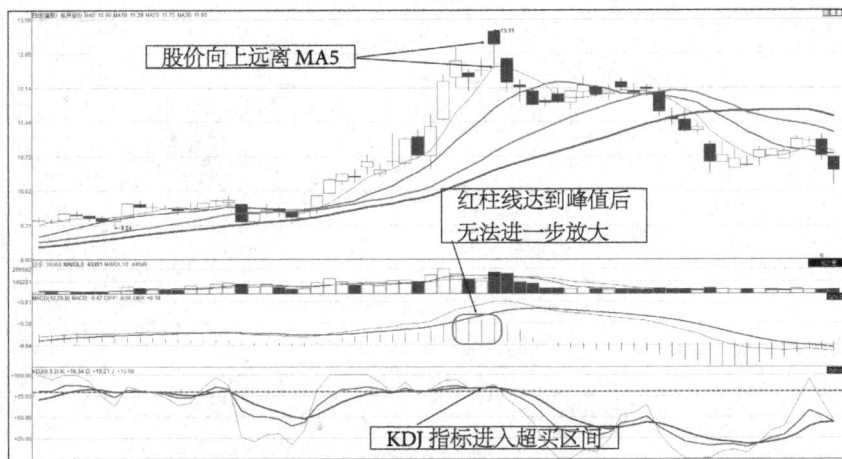

图 6-29　航民股份 2019 年 2 月至 5 月走势图

6.6.6 MACD死叉+KDJ死叉+汇聚点共振顶

这种组合形态是指MACD指标与KDJ指标出现死叉形态，同期的MA聚合在一起且被跌破。两个短线回落信号加上一个预示着趋势转向下行的信号，多预示着随后的中短期下跌幅度可能较大，是卖出信号。

图6-30为九州通2019年2月至5月的走势图。在相对高位区长期横向整理之后，个股出现这种共振组合形态，是一轮大幅下跌走势即将展开的信号。

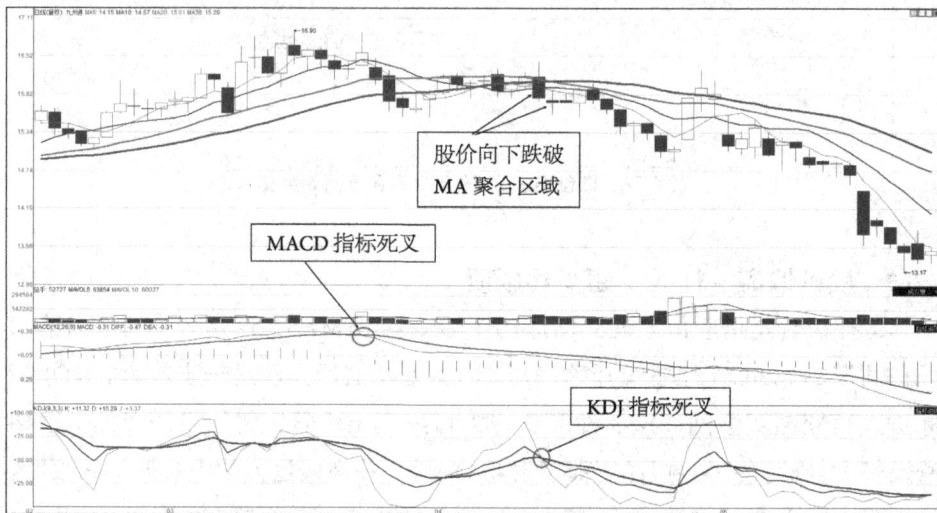

图6-30　九州通2019年2月至5月走势图

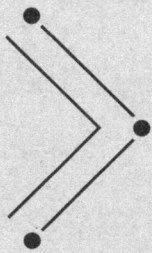

第 7 章

江恩回调法则

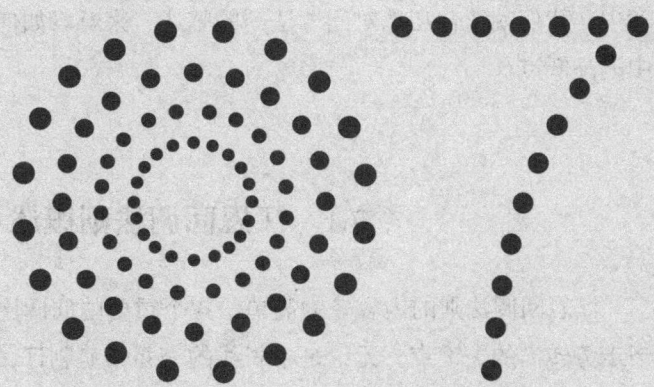

在江恩理论中，回调法则与阻力位的研判是较为高效且阐述相对明确的技术分析方法，且运用较为简单，适合实盘操作。回调法则指出了价格回调走势中的精确比例。回调的比例不同于短期的偶然性波动，在这些比例提示的点位上，市场或股票出现次要趋势的概率较大，可以较为有效地指导实盘操作。本章中，我们就结合江恩对回调法则的阐述，来看看如何更好地把握大级别波动中的高低点。

7.1　江恩回调法则概述

江恩回调法则的内容较为简单，几个重要的回调比例所提示的点位就是价格走势转向的关键点。无论是中长线的交易策略制订，还是短线的波段操作，这些点位都是重要的参考依据。本节中，我们就来了解一下江恩回调法则的具体内容。

7.1.1　趋势理论中的"回调"

在趋势理论中，回调并不仅仅指上升趋势中的次级回调，它既包括上升趋势中的次级回调，即回落下跌，也包括下跌趋势中的次级反弹，即反弹上涨。

回调是对主要趋势的反方向修正，它打断了原有的主要趋势的运行节奏，是暂时性的反向运动，但持续时间往往可达数周。

对于分析趋势运行形态而言，由于次级回调走势破坏了原有的趋势运行形态，因此会让投资者在分析时感到困惑。特别是那些有着"逃顶抄底"思维习惯的投资者，常会将回调走势与趋势反转相联系，进而做出错误的交易决策。在短线交易中，特别是在波段交易中，由于人们更注重价格的短期波动以及短期内的多空力量转变情况，因此趋势的运行形态显得不那么重要。但是，对于中长线投资者来说，如果将次级回调与趋势反转混淆，则会产生严重的后果。

例如，在上升趋势中误将回调下跌看作是趋势反转，从而在阶段低点卖出；在承受踏空的煎熬后又在高位追涨买入，若此时趋势正好反转，又误将反转当回调，这样不仅利润尽失，甚至会导致本金严重亏损。

图 7-1 为哈药股份 2018 年 12 月至 2019 年 5 月的走势图。图中标注了两个明显的短期回落低点，第一个是回调低点，如果误将其当作趋势快速反转的信号而实施中短线卖出操作，将会踏空；第二个则是反转低点，如果误将其当作次级回调低点而实施中长线的逢低买入操作，将会被套牢于顶部区，损失惨重。

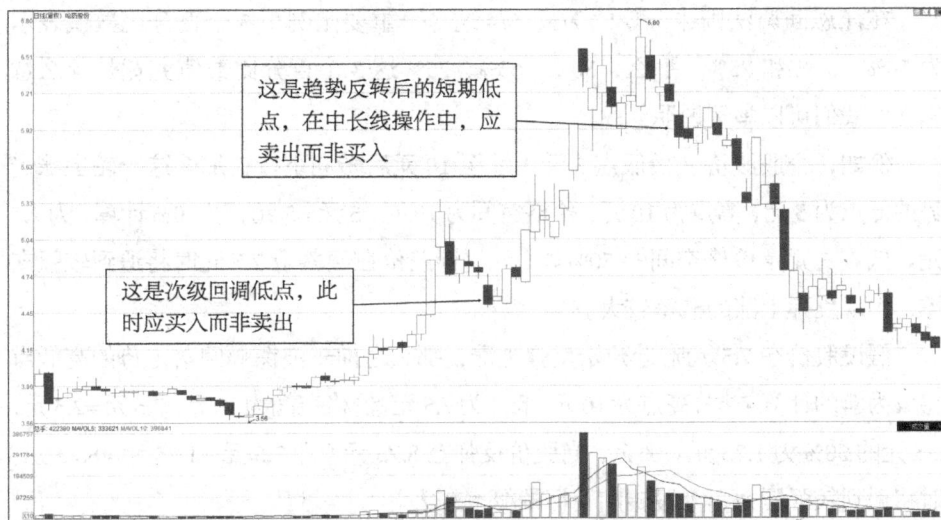

图 7-1　哈药股份 2018 年 12 月至 2019 年 5 月走势图

次级回调走势的重要性毋庸置疑，结合前面讲解的内容，我们可以相对准确地区分次级回调与趋势反转。但是，还有一个问题没有解决，那就是如何相对准确地把握回调低点。对此，江恩的回调法则给予了提示。

7.1.2　回调法则中的"回调"

江恩的回调法则中的"回调"并非单纯意义上的次级回调，它可能与主要趋势的方向一致，也可能与之相反。它主要用于在一个较大的趋势出现之后，以这个趋势的高低点为参照，来预测个股随后可能在哪些点位上遇到支撑或阻挡。高点与低点会随着价格的大幅度波动而同步调整。例如，一轮持续上涨使得股价从 10 元涨至 20 元，此时低点为 10 元，高点为 20 元；随后出现深幅回落，股价从 20 元跌至 15 元，此时若再用回调法则进行测算，则高点为 20 元，低点为 15 元。小级别的短线波动因为没有明显的大波段特征，所以不能成为利用回调法则进行预测的高低参照点。

7.1.3　4 个重要的回调比例位

江恩在阐述回调法则时写道："只要这些调整或反弹处于主要的趋势中，则可在从高位下跌 50% 时买入，或在从低位反弹 50% 时卖出，可以用某些比例来确定阻力位和买卖点。"这些比例中最重要的是 1/2、1/3、2/3、3/4，其中尤以 1/2 最为常用，而 1/3 和 2/3 则接近黄金分割率。

在江恩回调法则中，1/2、2/3、3/4 这 3 个重要比例用 3 个百分比数值表示为 50%、63% 和 75%。那么，50%、63%、75% 这 3 个百分比数值究竟是什么意思呢？我们可以举例说明。

例如，个股股价从最低点 5 元上涨至 10 元后转向下行，那么这一轮上涨走势的低点为 5 元，高点为 10 元，价格空间为 10 元 -5 元 -5 元，以 50% 计算，为 2.5 元。低点 5 元 + 价格空间的 50%=7.5 元，即股价在回落至 7.5 元时将遇到较强支撑，出现反弹上涨的概率较大。

假设股价在 7.5 元附近开始反弹上涨，那么之前一波深幅回落走势的高低点将成为新的计算依据，高点为 10 元，低点为 7.5 元，价格空间为 10 元 -7.5 元 =2.5 元，2.5 元的 50% 为 1.25 元。那么，当股价反弹至 8.75 元（即 7.5 元 +1.25 元 =8.75 元）时将遇到较强压力，个股转向下行的概率较大。

除了 50% 这个比例外，63%、75% 也是十分重要的回调比例位。江恩认为，在价格运动中，不论是上升还是下降，最重要的比例位都会出现在 50% 的位置；在这个位置经常会出现价格的回调，如果在这个价位没有出现回调，那么在 63% 的价位上就会出现回调。当然，价格运动很难确定具体的百分比数值，因此我们在预测及操作时应该留有余地，实际的价位也许高于 50% 的价位，也许低于 50% 的价位。

我们对江恩回调法则的基本内容总结如下。

（1）1/3 与 2/3 接近黄金分割率，是较为重要的回调比例。其中，1/3 这个比例在江恩回调法则中用百分比表示为 33%，2/3 这个比例在江恩回调法则中用百分比表示为 63%。

（2）50% 是最重要的回调价位。

（3）如果价格在运动过程中直接穿过了 50% 的回调比例位，那么下一个回调价位将出现在 63% 的比例位。

（4）如果价格在运动过程中直接穿过了 63% 的回调比例位，那么下一个回调价位将出现在 75% 的比例位。

（5）如果价格在运动过程中直接穿过了 75% 的回调比例位，那么下一个回调价位将出现在 100% 的比例位。

（6）支撑位和阻力位更有可能出现在 50%、63%、75% 和 100% 这几个重要的回调比例位上。

（7）在一些极端的行情中，价格的上升或下跌运动很可能会突破 100% 的回调比例位。

7.1.4 选取高低点的方法

运用回调法则时，选取高低点至关重要，它直接表明价格在哪个位置会遇到较强的支撑。一般来说，我们以一轮大的上升行情（或下跌行情）从启动至转向的过程中的显著高低点为参照，所谓的显著高低点并不是指最高点与最低点，而是基于这一轮行情的形态特征而选取的最合适的点。行情出现前的长期横向震荡走势无须划入此轮行情范围之内，因此，所选取的高低点与这些趋势不明的长期震荡无关。下面，我们结合一个实例加以说明。

图 7-2 为中信国安 2018 年 8 月至 2019 年 5 月的走势图。对于图中标注的一轮上升行情 A，高点是很明显的，是 7.08 元。但是，它的显著低点为 3.16 元，而不是低位震荡区出现的低点 2.76 元，因为 2.76 元这个最低价出现在前期的横向震荡走势中，与上升行情 A 不具有连贯性。在利用江恩回调法则计算相应比例的回调价位时，所选取的高点应为 7.08 元，低点应为 3.16 元。

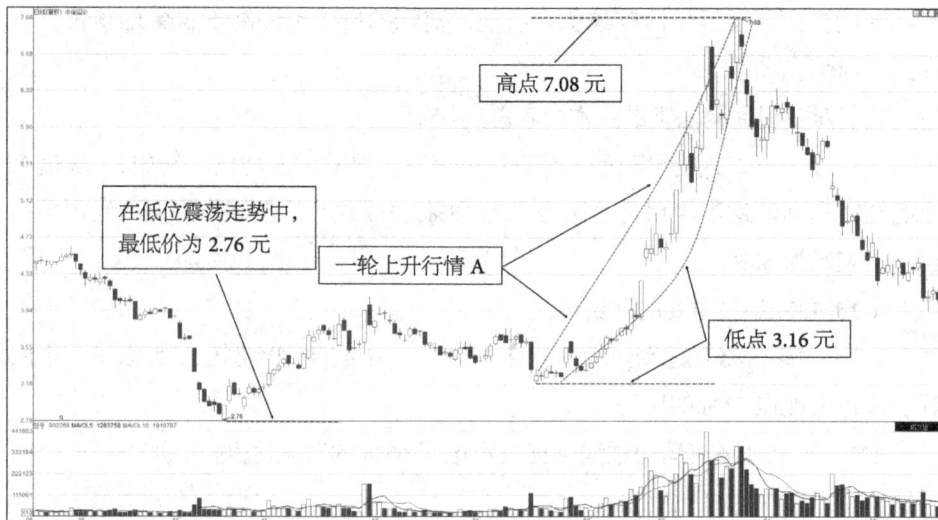

图 7-2　中信国安 2018 年 8 月至 2019 年 5 月走势图

7.2　1/2 回调法则运用方法

在前面几节中，我们讲解了江恩回调法则的具体内容及运用方法，本节及随后的几节中，我们将结合具体的情形及实例，来看看如何把回调法则运用于实战之中。

7.2.1　缓慢下行的 50% 买入法

图 7-3 为精测电子 2018 年 12 月至 2019 年 7 月的走势图。个股股价在一轮大的上升行情中，最低点为 27.13 元，最高点为 59.90 元，价格空间为 59.90-27.13 元 =32.77 元，50% 的回调价位为 16.39 元 +27.13 元 =43.52 元，图中对这几个重要点位做了标记。如图 7-3 所示，个股在持续回落至 43.52 元这个 50% 比例的位置附近时，先是跌破这个位置，随后再回升，并出现了连续多日的强势横向整理走势。这种局部走势表明此位置的多空力量开始趋于平衡，结合 50% 回调比例位的重要支撑作用，此时可以试探性建仓买入，短线风险较小，而中线出现大幅度反弹的概率较大。

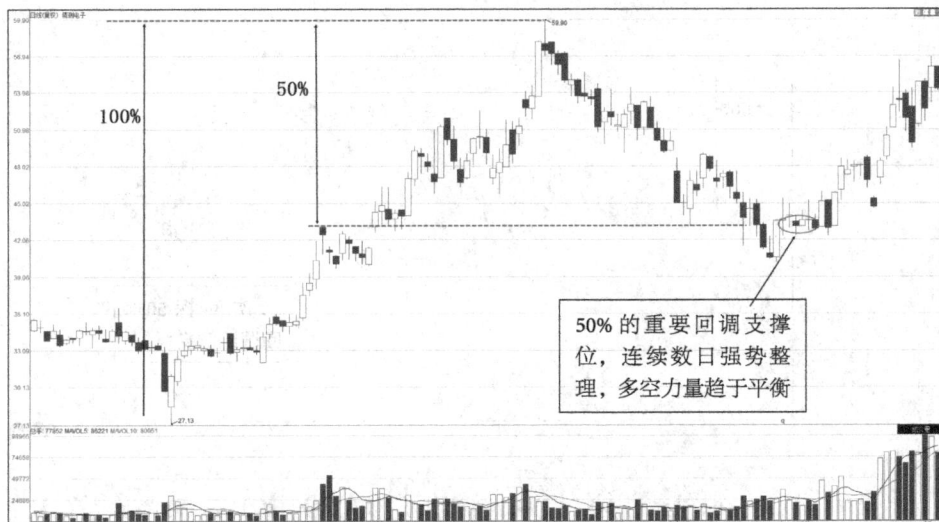

图 7-3 精测电子 2018 年 12 月至 2019 年 7 月走势图

7.2.2 二次回探的 50% 买入法

二次回探的 50% 买入法是一种将价格走势中常见的二次探底形态与江恩回调法则相结合的交易方法。个股在回调至重要比例位时，由于有沿原方向运行的动力，因此回调走势往往不能一触而发，而会有一个二度确认的过程。对于下跌走势来说，这个二度确认的过程就是二次下探；对于上涨走势来说，这个二度确认的过程则是二次上探。

图 7-4 为盛达资源 2018 年 9 月至 2019 年 6 月的走势图。在原上升趋势的运行中，低点为 6.51 元，高点为 12.47 元，价格空间为 12.47 元 -6.51 元 =5.96 元，50% 的回调比例位是 6.51 元 +2.98 元 =9.49 元。图中已标注 50% 的回调比例位。可以看到，在这个比例位上，个股出现了明显的二度回落确认低点的运动方式。如果个股第一次快速下跌至此位时，由于短线跌速较快，支撑位易被跌破，那么经过了这样一个震荡反复的二次回探过程，多空力量对比格局将明显转变，此比例位的支撑作用也将进一步增强，此时是相对明确且更安全的中短期抄底入场时机。

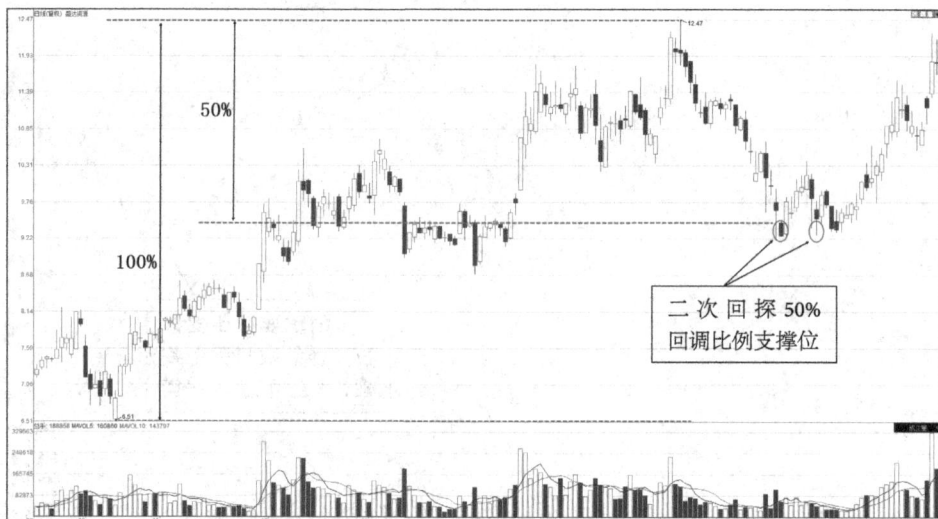

图 7-4　盛达资源 2018 年 9 月至 2019 年 6 月走势图

7.2.3　急速下跌的 50% 买入法

如果这种急速、深幅的下跌走势不是因为个股的重大利空，也不是因为股市整体急速下跌的带动，则 50% 的回调比例位往往易引发强势反弹。特别是在个股快速跌穿 50% 的回调比例位后，次日的盘中回落往往就是较好的博取反弹行情的入场时机。

图 7-5 为正裕工业 2019 年 1 月至 5 月的走势图。在一轮上涨走势中，低点为 10.97 元，高点为 17.01 元，价格空间为 17.01 元 -10.97 元 =6.04 元，其 50% 的回调比例位为 10.97+3.02=13.99 元。

自高点开始，个股受大盘震荡的影响，出现了一波急速下跌走势，这种快速下跌走势与同期的次新股走势较弱有关，是市场上局部结构调整的结果。在图中标注的 50% 回调比例位，个股当日收于长阴线，这个强支撑位在盘中被快速跌破。结合短期走势来看，个股跌幅巨大且跌速较快，由于 50% 的回调比例位是短期内的一个重要支撑位，所以当恐慌性情绪减弱后，有可能引发强势反弹。次日盘中企稳，此时是一个较好的短线博取反弹行情的买入时机。

同样值得注意的是，在这种急速的下跌走势中，虽然易出现强势反弹行情，但支撑位的作用也被大大减弱，特别是在大盘走势无法企稳的情况下。因此，在博取反弹行情时，投资者应控制好仓位，设定好止损价位，一旦个股随后的走势与预期不符，就应果断止损离场。

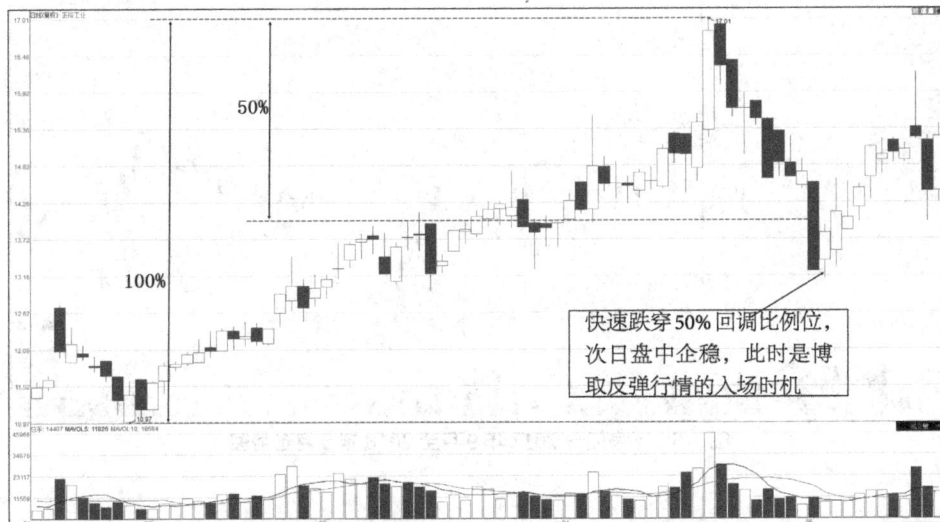

图 7-5 正裕工业 2019 年 1 月至 5 月走势图

7.2.4 回调上涨的 50% 卖出法

对于前期主要趋势为下跌的行情来说，回调法则同样可以提供指导。在趋势见底反转或出现反弹行情的过程中，以前期高点和此次上涨时的低点为参照点，当价格上涨至 50% 这个重要比例位时，再度出现深幅下跌的概率较大，此时宜逢高卖出。

图 7-6 为新泉股份 2017 年 9 月至 2018 年 5 月的走势图。在前期大幅下跌的走势中，高点为 37.36 元，低点为 20.22 元，价格空间为 37.36 元 −20.22 元 =17.14 元，50% 的回调比例位为 20.22 元 +8.57 元 =28.79 元。图中标注了这个回调比例位。可以看到，随着触底回升行情的出现，个股开始稳健上扬，打破了原有的下跌趋势；但在上涨至 50% 这个重要比例位后，上涨走势结束，个股出现了大幅度的震荡走势。

由于股市获利方式是以低买高卖为主，即先在相对低位买入，并于相对高位卖出，因此利用回调法则指导卖出操作只适合已持股的中长线投资者。在经历了前期的大幅下跌行情后，这些持股者多处于深度被套状态，利用回调法则可以较好地把握逢高减仓的时机，这样才能够为随后逢低加仓预留资金。

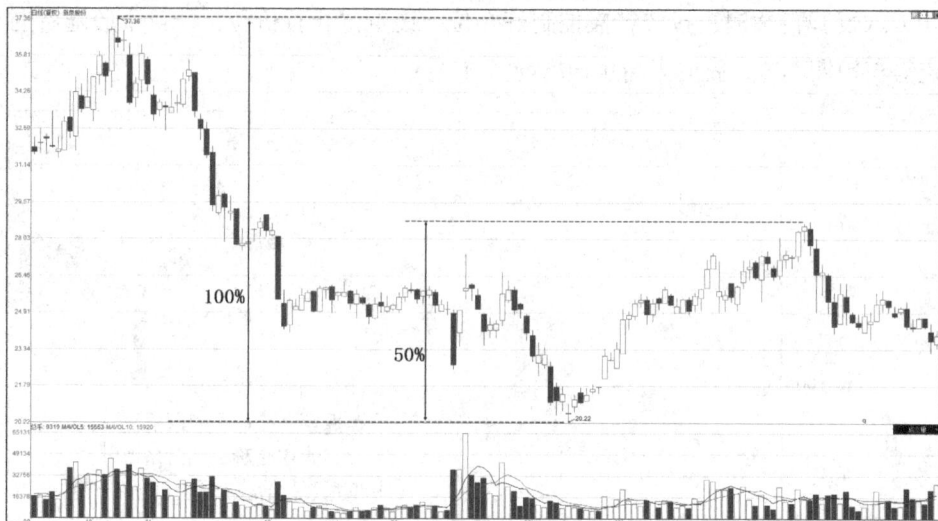

图 7-6　新泉股份 2017 年 9 月至 2018 年 5 月走势图

7.3　1/3 与 2/3 回调法则运用方法

1/3 与 2/3 对应于江恩回调法则中的 33% 与 63% 这两个回调比例位，这两个比例位参照了黄金分割率，可以说是江恩回调法则与黄金分割率的融合。本节中，我们就来看看如何运用 33% 与 63% 这两个重要的回调比例位。

7.3.1　33% 与 63% 的适用范围

33% 与 63% 这两个回调比例位的相差幅度较大，一般来说，它们的适用范围并不相同，一个用于升势中的次级回调走势中，一个用于新一轮跌势形成之后。

在个股累积涨幅较大或短期涨幅较大的情况下，33% 回调比例位的支撑性较弱，并不适用；当个股走势相对稳健且累积涨幅不大时，33% 回调比例位可以作为升势回调低点的加仓参照位。而 63% 这个回调比例位常用于个股累积涨幅较大、趋势转向下行的情况，代表着个股当前已处于一轮大幅下跌行情中，是此轮跌势的重要底部支撑位之一，这个点位往往会成为随后新一轮上涨行情的启动点或大级别反弹行情的低点。

7.3.2 升势整理 33% 支撑买入法

33% 这个回调比例一般适用于升势中的回调整理阶段，即趋势未反转，且出现了回落走势的情况。对于个股来说，如果累积上涨幅度不够大，且股价仍处于中长期的相对低位，在基本面未明显偏离，且大盘走势向好的情况下，此时出现的回落走势往往只是一个次级回调波段，个股随后仍有再度步入升势并创出新高的可能性。在这样的背景下，当价格回调到 33% 这个回调比例位时，一般会遇到较强支撑，在实盘操作中，我们可以结合个股的走势特点在 33% 的回调比例位附近把握入场时机。

图 7-7 为高鸿股份 2018 年 10 月至 2019 年 1 月的走势图。在从低位启动的一轮上升行情中，低点为 3.22 元，高点为 5.21 元，价格空间为 1.99 元；33% 的回调比例位的计算过程为 2.02 元 ×0.33 元 =0.66 元，5.21 元 −0.66 元 =4.55 元。

如图所示，个股虽然经历了一轮上升行情，但累积涨幅不是很大，且从中长期来看，股份仍处于相对低位区，结合前期的稳健上扬走势及相对强势的运行特征，个股后期有望重拾升势并突破 5.21 元。基于这样的判断，33% 这个回调比例位就是回调后的逢低入场的时机。个股在 33% 这个回调比例位将持续横向整理，并没有破位下行的迹象，在实盘操作中，此时可以适当建仓买入，因为个股随后突破上行的概率较大。

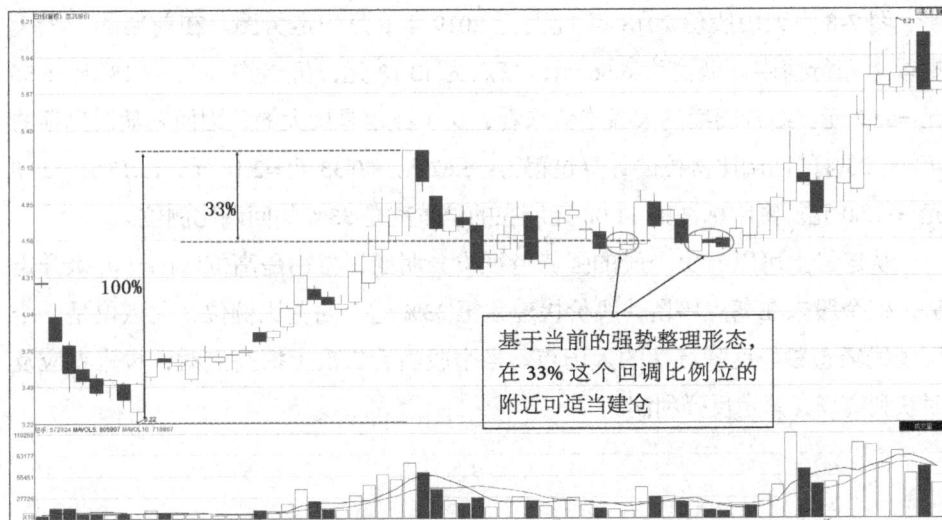

图 7-7 高鸿股份 2018 年 10 月至 2019 年 1 月走势图

7.3.3 强势冲高直接回撤 33% 买入法

对于持续上涨且累积涨幅较大的个股，如果其在高位区再度出现一波快速飙升，则表明此股的独立性较强，在顶部区或有震荡走势。一般来说，在高位快速飙升后，如果个股在最高点附近没有任何停留，股价在短短数日内直接回撤此轮上升幅度的 33%，则随后反弹上涨、二次上探的概率较大。在实盘操作中，投资者可以适当参与。但是，由于这是一种在高位区博取反弹行情的操作，风险较大，我们在参与时应把握 3 个条件。

（1）个股在短期飙升后没有在高位区停留，且在快速下跌的过程中没有量能明显放大。这个条件保证了在高点出货的数量较少，也是个股随后二次上探的动力所在。

（2）个股当前的快速下跌不是利空所致，只是因为部分获利盘离场。这个条件可以为个股的快速回落走势定性，对于利空所导致的快速下跌来说，33% 的回落幅度一般是不够的。

（3）只宜轻仓参与，且设定好止损位，止损卖出的价位不宜超过持有成本的 3%。因为这是高位区博取反弹行情的操作，从中长线的角度来看，该股是不可能长期持有的，只有轻仓参与，且设好止损点才能最大限度地发挥技术分析与良好盘感的优势。

图 7-8 为天山股份 2018 年 11 月至 2019 年 5 月的走势图。在前期的一轮大规模上涨行情中，低点为 6.56 元，高点为 13.18 元，价格空间为 13.18 元 -6.56 元 =6.62 元。结合同期的大盘走势来看，这个涨幅是极大的，因而有随时见顶的可能。33% 的回调比例位的计算过程为：6.62 元 × 0.33 元 =2.18 元，13.18 元 -2.18 元 =11.00 元。图中标注的 11.00 元所在的位置就是 33% 的回调比例位。

从走势上可以看出个股的强势特征十分明显，特别是高位区的一波飙升走势，但个股未在高点停留，股价快速跌至 33% 这个回调比例位，此点位是一个可短线轻仓参与反弹行情的入场点。当个股随后二次上探高点时，投资者应及时获利离场，锁定反弹利润。

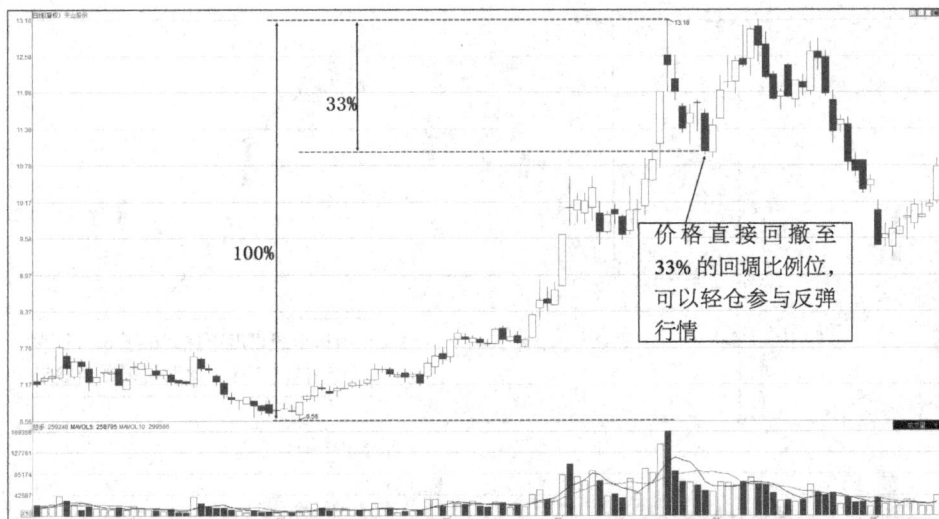

图 7-8 天山股份 2018 年 11 月至 2019 年 5 月走势图

7.3.4 长阴线后回探 63% 买入法

当个股下跌至 63% 这个回调比例位附近时，如果出现了长阴线，则表明短期内的空方力量依旧明显占据主动地位，此时不宜盲目抄底，而应耐心等待次日或随后一两日盘中企稳，股价再度回探 63% 这个支撑位，此时买入的短线风险较小，且相对可靠地体现了 63% 回调比例位的强支撑作用。

图 7-9 为标准股份 2019 年 1 月至 5 月的走势图。在一轮上涨行情中，低点为 4.04 元，高点为 7.00 元，价格空间为 7.00 元 –4.04 元 =2.96 元。63% 的回调比例位的计算过程为 2.96 元 ×0.63%=1.87 元，7.00 元 –1.87 元 =5.13 元。图中对 5.13 元所代表的 63% 的回调比例位进行了标注。从走势来看，个股在快速下跌的过程中直接跌破了 50% 回调比例位，期间没有出现企稳走势，这样，63% 的回调比例位就是下一个需要重点关注的位置。

如图中标注所示，个股以一根长阴线向下触及 63% 的回调比例位，由于当日没有企稳走势，因此并不是最佳的抄底入场的时机。次日个股明显高开，表明短期内的多空力量对比格局将改变，当日个股再度下探时，就是一个较好的短期博取反弹行情的入场时机。

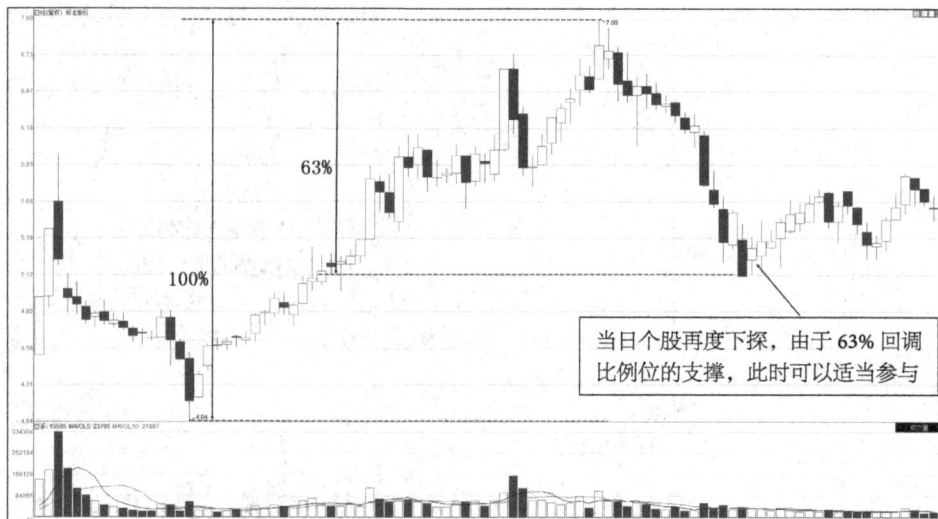

当日个股再度下探，由于 63% 回调
比例位的支撑，此时可以适当参与

图 7-9　标准股份 2019 年 1 月至 5 月走势图

7.3.5　跌穿 63% 的企稳组合买入法

个股在短线下跌过程中，若跌破了 63% 这个重要的回调比例位，并不代表此位置点的支撑作用失效。一般来说，我们需耐心观察几日，如果出现了明显的企稳组合（主要以 3 根 K 线组合呈现），则多表明 63% 的回调比例位有效，个股有望迎来一波强势反弹。

图 7-10 为五矿稀土 2019 年 1 月至 5 月的走势图。在前期的一轮持续上涨行情中，低点为 8.20 元，高点为 14.86 元，价格空间为 14.86 元 -8.20 元 =6.66 元。63% 的回调比例位的计算过程为 6.66 元 × 0.63 元 =4.20 元，14.86 元 -4.20 元 =10.66 元。

如图 7-10 中标注所示，个股在短期快速跌破了 63% 这个重要支撑位后，出现了企稳型的 K 线组合：左侧为带有上下影线的阴线，虽然是空方占据主导地位，但下影线则显示了多方在盘中抵挡；次日的十字星是短期内多空力量转向平衡的信号；第 3 日低开高走的小阳线则彰显了短期内多方力量推动意愿较强。再结合个股当前正处于 63% 这个重要回调支撑位的附近，可以预测一波反弹行情有望展开，在实盘操作中，投资者可以适当抄底买入，博取反弹行情。

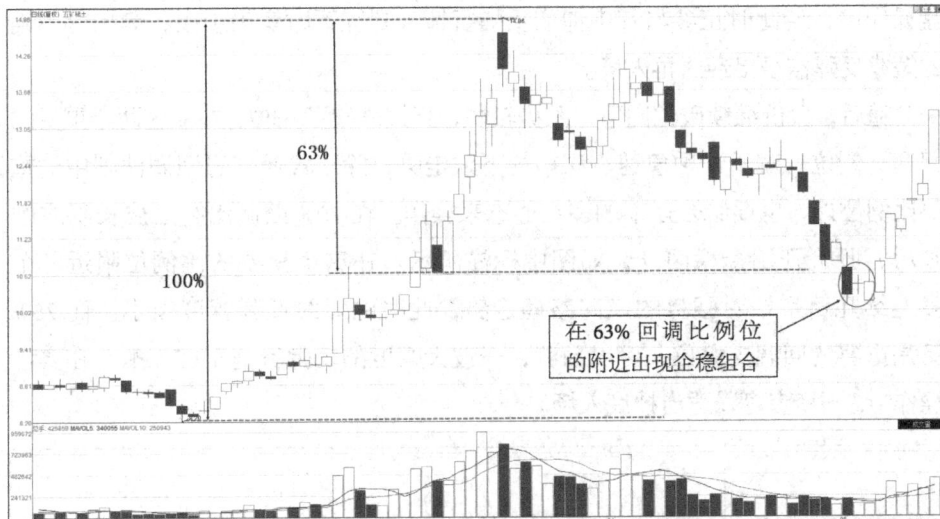

图 7-10 五矿稀土 2019 年 1 月至 5 月走势图

7.4 3/4 与 4/4 回调法则运用方法

3/4 与 4/4 分别对应 75% 与 100% 这两个回调比例位，它们是深幅下跌走势中的支撑位由于下跌较为充分，因此在其能够形成有效支撑时，往往预示着较大级别的反弹行情将展开。

7.4.1 多日企稳型 75% 买入法

多日企稳型 75% 买入法是指在深幅回落至 75% 这个回调比例位的附近（略高于或略低于）后，个股连续多日出现了横向小幅整理走势，股价强势企稳不下跌。一般来说，这表明此比例位开始发挥支撑作用，反弹行情有望展开。

图 7-11 为复星医药 2018 年 12 月至 2019 年 7 月的走势图。在前一轮上升趋势中，低点为 20.29 元，高点为 31.93 元，50% 的回调比例位为 26.11 元，75% 的回调比例位为 23.20 元。图中对这几个关键的比例位进行了标注。

可以看到，股价回调至 50% 的回调比例位时，有着明显的短期企稳特征，但个股在以连续两日的小阳线试图反弹的过程中突遇一根长阴线，这表明个股此时的短期抛压依然沉重，50% 这个重要的回调比例位有被跌破的可能。在实盘操作中，若此时正参与其中博取反弹行情，则宜暂时卖出观望，等相对明确的短线反弹信号出现时再入场。

随后，股价继续破位向下，跌势较快，直接跌破了 63%、75% 这两个重要的回调比例位。对于这种急速、深幅的下跌走势，除了参照江恩回调法则中的重要比例位外，也要结合短期的多空形态来操作。在 75% 回调比例位被长阴线跌破后，股价开始企稳回升，如图中标注所示。在这个重要的比例位附近，个股连续几日呈相对强势的横向整理走势，此时的短线反弹幅度很小，而 75% 又是重要的回调支撑位，可以预测，一波大幅度的反弹行情正在酝酿。在实盘操作中，投资者可以适当抄底入场。

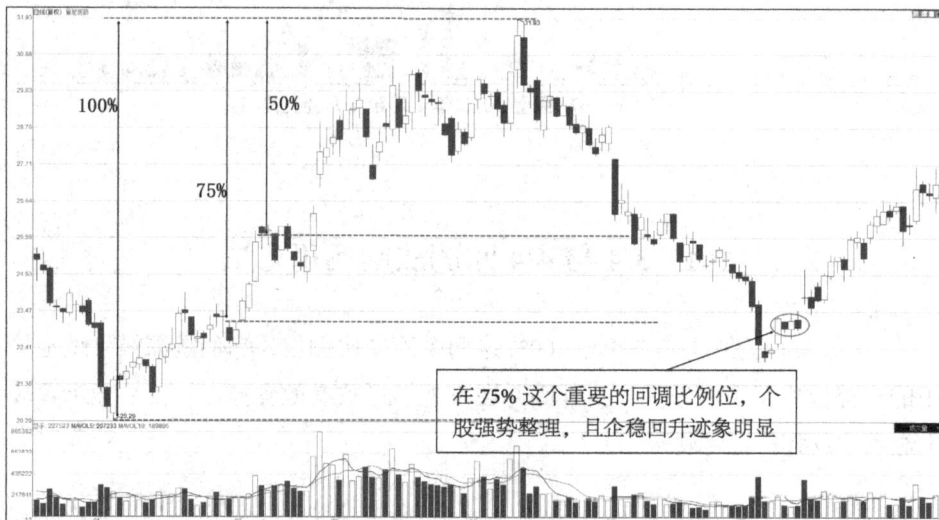

图 7-11　复星医药 2018 年 12 月至 2019 年 7 月走势图

7.4.2　双针下探 75% 买入法

双针下探 75% 买入法是一种将双针下探的 K 线组合与江恩回调法则相结合的买入方法，这种方法同样适用于其他回调比例位，例如 33%、50%、63%。若个股在 75% 回调比例位的附近，在相隔数日的时间范围内前后两次出现长下影线形态，那么这就是双针下探组合，标志着此点位的多方承接力较强。再结合该回调比例位的强支撑作用，预示着反弹行情或反转行情有望展开，是买入信号。

图 7-12 为奥翔药业 2018 年 12 月至 2019 年 9 月的走势图。在前一轮上升行情中，低点为 10.51 元，高点为 16.43 元，价格空间为 16.43 元 -10.51 元 =5.92

元。75% 的回调比例位的计算过程为 5.92 元 × 0.75 元 =4.44 元，16.43 元 -4.44 元 =11.99 元。图中标示了 75% 的回调比例位。

如图 7-12 所示，在回落至 75% 这个回调比例位后，个股先是出现了一波震荡缓升走势，在 63% 的回调比例位附近遇阻挡，然后再度下跌。随后，当股价又一次接近 75% 这个回调比例位时，出现了双针下探的 K 线组合，这表明此位置再度成为重要支撑位。结合前期的第一次下探，此时的二次下探有望成为双底形态。在实盘操作中，此时宜买股布局。

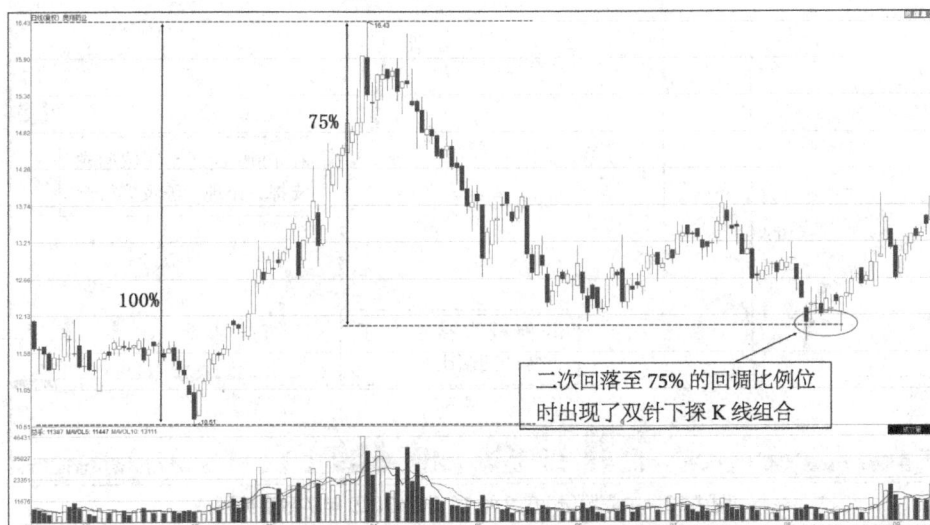

图 7-12 奥翔药业 2018 年 12 月至 2019 年 9 月走势图

7.4.3 跌停企稳后 100% 买入法

若个股在 75% 的回调比例位出现了跌停板形态，则一般表明此位置点的支撑作用不够强，即使个股能短暂企稳，出现强势反弹的概率也较小。在实盘操作中，投资者应重点关注下一个回调比例位。

图 7-13 为中鼎股份 2018 年 12 月至 2019 年 7 月的走势图。在前期的一轮上升行情中，低点为 9.08 元，高点为 13.62 元，价格空间为 13.62 元 -9.08 元 =4.54 元。75% 回调比例位的计算过程为 4.54 元 × 0.75 元 =3.41 元，13.62 元 -3.41 元 =10.21 元。图中标示了 75% 的回调比例位。

值得注意的是，在 75% 的回调比例位，个股出现了一个带有跳空缺口的跌停板，而跌停板是空方力量优势十分明显，多方无力反击的标志之一。

一般来说，跌停板出现之后，个股中短期内仍有一定的下行空间。因此，综合来看，75%这个回调比例位出现强势反弹的概率较小，那么就要再向下寻找强势支撑点位，这个点位就是100%回调比例位。而在随后的反弹行情中，原有的75%回调比例位将转变成阻力位。在实盘操作中，当股价反弹至此点位时，宜减仓或清仓以锁定利润，因为100%回调比例位形成支撑后，并不意味着趋势将反转上行，此时的上涨波段完全可能只是一轮中级别的反弹行情。

图7-13　中鼎股份2018年12月至2019年7月走势图

7.4.4　回调比例位运用方法总结

几个重要的回调比例位能够给我们的中短线操作以明显的指示，当然，这也要结合个股的运动特征。通过对本章中大量实例的解读，我们可以看出这4个点位的重要性，对于其运用方法及注意要点，我们可以大致总结如下。

1. 控制仓位

利用回调比例位实施买股操作只是一种预测，既然是预测，那就有出现错误的时候，因此在我们使用这个方法的时候就要事先做好防范措施，例如设好止损点，且止损点不宜离入场价过远。而且，对于50%、63%、75%、100%这几个回调比例位来说，买入操作更多地是在博取中短线反弹行情，并不是真正意义上的顺势操作。因此，在短线获利的情况下，一般不宜追加仓位；在中短期反弹幅度较大时，更宜减仓离场，以锁定利润。

2. 注意回调的性质

在应用回调法则时，很多投资者认为这是一种在升势中的回调低点加仓的交易技术，其实并非如此。回调法则中的回调主要是指价格的回落，至于回落的性质究竟是升势中的短暂回调，还是趋势反转后的持续下跌，并没有明确界定，要结合个股的具体运动特征来把握。

3. 反弹力度的预判

在重要的回调比例位买入是预测到反弹行情后才实施的。一般来说，前期上涨行情的力度越强，走势独立的特征越明显，则个股回落至这些重要的比例位时，出现的反弹行情的力度往往越大；而对于那些走势随大盘、独立性不强的个股来说，这些点位虽然也有支撑作用，但反弹行情的力度往往是较弱的。

4. 注意趋势的转变

在回调法则中，100% 是最大的回调比例位，但这不代表个股跌破了 100% 回调比例位后，就不再下跌了。因为此时的趋势已完全转变，个股随后仍有可能继续下跌，此时，我们可以结合个股的基本面、估值情况、市场环境等因素来分析跌势是否仍将持续。100% 这个回调比例位只宜看作是一个支撑位，它并不是底部。

第 8 章

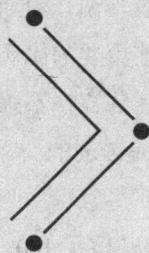

> 江恩理论的分时运用

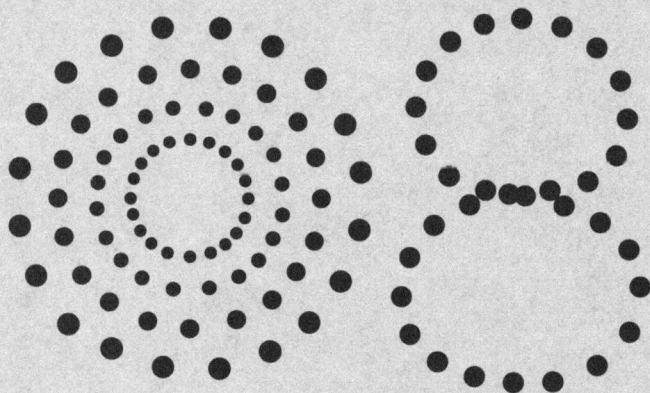

　　分时图在短线交易中是技术面分析方法的重要依据。相较于 K 线与成交量，分时图的实时性更强，且反映的盘面信息也不相同。分时图实时呈现着多空双方的交锋情况，分时线的运行轨迹、分时量能的变化等实时性的盘面信息都向我们展示着多空力量的变化情况，而市场中的多空力量变化往往就是在短时间内完成的，只有善于解读分时图提供的盘面信息，才可以更好地实施短线交易。本章中，我们以分时图技术要点、经典涨跌分时图形态等内容为基础，结合江恩角度线等理论，来看看如何更好地运用分时图。

8.1　涨跌分时图共性点

　　涨跌分时图分为看涨分时图与看跌分时图。看涨分时图，顾名思义，是指这些分时图蕴含了多方动能较强、买盘充足的信息，它们一般预示着随后几日上涨的概率较大。看跌分时图则正好相反，预示着空方力量在当日盘中占据主动地位，是短线下跌信号。

　　一般来说，看涨分时图具有强势特征，看跌分时图则具有弱势特征，这些强、弱势特征在分时图中有着鲜明的形态特征，是多方或空方力量占优局面在分时图中的一种体现。

我们主要从 3 方面来考查这种强、弱势特征：一是分时线与均价线之间的位置关系，二是盘中分时线及量能的形态特征，三是分时线运行的连续性。

另外，值得注意的是，分时图主要反映当日的多空力量对比格局，至于这种局面能否在随后的交易日中延续下去，则要结合局部走势中的 K 线与量能形态来综合分析。

8.1.1　均价线的支撑作用

均价线就是分时图中的成本曲线，它呈现了当日入场的投资者的平均持仓成本。通过对 MA 的讲解，我们知道，股价与 MA 之间的位置关系反映了短期内的多空力量的对比情况，而在分时图上，这个规则也同样有效。

如果股价可以在均价线上方稳健运行，而不是黏附于均价线或跌破均价线，则表明当日的买盘力度较强。由于多空力量对比格局的持续性，所以这是短线上涨信号，也是分时图典型的强势特征之一。

图 8-1 为阳光城 2019 年 10 月 9 日的分时图。在全天的运行中，分时线稳健地运行于均价线上方，且始终与均价线保持着一定的距离，这是多方力量当日占据主动地位的标志，也是分时图典型的强势特征之一。

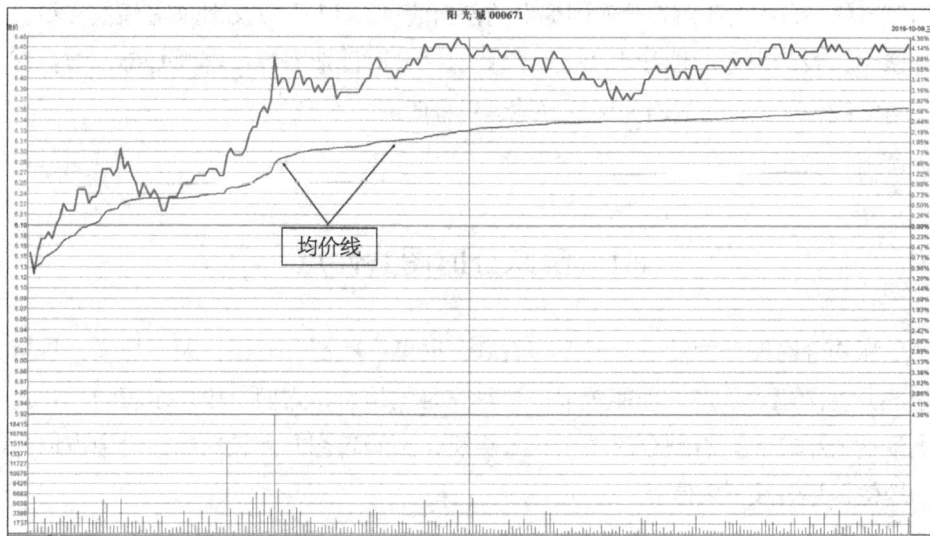

图 8-1　阳光城 2019 年 10 月 9 日分时图

8.1.2　流畅的盘口上冲形态

个股的短期强势上扬往往与主力资金的积极参与密切相关。主力的盘口买入行为不同于普通投资者，特别是在个股启动阶段，其连续的大笔买入手法显示了主力较强的实力。此时会形成一个典型的盘口形态特征：分时线上扬时流畅挺拔，且上扬过程中的分时量明显放大。若个股在盘中出现了这种盘口形态，且能较为稳健地站于盘中上冲后的高点，则表明多方力量强劲，市场逢高抛压不重，是分时图重要的强势特征之一。

图 8-2 为西藏珠峰 2019 年 2 月 25 日的分时图。个股在盘中出现了明显且流畅的上扬波段，期间量能放大，股价也站稳于盘中高点。这是主力资金入场的信号，也是分时图强势特征显现的标志。一般来说，如果个股短期涨幅不大，或正处于中短期深幅下跌后的低点，则此种分时图多预示着强势反弹行情或将出现。

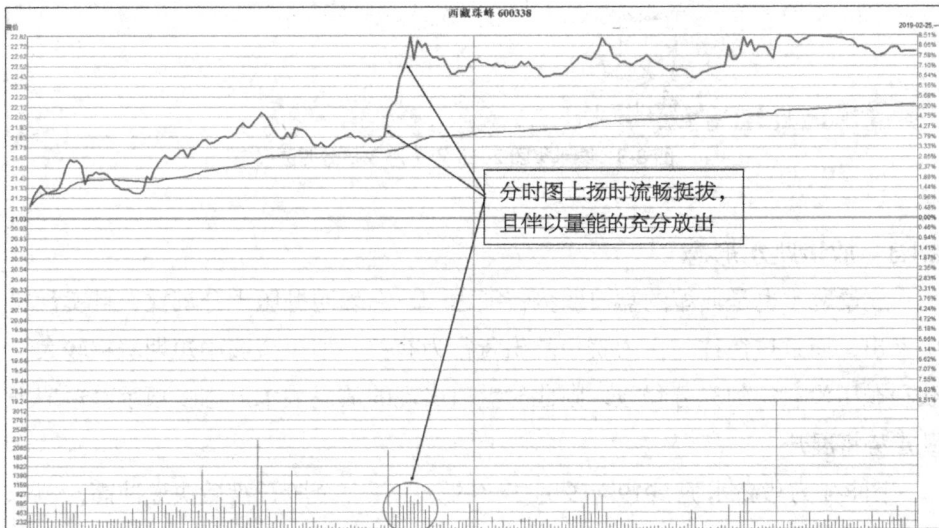

图 8-2　西藏珠峰 2019 年 2 月 25 日分时图

8.1.3　均价线的压制作用

如果股价持续运行于均价线下方，则均价线将对价格走势起压制作用，这是盘口典型的弱势特征。这类个股易跌难涨，特别是当其处于短期高点或盘整后的破位点时，往往预示了随后几日的下跌走势。

图 8-3 为泰禾集团 2019 年 7 月 5 日的分时图。个股当日大幅度跳空低开，早盘的走势处于大跌状态。从盘口运行来看，分时线长时间运行于均价线下方，弱势的盘口特征表明个股难以低开高走，盘中再度跳水的概率较大。在实盘操作中，此时宜果断卖出离场。

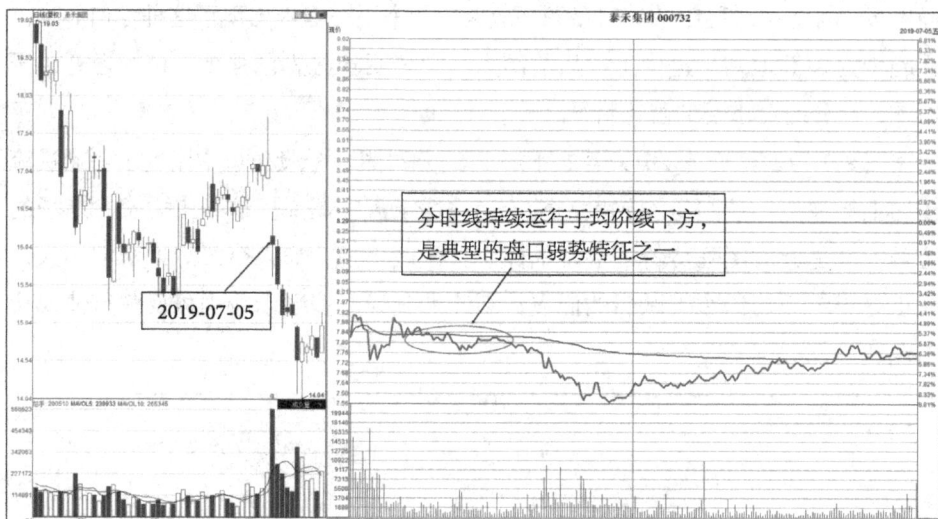

图 8-3　泰禾集团 2019 年 7 月 5 日分时图

8.1.4　放量跳水形态

放量跳水也是典型的盘口弱势特征之一，它表明抛压十分沉重，且卖盘集中涌出，而且这往往与主力资金的出货行为有关。如果个股中短期涨幅较大，获利抛压没有得到充分释放，则此时盘口出现的放量跳水形态多预示着短期下跌走势将展开。

图 8-4 为华新水泥 2019 年 9 月 5 日的分时图。个股开盘后快速冲高，但未能在高位站稳，随后出现了两次明显的放量跳水形态。结合当日正处于短期大涨后的高点这一情形来看，早盘的放量跳水或是深幅回落走势展开的信号，此时宜逢高减仓以规避风险。

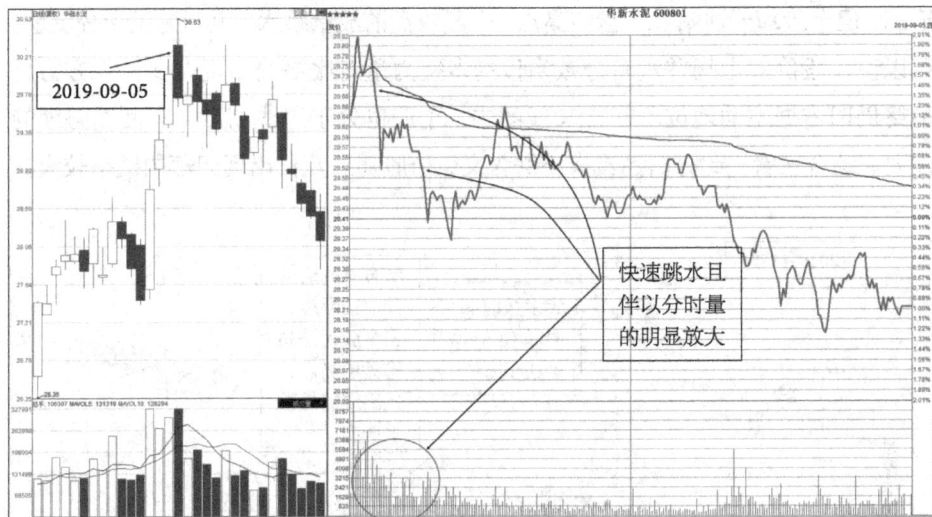

图 8-4　华新水泥 2019 年 9 月 5 日分时图

8.1.5　强势盘口的高占比

　　除了关注分时线与均价线之间的位置关系、分时线上扬的流畅性、放量跳水形态这几点之外，我们还要关注盘口中的强势特征与弱势特征的持续时间比。强势特征持续时间更长，则表明多方力量相对占优；弱势特征持续时间更长，则表明空方力量相对占优。

　　除此之外，还有一种极为常见的情况，那就是个股在盘中既有明显的强势特征，也有明显的弱势特征。这是因为盘中的波动幅度常常较大，强势特征与弱势特征频繁转换，股价的走势在多空力量快速转变的过程中有着较强的不确定性。在盘口中，先强后弱的格局代表着空方力量开始占优，是下跌信号；先弱后强的格局则代表着多方力量开始占优，是上涨信号。而对于股价围绕均价线大幅度波动的形态，则可以看作是多空交锋激烈、双方优势均不明显的信号，此时更宜结合价格的走势情况来综合分析。下面，我们结合一个案例来看看对于复杂的盘口形态，我们应如何分析它所蕴含的多空信息。

　　图 8-5 为汇嘉时代 2019 年 11 月 14 日的分时图。这是一个较为复杂的盘口形态，个股先跌后涨，那么应如何分析它的多空含义呢？

　　从早盘来看，股价长时间处于均价线的压制之下，这是典型的弱势盘口特征之一，表明空方力量占据明显的优势。虽然午盘之后出现了流畅的放量上扬形态，但个股却无法站稳于盘中高点。个股收盘前放量跳水，表明抛压十分沉重。可以说，股价的上扬并没有导致当日的多空力量对比格局出现转变，空方力量最终仍旧占据主动地位。在日K线图中，个股也处于短线高点，有回调整理的需要。综合来看，此分时图具有下跌含义，个股随后几日出现回落的概率较大。

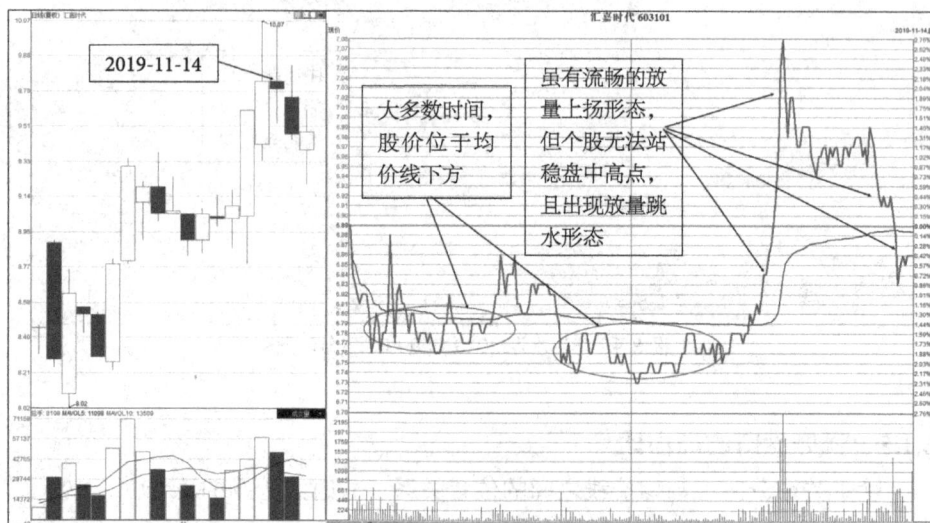

图 8-5　汇嘉时代 2019 年 11 月 14 日分时图

8.2　分时图经典涨跌形态解读

本节中，我们将讲解几种较为经典，且具有一定的抽象特征的分时图形态。每一个分时图都代表着具有相似特征的一类形态，了解这些分时图十分重要：从短线来看，可以预测股价随后几日的波动方向；从中线来看，也可以将它与其他指标（如K线、成交量、MACD指标等）相结合来预示大波段行情。

8.2.1　由强转弱的典型特征

盘中的多空力量对比格局常发生快速转变。由强转弱是指个股在盘中出现了明显的上扬走势（可以是平开高走，也可以是低开高走），但无法站稳于高点；随后出现跳水形态或持续地缓慢下行，从而跌破了均价线；且在收盘前，这种弱势的盘口形态没有发生明显改变，收盘价接近当日最低价。当由强转弱的盘口形态出现在短线高点或盘整区上沿的位置点时，往往预示着个股将转向下行。

　　图 8-6 为泰禾集团 2019 年 7 月 4 日的走势图。个股在早盘阶段强势上扬，流畅挺拔的分时线呈上冲形态，且伴以分时量的放大，这是典型的强势盘口特征。但是，个股随后的走势却完全转变，股价持续回落，在跌破均价线之后也无力反弹。这是由强转弱的盘口形态，结合当日个股正处于短期上扬后的高点的情况来看，此形态预示着一波深幅回落走势或将展开。

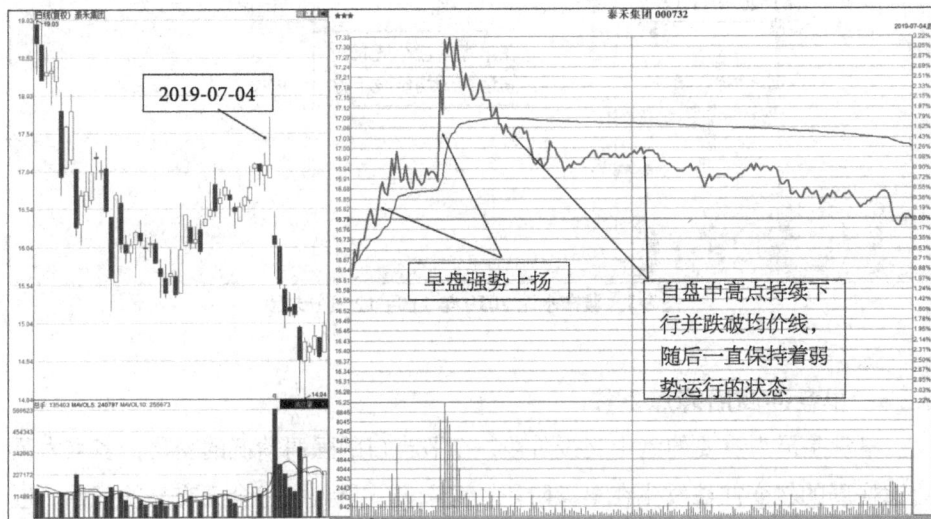

图 8-6　泰禾集团 2019 年 7 月 4 日走势图

8.2.2　由弱转强的阶段反转

　　由弱转强是指个股在盘中出现了明显的下行走势（可以是平开低走，也可以是高开低走），但是在均价线下方运行了一段时间后，价格走势再度转强，并向上突破了均价线；随后，这种强势的盘口特征延续到收盘，收盘价接近当日最高价。当由弱转强的盘口形态出现在短线低点或盘整区下沿的位置点时，往往预示着个股将转向上行。

　　图 8-7 为冀东水泥 2019 年 11 月 12 日的分时图。个股在早盘阶段长时间运行于均价线下方，虽然此时仍处于小幅上涨状态，但这却是弱势的盘口特征。随后，盘口形态发生变化，股价向上突破均价线，稳步攀升并直到收盘，这是典型的强势盘口特征。从时间比来看，强势的盘口形态的持续时间明显多于弱势的盘口形态，表明多方力量已占有一定的优势。结合股价当前处于低位区来看，

其短期上涨概率较大，投资者可以适当抄底买入。

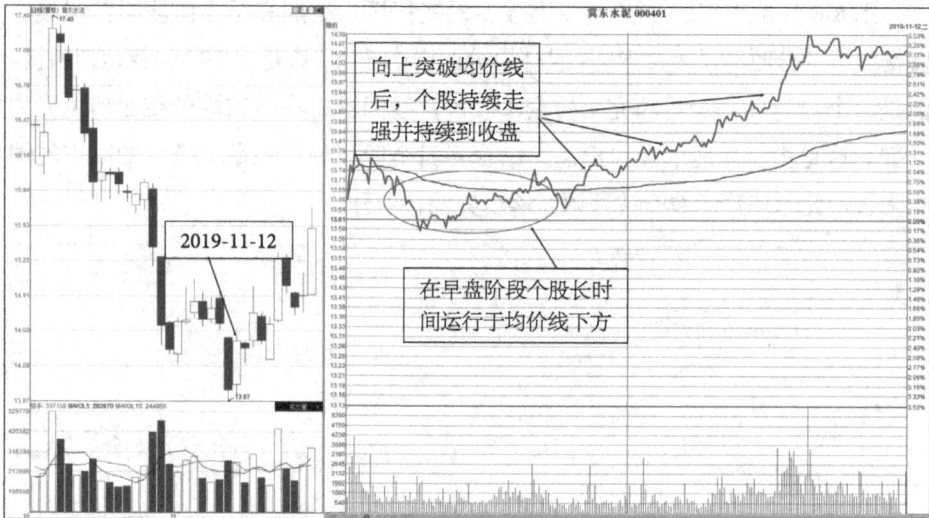

向上突破均价线后，个股持续走强并持续到收盘

在早盘阶段个股长时间运行于均价线下方

2019-11-12

图 8-7 冀东水泥 2019 年 11 月 12 日分时图

8.2.3 早盘冲高后峰点下移

早盘是最为重要的盘中交投阶段，个股当日的强弱情况的变化，多空力量对比格局的转变往往发生在早盘阶段。可以说，早盘既是全天交易的开始，也是多空力量对比格局发生改变的预演阶段。通过早盘的分时图，我们可以对个股全天的走势进行初步预测，在结合短期走势的基础上，可以更好、更及时地把握转向点的买卖信号。在早盘阶段，有 4 种分时图形态最为常见：早盘冲高后转弱、早盘冲高后延续强势、早盘跳水后延续弱势、早盘跳水后快速转强。在随后的几个小节中，我们将结合案例，来看看如何利用早盘的形态来预测个股的运行趋势。

早盘冲高后峰点下移是一种由强转弱的形态，常出现短线冲高走势中，预示着短期回落走势或将展开。其形态特征是：在早盘阶段先是出现了一波强势的大幅度上扬走势；随后股价震荡回落，在多次的震荡反弹中，峰点呈下行状，即峰点下移。这种盘口形态是买盘后续跟进力度不足、市场抛压不断加重的信号，随后的盘中走势易跌难涨。在实盘操作中，投资者可在均价线上方的反弹波段中减仓离场。

图 8-8 为南山控股 2019 年 9 月 5 日的分时图。个股在短线大涨后的高点出

现了早盘冲高后峰点下移的分时图形态，这是短期走势由强转弱的信号，也是逢高卖出的信号。

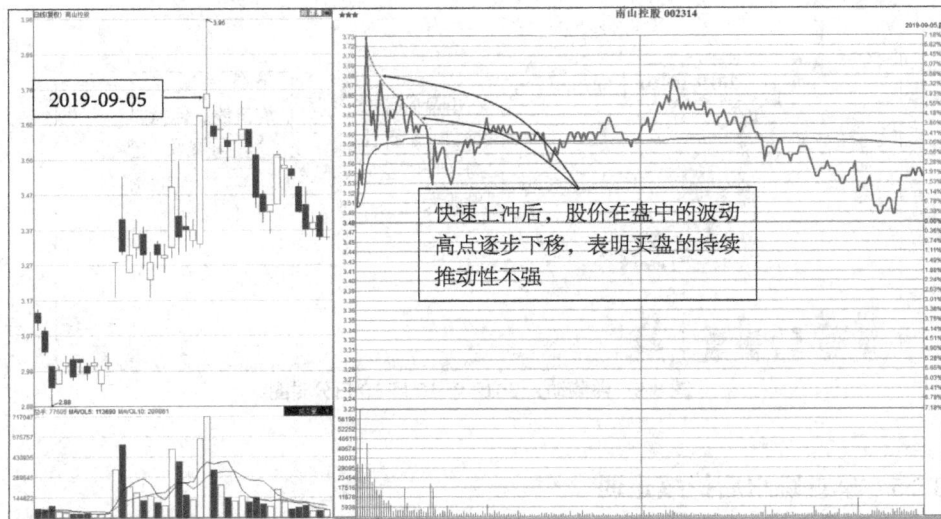

图 8-8　南山控股 2019 年 9 月 5 日分时图

8.2.4　早盘冲高后延续强势

早盘冲高后延续强势是指个股在早盘阶段出现了流畅上扬的分时线形态，随后能够稳稳地站于盘中高点，且以均价线为支撑强势运行，直至收盘。这是多方力量全天保持占优局面的一种盘口形态，当其出现在短期低点时，多预示着一波反弹行情或将出现。

图 8-9 为潍柴动力 2019 年 10 月 10 日的分时图。在早盘阶段，分时线流畅上扬，且分时量同步放大，这是资金积极入场、上攻动能充足的强势盘口特征。在随后的盘中高点，个股能够继续保持强势特征，虽然在盘中出现了跌破均价线的情况，但持续时间很短，且在尾盘再度转强。综合来看，这是一个早盘冲高后延续强势的分时图形态，结合股价处于低点来看，一波反弹上涨走势出现的概率较大，此时可以适当抄底买入。

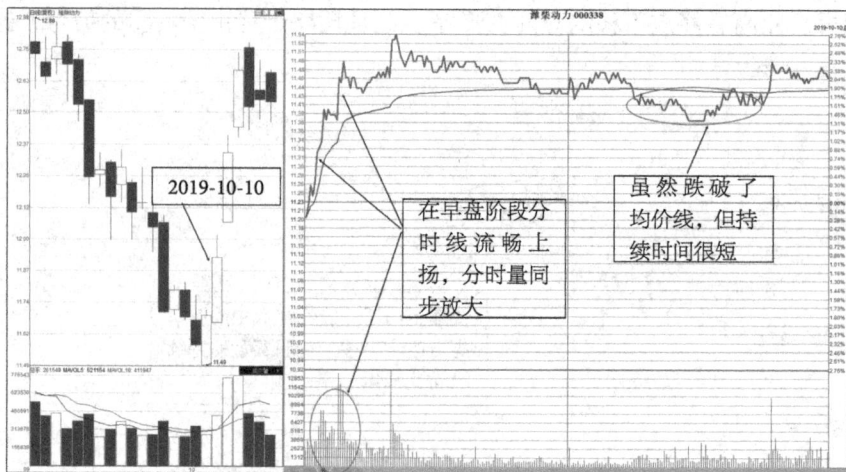

在早盘阶段分
时线流畅上
扬，分时量同
步放大

虽然跌破了
均价线，但持
续时间很短

2019-10-10

图 8-9　潍柴动力 2019 年 10 月 10 日分时图

8.2.5　早盘跳水后持续走弱

早盘跳水后持续走弱是指在早盘阶段个股出现了深幅跳水形态（可以是高开跳水，也可以是平开或低开跳水），在随后的盘中，其弱势运行的特征也没有转变，价格一直在均价线下方波动并持续到收盘，收盘价接近当日最低价。这种盘口形态是空方力量占据主导地位的标志，多预示着个股在短期内仍有下跌空间。

图 8-10 为辉煌科技 2019 年 9 月 20 日的分时图。个股在早盘阶段高开低走，且持续弱势运行至收盘。结合个股当日正处于短期大涨后的高点来看，这是获利抛压十分沉重、多方无力进一步推升股价的信号，此时应卖出以规避股价回落的风险。

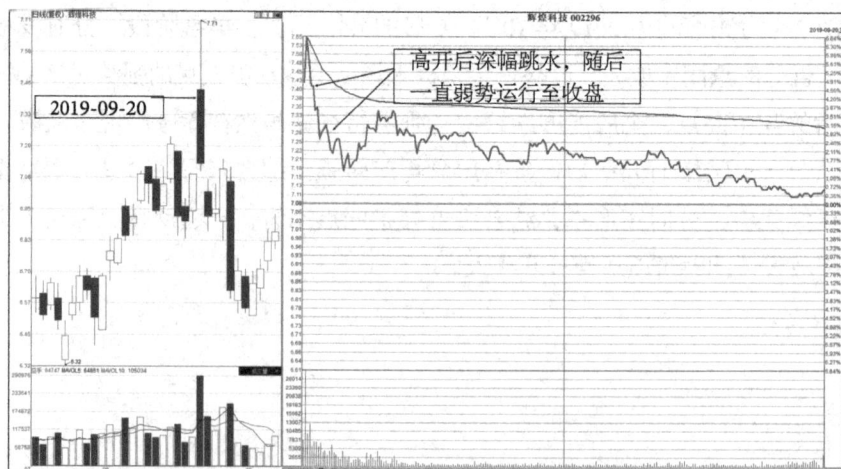

高开后深幅跳水，随后
一直弱势运行至收盘

2019-09-20

图 8-10　辉煌科技 2019 年 9 月 20 日分时图

8.2.6　早盘跳水后快速转强

早盘跳水后快速转强是一种由弱转强的盘口形态，其形态特征是：在早盘阶段个股出现跳水形态（多为低开跳水或平开跳水），但在盘中低点停留的时间很短，价格走势随即转强并收复了失地，随后的盘中运行也呈相对强势的状态，收盘价接近当日最高价。这种盘口形态标志着多方力量开始转强，常出现在短期大跌后的低点，是阶段反转的信号之一。

图 8-11 为红阳能源 2019 年 11 月 18 日的分时图。个股出现早盘跳水后快速转强的分时图形态，结合当日正处于中短期大跌后的低点情况来看，它标志着多方承接力量明显转强，是短线反转信号，投资者可以适当参与，抄底入场。

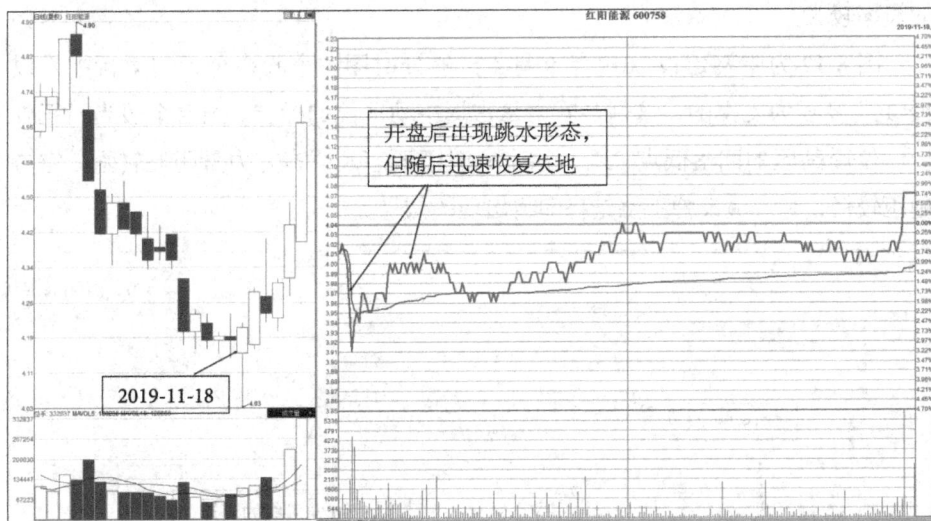

图 8-11　红阳能源 2019 年 11 月 18 日分时图

8.3　用角度线把握盘口买入时机

江恩角度线在整个江恩理论中占据着核心位置，充分体现了江恩理论以几何学为支点的精髓。在前面的章节中，我们讲解了角度线在日 K 线图中的用法，除此之外，在分时图中，角度线也有用武之地。本节及下一节中，我们将结合江恩角度线的用法，来看看如何更好地预测盘口波动，把握短线方向。

8.3.1　3×1角度线的涨势支撑延续

在日K线图中，1×1角度线与2×1角度线最具有中短线攻击力，但是对于展示个股全天走势的分时图来说，3×1角度线更为常见且实用性突出。因为就角度线的画法来说，1×1角度线相对陡峭，很难在分时图中从开盘延续到收盘，即使出现了这种形态，也会使得当日涨幅过大，短线再入场有追涨风险。与此不同，3×1角度线很适用于分时图，能彰显多方力量的强劲，即使延续至收盘，涨幅也不会过大，还能指导我们做出买卖决定。

若个股在全天的运行中，能够以3×1角度线为支撑，从开盘时的低点稳健上涨，则表明多方力量占据了主导地位，空方抛压较轻，预示着随后几日上涨的概率较大。

图8-12为中南建设2019年9月4日的分时图。个股在全天的运行中是以3×1角度线为支撑的，这是多方力量占据主动地位的标志。结合个股当日正处于低位震荡区的回落低点来看，这个分时图形态表明多方力量明显转强、空方抛压较轻，是一波反弹上涨走势即将出现的信号。

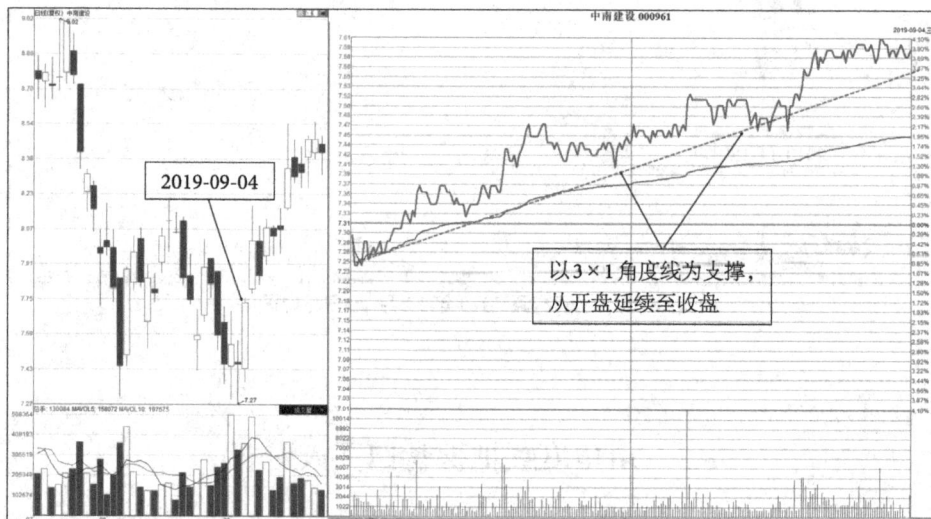

图8-12　中南建设2019年9月4日分时图

8.3.2　强势波动轨迹支撑买点

对于盘中走势相对强劲的个股来说，它的运行状态往往会在"强劲上扬"与"回调整理"之间来回切换，此时，我们可以借助不同角度线的支撑与阻力作用来把握高抛低吸的时机。

　　一般来说，我们以开盘后几分钟内的均价为起点，画出方向向上的 1×1 角度线、2×1 角度线、3×1 角度线。当股价位于 1×1 角度线与 2×1 角度线之间时，对应着"强劲上扬"阶段，此时上方的 1×1 角度线是阻力位，下方的 2×1 角度线是支撑位；当股价经过持续回调整理而进入 2×1 角度线与 3×1 角度线之间时，对应着"回调整理"阶段，此时上方的 2×1 角度线是阻力位，下方的 3×1 角度线是支撑位。

　　在实盘操作中，当股价经过持续的回落而接近 3×1 角度线时，这是强势股的盘中入场时机；当股价经过快速上扬而接近 1×1 角度线时，这是强势股的盘中逢高卖出时机。当然，对于强势股来说，如果日 K 线图显示其正处于中短期低位，且反弹空间较大，则投资者可以继续持有，以免踏空。

　　图 8-13 为景峰医药 2019 年 10 月 22 日的走势图。当日的个股运行较为强劲，图中标注了 1×1 角度线、2×1 角度线、3×1 角度线。可以看到，午盘后股价短线快速上冲至 1×1 角度线附近时，遇到阻挡后回落；临近收盘时，股价回落至 3×1 角度线附近，结合日 K 线图中的位置来看，反弹空间较为充裕，此时是盘中入场时机。

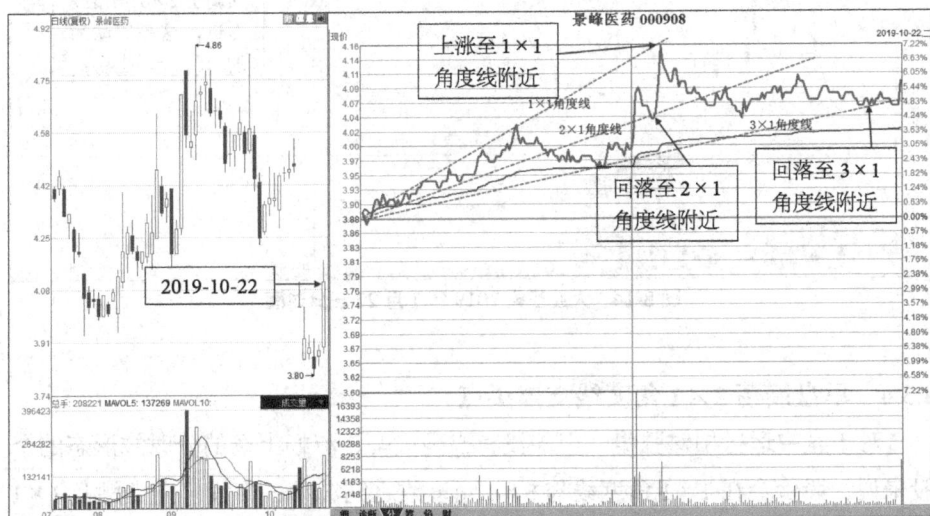

图 8-13　景峰医药 2019 年 10 月 22 日走势图

8.3.3　午盘 2×1 角度线支撑买点

　　午盘 2×1 角度线支撑买点形态是指个股在午市开盘后出现了强势上扬走势，

并运行于 1×1 角度线上方，随后股价涨势放缓，出现回调整理走势，当股价在 2×1 角度线附近时，一般会遇到强支撑并再度向上运行。个股之所以能够以较为陡峭的 2×1 角度线为支撑点，是因为从午市启动至收盘的这一段时间相对较短，2×1 角度线在收盘前具有强支撑力。

图 8-14 为大亚圣象 2019 年 1 月 21 日的分时图。个股在早盘阶段相对稳健地运行于均价线上方，这是多方力量相对占优的标志，但是占优局面并不明显。午市开盘后，个股出现了流畅上扬的分时形态，以午市启动点为原点画出向上的 1×1 角度线和 2×1 角度线。可以发现，强势上扬波段运行于 1×1 角度线上方，当股价回落至两线之间时，2×1 角度线将构成强支撑（在盘中涨幅不大的情况下），这一支撑点可以看作是个股于午市强势启动后的回调确认型入场时机。

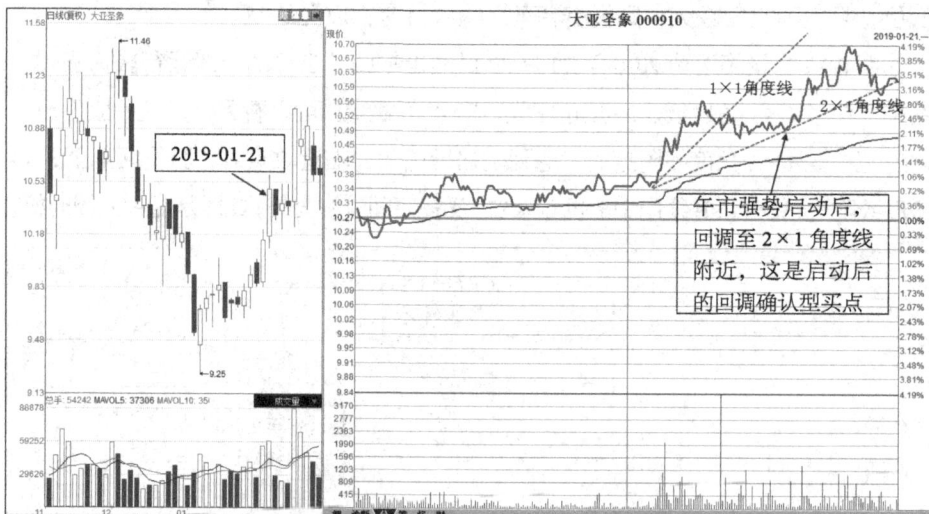

图 8-14　大亚圣象 2019 年 1 月 21 日分时图

8.3.4　早盘震荡 3×1 角度线支撑买点

对于盘中运行相对强势，但却没有出现大幅、流畅上扬的分时线形态的个股来说，股价会在 1×1 角度线与 3×1 角度线之间波动，当股价向上触及 1×1 角度线后会遇到压制，并持续回落；当价格位于 3×1 角度线附近时，一般会遇到较强支撑，价格有望再度迎来震荡上升走势，此时是盘口买入时机。

图 8-15 为重药控股 2019 年 8 月 15 日的分时图。个股在早盘阶段虽然低开，但开盘后就震荡上扬且呈相对强势的运行格局。股价在盘中于 1×1 角度线与

3×1 角度线之间波动，这表明多方力量占据主动地位。当股价回落至 3×1 角度线附近时，这是一个较强的盘口支撑买点。结合当日正处于中短期低点的情况来看，个股有一定的反弹空间。

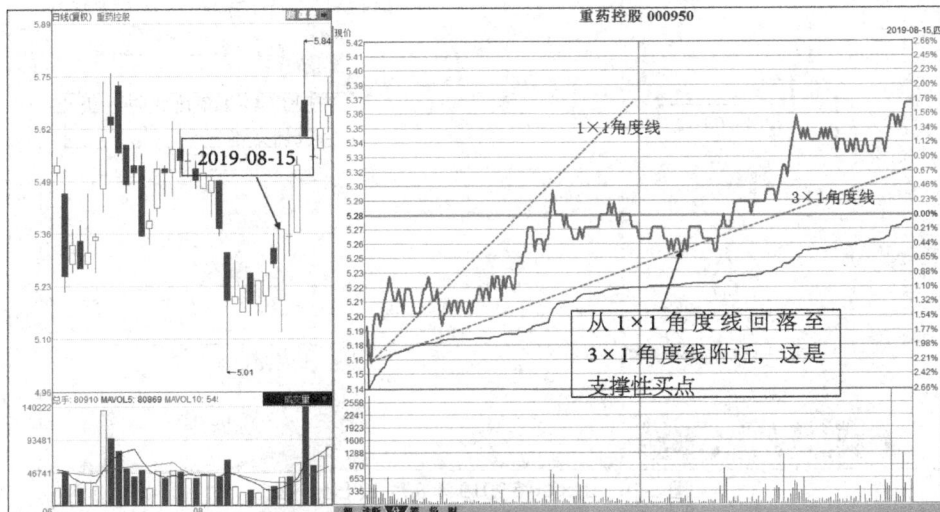

图 8-15　重药控股 2019 年 8 月 15 日分时图

8.3.5　早盘冲高 4×1 角度线支撑买点

在早盘阶段，个股强势上扬且幅度较大，随后于盘中高位区运行。在早盘的强势拉升过程中，价格位于 1×1 角度线上方，这是十分强势的形态特征；随后的高位横向整理使得价格进入 1×1 角度线与 2×1 角度线之间，但 2×1 角度线仍相对陡峭。如果个股没有上封涨停板的极端强势格局，由于 2×1 角度线附近的买点往往距离均价线较远，且个股此时的回调整理时间尚短，则难以形成较强的支撑点。

但 4×1 角度线则不同，它的支撑性买点出现在午市之后，而且其出现的时间晚于早盘冲高的时间，个股已在盘中高位经历了长时间的回调整理，获利抛压得到了较为充分的释放。在这种情况下，当股价回落至 4×1 角度线附近时，将获得较强支撑。

图 8-16 为山大华特 2019 年 8 月 12 日的分时图。个股在早盘阶段出现了两波强势上扬走势，且涨幅较大，随后于盘中横向整理。午盘后，股价接近 4×1 角度线，这是个股强势上扬后出现在盘中的强势支撑点，结合当日价格位于日

K 线图中的低点来看，一波反弹行情有望展开。因此，当个股在 4×1 角度线附近获得支撑时，是短线入场时机。

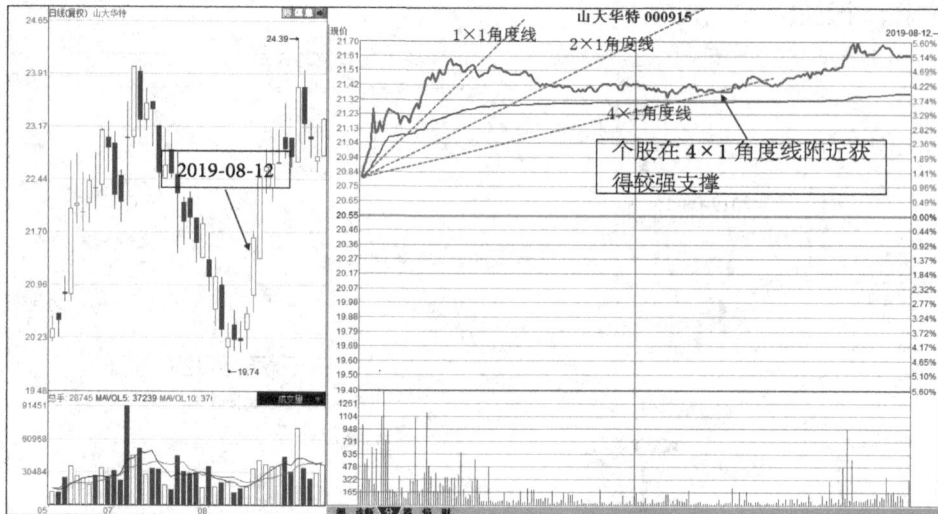

图 8-16 山大华特 2019 年 8 月 12 日分时图

图 8-17 为电广传媒 2019 年 2 月 13 日的分时图。相较于上一案例，个股在早盘阶段的上冲幅度更大，随后的盘中横向整理时间较长，当价格经全天整理而回落至 4×1 角度线附近时，是较好的盘中买入时机。

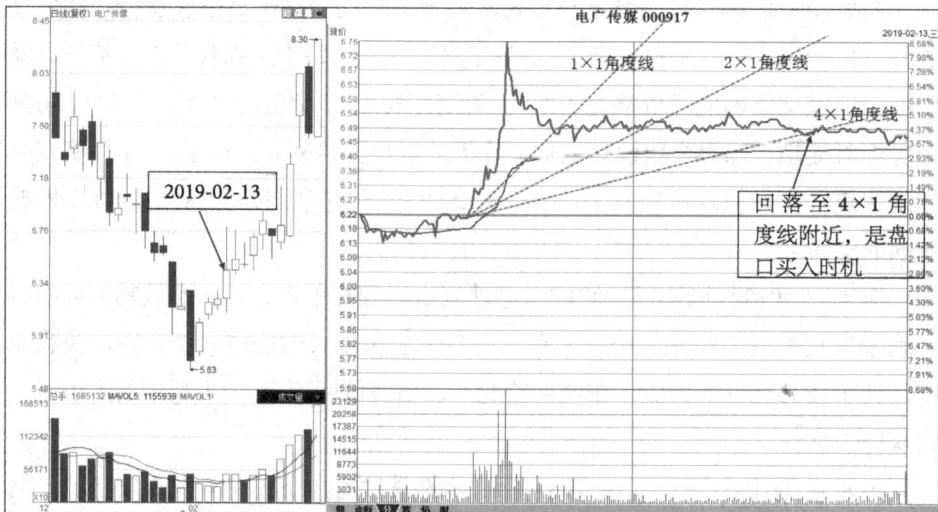

图 8-17 电广传媒 2019 年 2 月 13 日分时图

8.3.6　轨道整理后反转突破 4×1 角度线买点

在个股由长时间的弱势格局转向强势格局的过程中，倾斜向下的 4×1 角度线也有着重要的作用。一般来说，如果价格在经历了 3×1 角度线与 4×1 角度线之间的长时间波动后向上突破 4×1 角度线，则表明价格走势开始转向相对强势格局，多方力量开始转强，价格走势由跌转升，这是盘中突破点买入信号。

图 8-18 为中国重汽 2019 年 10 月 24 日的分时图。个股在早盘阶段震荡下移，基于下移前的高点，可以画出向下的 4 条角度线，分别为 1×1 角度线、2×1 角度线、3×1 角度线和 4×1 角度线。午盘之后，当价格在 3×1 角度线与 4×1 角度线之间窄幅震荡时，这是盘中方向面临选择的信号；随后，价格向上突破 4×1 角度线，预示着多方力量开始转强。

结合日 K 线图中个股正处于短期回落低点的情况，可知多方力量有望进一步增强并推动个股上涨，一波反弹行情出现的概率较大。当日股价突破 4×1 角度线时，就是一个较好的短线入场时机。

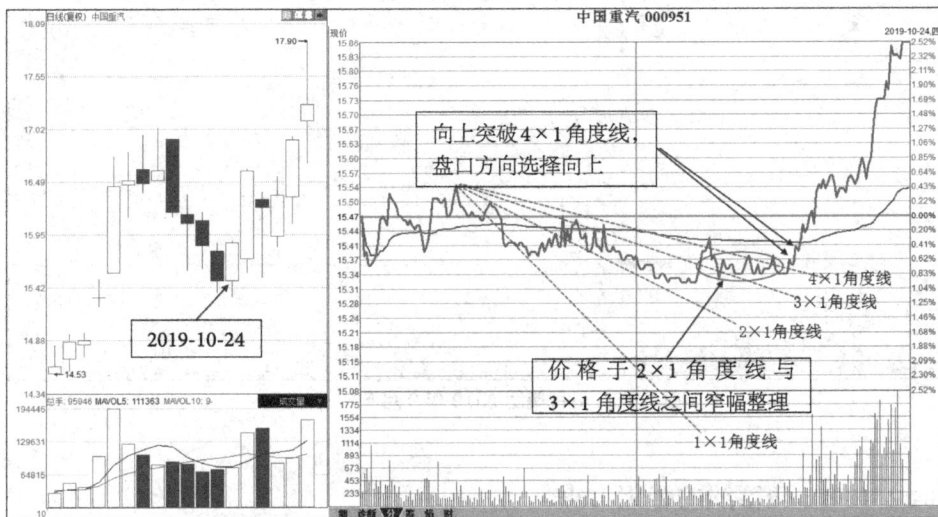

图 8-18　中国重汽 2019 年 10 月 24 日分时图

8.4　用角度线把握盘口卖出时机

上一节中，我们结合实例讲解了利用江恩角度线把握盘口买入时机的方法。

本节中，我们将继续讲解角度线所提示的盘口卖出时机。

8.4.1　3×1角度线的跌势压制延续

若个股受到3×1角度线的阻挡而不断下行，则表明空方力量占据了主导地位，多方承接力量较弱，预示着随后几日下跌的概率较大。

图8-19为健民集团2019年9月6日的分时图。个股在全天的运行中受到3×1角度线的压制，虽然临近收盘时出现了一波反弹上扬走势，并突破此线，但无法改变全天弱势运行的格局。结合当日个股正处于中短期上涨后的高点，这是卖盘不断涌出、多方承接力度明显减弱的信号，也预示了随后的下跌行情，持股者应及时卖出、规避风险。

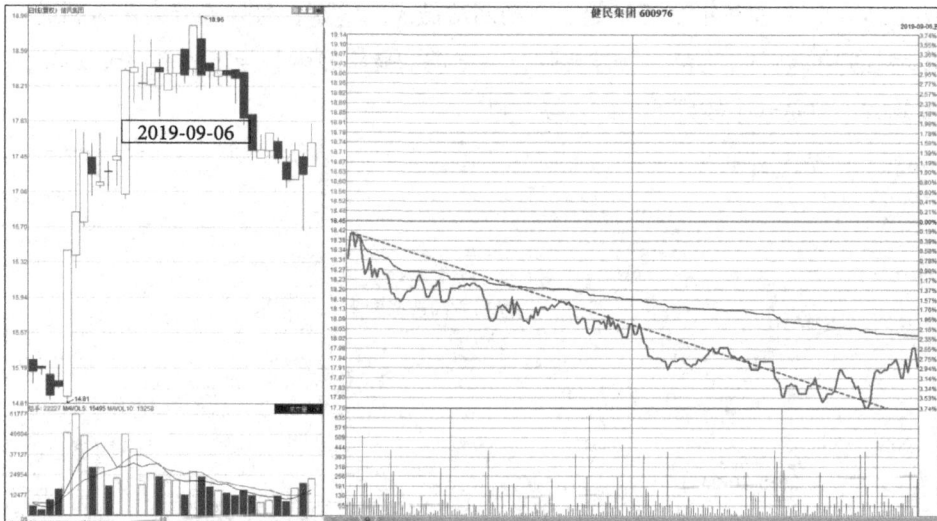

图8-19　健民集团2019年9月6日分时图

8.4.2　3×1角度线的强阻力点

开盘后，个股不断下行且跌幅较大，以开盘后几分钟内的均价为起点，画出向下的1×1角度线、2×1角度线、3×1角度线。如果在早盘大部分时间内，股价在1×1角度线与2×1角度线之间运行，则2×1角度线为第一阻力点，3×1角度线为强阻力点。一般来说，盘中的缩量回升波段可以定性为反弹，股价很难向上突破3×1角度线。在实盘操作中，结合个股的早盘运行情况，3×1角度线附近是较好的反弹卖出点。

图 8-20 为紫光股份 2019 年 9 月 10 日的分时图。个股在早盘阶段放量下跌，且跌幅较大。随后，个股虽然回升，但量能较小，属于缩量反弹。当个股在午盘后反弹至 3×1 角度线附近时，一般会因抛压增强而再度回落，此位置点也是中短期的一个相对明确的反弹卖出点位。

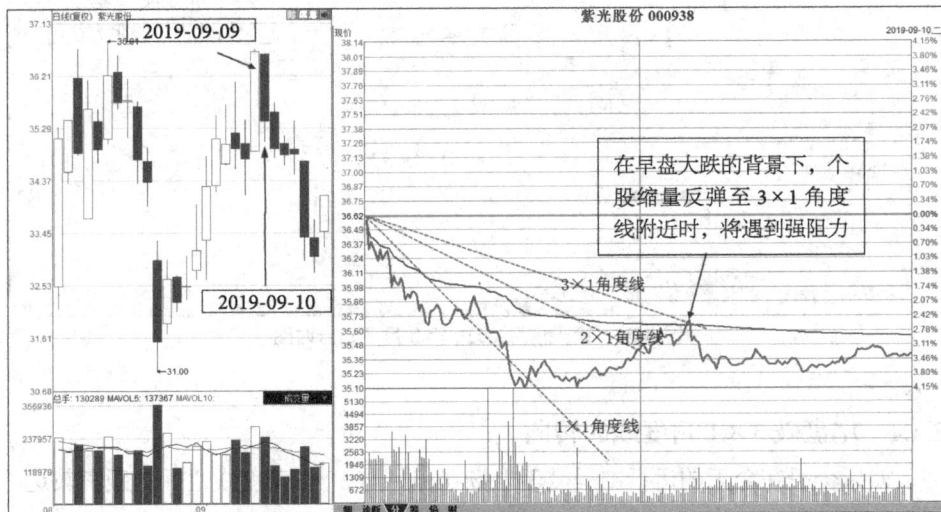

图 8-20　紫光股份 2019 年 9 月 10 日分时图

8.4.3　2×1 角度线的强阻力点

如果早盘的下跌趋势线较为陡峭，则在较多的时间内，股价会运行于 1×1 角度线下方。这样，1×1 角度线将构成价格反弹的第一阻力位，2×1 角度线则构成第二阻力位，也是强阻力位。

这一形态与上面讲解的"3×1 角度线的强阻力点"相似，都是股价在反弹至第二阻力位时会遇到强阻挡。当这种盘口形态出现在短期大涨后的高点时，往往是一轮大幅下跌走势即将出现的信号，在实盘操作中，投资者应及时逢反弹之机卖股离场。

图 8-21 为南天信息 2019 年 9 月 7 日的分时图。以开盘后几分钟内的均价为起点，向下画出 1×1 角度线、2×1 角度线。在早盘阶段，股价接触 2×1 角度线时，虽然反弹幅度不大，但却是一个强阻力点位，结合个股处于中短期高点的情况来看，这是盘中出现的反弹卖出时机。

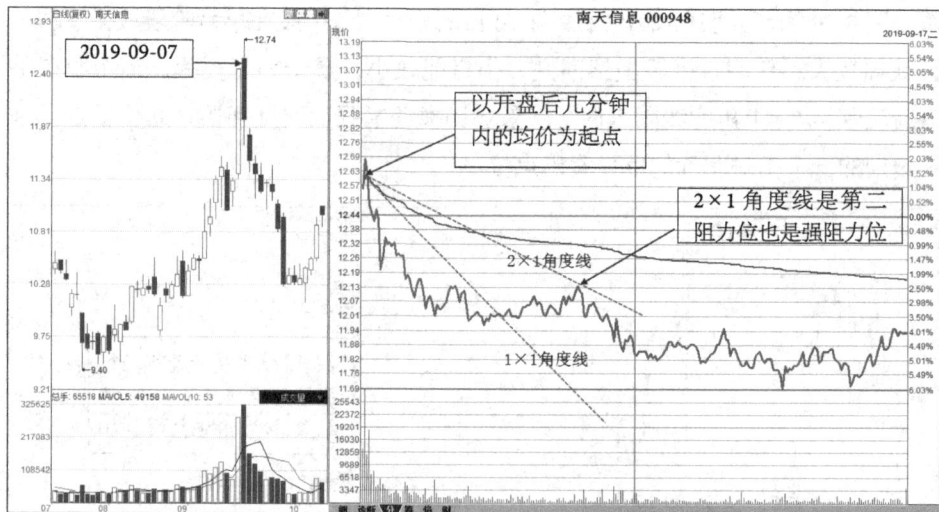

图 8-21　南天信息 2019 年 9 月 7 日分时图

8.4.4　尾盘破 3×1 角度线的转向

如果个股在全天的运行中呈震荡上扬状，且与 3×1 角度线之间的距离较远，则表明 3×1 角度线将是股价盘中回落时的强支撑点。在这样的情形下，如果在尾盘阶段出现了价格持续回落，并跌破 3×1 角度线的情况，这往往是尾盘阶段多空力量对比格局快速转变的标志，当这种局面出现在短期大涨后的高点时，预示着随后下跌的概率较大，应注意规避高位风险。

图 8-22 为新乡化纤 2019 年 8 月 15 日的分时图。个股在盘中的运行呈强势格局，价格远离 3×1 角度线，但在尾盘阶段，强势格局被打破，连续两波回落使得股价接连跌破 3×1 角度线与均价线。个股当日正处于短期大涨后的高点，盘口形态的这一变化是多空力量对比格局在尾盘阶段发生变化的信号。在实盘操作中，投资者应注意规避高位风险，把握好反弹卖出时机。

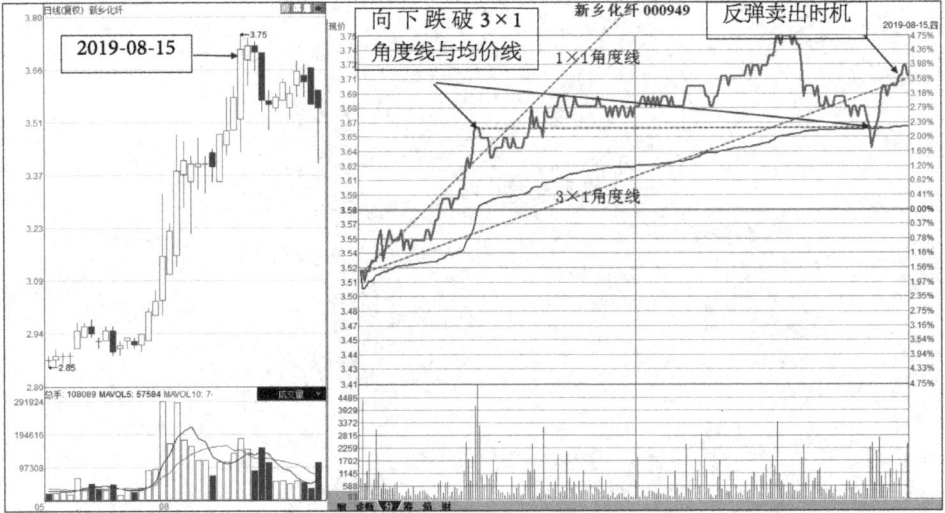

图 8-22　新乡化纤 2019 年 8 月 15 日分时图